高等职业教育法律类专业新形态系列教材

罪犯心理分析

主　编◎邵晓顺

撰稿人◎(按撰写章节顺序)

邵晓顺　叶俊杰　马立骥

张　权　边文颖　沈　昉

韩　华

中国政法大学出版社

2022·北京

声　　明　　1. 版权所有，侵权必究。

　　　　　　2. 如有缺页、倒装问题，由出版社负责退换。

图书在版编目（CIP）数据

罪犯心理分析/邵晓顺主编. —北京：中国政法大学出版社，2022.8（2024.1重印）
ISBN 978-7-5764-0471-5

Ⅰ.①罪…　Ⅱ.①邵…　Ⅲ.①犯罪心理学－教材　Ⅳ.①D917.2

中国版本图书馆CIP数据核字(2022)第134341号

出 版 者	中国政法大学出版社
地　　址	北京市海淀区西土城路25号
邮　　箱	fadapress@163.com
网　　址	http://www.cuplpress.com（网络实名：中国政法大学出版社)
电　　话	010-58908435(第一编辑部) 58908334(邮购部)
承　　印	北京中科印刷有限公司
开　　本	787mm×1092mm　1/16
印　　张	11.5
字　　数	245千字
版　　次	2022年8月第1版
印　　次	2024年1月第2次印刷
印　　数	4001~8000册
定　　价	49.00元

前言

罪犯心理分析是对监禁中的罪犯心理作分析，或者是对罪犯作心理分析的过程，其目的是使矫正机构工作人员掌握罪犯的心理状态，为科学、有效地管理、教育、矫治罪犯工作服务。

《罪犯心理分析》是司法警官院校刑事执行专业的专业核心课程，是学习《罪犯心理咨询与矫正》课程的基础。通过对罪犯心理分析课程的学习，使学员掌握分析罪犯心理的理论与方法，清晰罪犯心理分析的内容，并能撰写罪犯心理分析报告。

本教材以"模块化＋专题"形式编撰，共分三个模块十一个专题。模块一是对罪犯心理分析的解读，包括三个专题，即"罪犯心理分析构建、罪犯心理分析方法、罪犯心理分析理论基础"；模块二是罪犯心理多维度分析，包括七个专题即"罪犯心理静态分析、罪犯心理动态分析、罪犯改造动机与服刑态度分析、罪犯类型心理分析、罪犯异常心理分析、罪犯人身危险性分析、犯罪心理内容分析"；模块三是罪犯心理分析报告撰写，是得到罪犯心理状态的诸多结果之后，以书面形式呈现分析结果的过程，包括一个专题即"罪犯心理分析报告结构与案例"。

本教材各专题撰写人是（按编写专题先后为序）：

邵晓顺（浙江警官职业学院教授）：专题一、九、十、十一。

叶俊杰（浙江警官职业学院副教授）：专题二。

马立骥（浙江警官职业学院教授）：专题三。

张权（浙江省未成年犯管教所民警，浙江警官职业学院全职教官、讲师）：专题四、五。

边文颖（山西警官职业学院副教授）：专题六。

沈昉（浙江警官职业学院讲师）：专题七。

韩华（浙江警官职业学院讲师）：专题八。

本教材也适用于对社区矫正机构中服刑的罪犯所开展的心理分析工作。

本教材在编撰时参考了国内外许多专家学者的研究成果，在此表示衷心感谢。

《罪犯心理分析》编写组
2021 年 12 月

目录 CONTENTS

模块一　罪犯心理分析解读

专题一　**罪犯心理分析构建**　▶ 1
　　学习任务一　什么是罪犯心理分析 ／ 1
　　学习任务二　罪犯心理分析课程体系建构 ／ 9

专题二　**罪犯心理之分析方法**　▶ 12
　　学习任务一　观察法 ／ 12
　　学习任务二　调查法 ／ 14
　　学习任务三　测验法 ／ 17
　　学习任务四　个案分析法 ／ 20

专题三　**罪犯心理分析理论基础**　▶ 23
　　学习任务一　精神分析理论 ／ 23
　　学习任务二　行为主义理论 ／ 28
　　学习任务三　认知心理学理论 ／ 33
　　学习任务四　人本主义心理学理论 ／ 40

模块二　罪犯心理多维度分析

专题四　**罪犯心理静态分析**　▶ 46
　　学习任务一　常态心理的形态 ／ 46
　　学习任务二　犯罪心理的形态 ／ 50
　　学习任务三　服刑心理的形态 ／ 55

专题五　**罪犯心理动态分析**　▶ 60
　　学习任务一　罪犯心理形成影响因素与机制 ／ 60

学习任务二　罪犯心理的形成与发展阶段　/ 62

学习任务三　罪犯心理的变化形态　/ 68

专题六　**罪犯改造动机与服刑态度分析** ▶ 71

学习任务一　罪犯改造动机　/ 71

学习任务二　罪犯服刑态度　/ 79

专题七　**罪犯类型心理分析** ▶ 91

学习任务一　不同犯罪类型罪犯的心理分析　/ 92

学习任务二　不同年龄阶段罪犯的心理分析　/ 97

学习任务三　不同刑期罪犯的心理分析　/ 102

专题八　**罪犯异常心理分析** ▶ 110

学习任务一　心理正常与心理异常的区分　/ 110

学习任务二　心理健康与心理不健康的区分　/ 113

学习任务三　罪犯异常心理　/ 121

专题九　**罪犯人身危险性分析** ▶ 131

学习任务一　罪犯人身危险性分析解读　/ 131

学习任务二　分析途径与方法　/ 133

学习任务三　分析结果分类处置　/ 144

专题十　**犯罪心理内容分析** ▶ 146

学习任务一　国内犯罪心理研究理论　/ 146

学习任务二　犯罪心理内容理论　/ 150

学习任务三　犯罪心理分析评估轴体系　/ 152

学习任务四　犯罪心理内容分析关键路径　/ 157

模块三　罪犯心理分析报告撰写

专题十一　**罪犯心理分析报告结构与案例** ▶ 161

学习任务一　罪犯心理分析报告类型与结构　/ 161

学习任务二　罪犯心理分析报告案例　/ 169

参考文献 ▶ 176

模块一　罪犯心理分析解读

专题一　罪犯心理分析构建

> 被判刑的犯罪人，其心理状况是监狱等矫正机构所关心的，因为这既是确保监管安全之需要，也是教育矫治他们所必需的。只有实现对罪犯心理的准确分析，才能使矫正机构的管理和教育矫治工作富有成效。
>
> 本专题在解读罪犯心理分析内涵基础上，构建起本教材的内容体系。

学习任务一　什么是罪犯心理分析

一、罪犯心理分析解读

罪犯心理分析就是在广泛收集罪犯各方面资料的基础上，对罪犯的心理现象和行为特征进行分析，洞悉其当前的心理状况，预测可能会发生的行为的过程。

对罪犯心理分析进行解读，可以把它分为三个词："罪犯""心理""分析"，或者两个词："罪犯心理""分析"。下面从前者角度来解读。

（一）如何科学认识罪犯

对罪犯的科学认识应当包括三个层面。首先，罪犯是人。其次，罪犯是（曾经）犯了罪的人。最后，罪犯是监禁中的人（服刑之人）。

1. 罪犯作为人，有其自然属性和社会属性。历史唯物主义认为，人是自然属性和社会属性的统一。人的自然属性主要是指人的生理或生物方面的属性。人总是先作为一个自然的人而存在的。作为从大自然中走出来的一种高等动物，人必然有与其他动物相同、相通的自然性，就是生物的本性，如吃喝的需要、防卫本能、性本能等。但人的自然属性又不同于其他动物，是一种特殊的自然存在物，是社会化的自然属性。人的社会属性是指人作为社会存在物而具有的特征，如劳动、交往和意识及其所形成的各种社会关系等，还有基于人特有的、其一切行为不可避免地要与周围所有人发生的各种各样的关系，如生产关系、同事关系、亲属关系等。生活在现实社会中的人，必然是生活在一定社会关系中的人，即是社会中人。

人的自然属性与社会属性既有区别又有联系。从层次上说，自然属性是人的较低层次；社会属性是人特有的属性，是人的较高层次。从产生条件上来说，人的自然属性是自然界的产物，是人的生理遗传因素带来的；而人的社会属性是人类社会的产物，是人在社会活动中形成的。从人的内部联系上说，二者统一于人的客观存在之中。人的自然属性是人的社会属性赖以生存的基础。没有人的自然属性，就没有人的社会属性。人的社会属性制约着人的自然属性，人的自然属性受人的社会属性指导，具有强烈的社会色彩。

总之，人的自然属性和社会属性之间是一种辩证统一关系。人既有自然性，又有社会性，二者都是人不可缺少的属性。自然属性是人类生存和延续的前提条件，社会属性是人类存在和发展的基础，但两者不是同等重要、平行发展的。社会性是人的主要方面、决定根本性质的属性，是人区别于其他动物的特殊本质，是人最根本的东西。因为人是社会的产物，人在生产活动和人的生活中都体现出社会性。同时，不管是人的自然属性或社会属性都不能单独呈现，因为人的自然属性中也注入了社会属性带来的文化渗透、文明特征、高级的认知与更加精确和丰富的表现方式。

2. 罪犯作为曾经犯了罪的人，是在犯罪心理支配之下实施犯罪行为的。罪犯都存在犯罪心理，这似乎不言而喻，不管是故意犯罪者还是过失犯罪者。罪犯具有哪些犯罪心理，以及如何分析他们的犯罪心理，本教材将在专题四与专题九详细阐述。

3. 罪犯是监禁中的人。本教材所述罪犯特指处于监狱监禁中的罪犯，与社区服刑人员相比，既有区别也有相同之处。相同的是身份，他们都是犯了罪被判处刑罚之人，要接受一定的自由限制和人身管束。从他们内在心理来说，他们都具有犯罪心理。两者的区别在于，监狱服刑罪犯生活在监狱，失去人身自由，不能过正常的社会生活，因此他们最大的需求往往是早日获得人身自由，因此在假释率很低的情况下，减刑常常成为他们的最大需求。而社会服刑人员主要需求表现为原来的工作能否保留或者是否会影响找新的工作，原来的人际关系能否保持、家庭关系能否稳定等方面。

（二）心理是什么

心理或者说心理现象是普通心理学的研究范畴。人的心理现象包括心理过程、心理状态与个性心理三个部分。

心理现象是指心理活动经常表现出来的各种形式、形态或状态，如感觉、知觉、想象、思维、记忆、情感、意志、气质、性格等。这些心理现象或心理活动并不是杂乱无章的。从系统论的观点来看，人的心理现象是一个多层次相关联的复杂大系统。

从心理活动的动态变化过程、相对持续状态和比较稳定的特征这三个维度来看，可以把人的心理活动分为心理过程、心理状态和个性心理三个方面，或三个子系统。三个子系统以下还分别有许多附属系统。具体构成如图1.1。

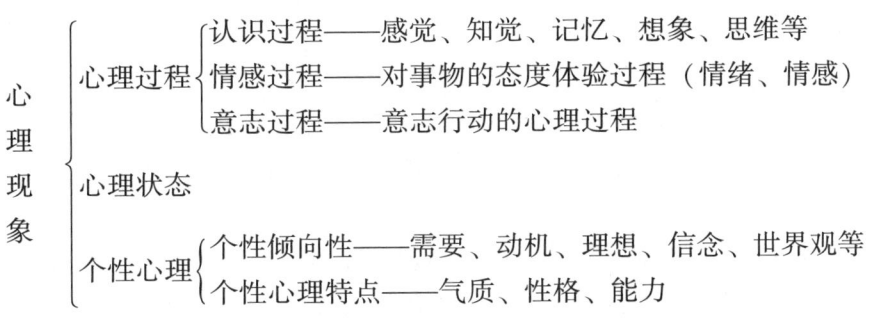

图1.1 心理现象分类图

1. 心理过程。心理过程是指在人的认识、情感、意志行动方面表现出来的那些心理活动，它总是处于动态变化的过程中。当人们集中注意观察当前的事物时，即产生了感觉和知觉等心理活动。感觉和知觉是人脑对直接作用于感觉器官的各种事物个别属性和一般意义的认知。当人们在感觉和知觉的基础上进一步思考时，即产生了思维活动。思维是人脑对客观事物的一种间接的、概括的反映，以进一步获得事物本质属性和内在联系的认知。当感知过的事物已不在眼前时，在人脑中还会再次浮现该事物的形象，并在人脑中进行再加工改造，产生了想象活动。想象乃是人的形象思维和创新活动的一种特有的心理现象。此外还必须看到，感觉、知觉、表象、思维和想象等心理活动是一个连续的过程，而对这个连续过程起重要作用的一种心理条件，就是人对曾经经历过的各种事物大多会以某种痕迹铭记在头脑中，并在一定条件下，通过一定方式回想起来，并继续参与到各种心理活动中。这种现象被称为记忆，记忆是人对过去经验的反映，它是人类重要的一种心理现象。

以上所描述的各种心理现象，就是人们经常表现出来的，对客观事物和对象在认识方面的心理活动。分析罪犯的认识活动可以发现，由于他们总体上文化程度较低，部分罪犯未能完成小学教育甚至是文盲，这部分人会表现出认识能力低下的特征，特别是未能读完小学三年级的，其思维能力可能更差。

人们在与周围事物和对象打交道时，绝不会只停留在认识方面。人们在认识事物或他人的同时，还会表露出一定的态度，产生这样或那样的感受和体验，如满意或不满意、喜爱或厌恶、热情或冷淡、欢欣或忧虑、高兴或烦恼、赞赏或鄙视、沉静或激动等。以上这些在人们的认识活动中所产生的各种各样的态度体验，就是人们经常表现出来的，心理学称之为情绪和情感方面的心理活动。不仅如此，人们对与之打交道的事物和对象，并不总是满足于认识、感受和体验，还经常需要进一步地改造它们。为了处理好这些问题，人们常常根据自己的认识和体验，产生一定的需要和动机，拟定行动目的和计划。这类活动叫做意志行动，而支配意志行动的许多内部因素和过程，如人的动机、意向、决心、坚持性等，就是人们经常表现出来的意志方面的心理活动。

人的认识、情感、意志，这三方面的心理活动，经常处于动态变化之中，都有其发生、发展、终止或升华的过程。而认识、情感、意志三种心理过程又以其相互联系、彼此制约而构成人的整个心理过程。

人的心理过程，从其活动结构和发生机制来看，具有人类的共同性，它们都受共同规律的制约。但是，心理过程表现在每一个具体的人身上，又不会是完全一样的，这是因为人的心理过程总是体现在不同人的各自的生活实践中，也会受到差异规律的制约，从而表现出个人心理的不同倾向和特点。

2. 个性心理。个性心理是指一个人在心理过程的发生和进程中，经常表现出来的那些比较稳定的心理倾向和心理特点。在复杂的现实生活中，由于环境和所受教育的差异，以及自身各种因素的不同，人们在形成需要、动机、价值观、自我意识等方面，总会有这样或那样的个别差异。上述这些差异，就是人们经常表现出来的不同的个性倾向性。

需要是有机体内部的某种缺乏或不平衡状态，它表现出有机体的生存和发展对于客观条件的依赖性，是有机体活动的积极性源泉，是人进行活动的基本动力。人的各种活动，从饮食、学习、劳动，到创造发明，都是在需要的推动下进行的。个体的违法犯罪活动，也是在其某种或某些需要推动下实施的。需要可分为生物性需要与社会性需要。进食、饮水、睡眠与性等需要是生物性需要；交往、成就、劳动等需要是社会性需要。有些违法犯罪者的需要常常表现出生物性需要突出的特征。

需要和动机紧密相连。当愿望或需要激起人们进行活动并维持这种活动时，需要就成了活动的动机。因此，动机是激发和维持有机体进行活动，并导致该活动朝向某一目标的心理倾向或动力。动机有时又可称为内驱力。人的内驱力分为两大类：由生理需要驱使机体产生一定行为的内部力量，称为原发性内驱力或基本内驱力，如饥饿内驱力、性内驱力等；由成就感、责任感等后天形成的社会性需要产生的内驱力，称为继发性内驱力或社会性内驱力。一般来说，社会性内驱力对原发性内驱力起调节作用。

价值观是人们用来区分好坏标准并指导行为的心理倾向系统。它是支配人的行为、态度、观点、信念、理想的一种内心尺度。一个人知道应该做什么、要什么和选择什么，发现事物对自己的意义、设计自己，确定并实现奋斗目标，都离不开价值观的统领。

自我意识是对自己存在的觉察，即自己来认识自己的一切，包括认识自己的生理状况（如身高、体重、形态等）、心理特征（如兴趣爱好、能力、性格、气质等）以及自己与他人的关系（如自己与周围人们相处的关系、自己在所属团体中的位置和作用等）。自我意识是人的意识的核心部分。人的自我意识由自我认知、自我体验、自我控制三个子系统构成。正是通过它们，人们实现了自己对自己的评判。而其中的自我控制子系统更为重要，它负责对自己的行为和思想进行监控，担负着自己激励自己、自己教育自己的任务。

罪犯之所以走上违法犯罪道路，主要是其个性倾向性存在缺陷。比如，超越普通人的需要追求；缺乏符合社会规范要求的价值观念，没有建立起判断事物与行为是非的标准；自我意识缺陷，自我控制不足，等等。

与个性倾向性相关联，人们的认识、情感、意志和行为也常常反映着个人的许多不同的心理特点。譬如，对同一事物的认识，有的人感知敏锐、思维深刻、想象丰富；而有的人则感知迟缓、思维肤浅、想象贫乏。有的人性情暴烈，易于激动，许多暴力犯罪者具有这样的心理特征；有的人则性情温和，不易发脾气。还有的人经常是活泼愉快的；有的人则多愁善感，等等。凡此种种表现出人们在能力、气质和性格等方面的差异，心理学称之为个性心理特点。个性倾向性和个性心理特点有机地、综合地体现在一个人身上，也就构成了一个人完整的个性心理，或简称个性。

3. 心理状态。在心理活动的进程中，或从心理过程到个性心理特点形成的过渡阶段，常常会出现一种相对持续的状态，这类心理现象被称为心理状态。例如，伴随着心理过程的注意状态；在创造性思维过程中出现的灵感状态；在情绪过程中出现的心境状态、激情状态；在意志过程中表现出来的信心、决心和犹豫状态等。

这些心理状态，只是在心理活动的进程中，在一定时限内出现的某种相对持续的状态，它既不像心理过程那样动态、变化；也不同于个性心理特点那样持久、稳定。

罪犯，特别是关押于监狱或看守所的罪犯，由于处于刑罚的特定状态，以及监禁环境的特征，其心理状态常常会呈现出情绪低落的现象。

以上所述，就是心理现象各构成部分的主要内容。必须指出，在实际生活中，人们所表现出的各种心理现象都是密切相关、交互影响的，具有高度的整合性。首先，在整个心理过程中，人的认识、情感和意志三个方面是密切联系、相互影响的。其次，个性倾向性和个性心理特点也是密切相关的。个性倾向渗透于各种心理特点之中，个性特点也反映出个人的倾向，两者在总体上体现着一个人完整的个性。再次，心理过程、心理状态和个性心理，三者体现着人的整体心理活动在"动态——过渡态——稳态"方面的相互关系。它说明人的个性是在心理过程的基础上逐渐形成和发展的；而个性又总是通过各种心理过程表现出来的。反之，已形成的个性倾向和特点又积极地影响着心理过程，从而使人的心理过程总是带有个性的色彩。总之，心理过程和个性的相互制约关系，从整体上反映着人的心理活动的共同规律和差异规律的辩证统一。

4. 意识和无意识。人的心理现象，绝大多数是当事人能够觉知到的，但也有不少是当事人不能觉知到的。从能否被当事人觉知的角度来看，可以把人的心理划分为意识和无意识。

意识就是现时正被人觉知到的心理现象。人们在清醒状态下，能够意识到作用于感官的外界环境（如感知到各种颜色、声音、车辆、街道、人群等）；能够意识到自己的行为目标，对行为的控制，使环境适应于自己的需要；能够意识到自己的身心特点和行为特点，把"自我"与"非我"、"主体"与"客体"区别开来；还能意识到"自我"与"非我"、"主体"与"客体"的相互关系。意识使人能够认识事物、评价事物、认识自身、评价自身，并实现对环境和自身的能动的改造。总之，意识是人们保持生活正常的心理部分，它涉及人们心理现象的广大范围，就像一个复杂庞大的心理

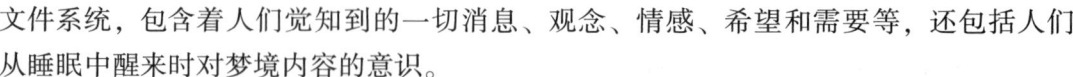

文件系统，包含着人们觉知到的一切消息、观念、情感、希望和需要等，还包括人们从睡眠中醒来时对梦境内容的意识。

除了意识活动，人还有无意识活动。无意识活动在人的心理生活中是很普遍的。每个人都有做梦的经验，梦境的内容可能被意识到，但梦的产生和进程是人们意识不到的，也不能进行自觉调节和控制。无意识活动是人的自动化活动，在通常的情况下人们是意识不到这类活动的结构的。无法回忆起的记忆或无法理解的情绪常属于无意识之列。偶尔，无意识中的一些东西也会闯入意识之中，诸如失言、笔误，都会把自己无意识的愿望泄露出来。有意识的动作或经验可能在梦境、联想和神经紧张症中表现为无意识的东西。总之，无意识活动也是人们反映外部世界的一种特殊形式。人们借助于它来回答各种信号，而未能意识到这种反应的整个过程或它的个别阶段。在人们的日常生活、学习和工作中，意识活动和无意识活动是紧密联系着的。

5. 个体心理与行为。行为就是个体对所处情境的一种反应系统，它是在一定情境中产生的。引发个体反应的情境因素称为刺激，而引起行为的刺激通常以人的心理为中介。由于个体心理存在差异性，同样的刺激在不同人身上的反应常常并不相同。由于个体心理处于动态变化之中，同一个人在不同时间、地点和条件下对同样的刺激所作出的反应也不同。心理支配人的行为但又通过行为表现出来。由于人的主观能动性，人的心理对行为的支配和调节通常是很复杂的。一个人可以有意地掩盖自己的某些心理活动，不在行为中表现出来，也可以做出与内心不符的行为表现，甚至某些行为不能自觉。因此，要正确理解人的行为，确定行为所表达的心理活动，最重要的是要了解引起和制约行为的各种条件，并且系统地揭示这些条件和行为的因果关系，才能明确行为的意义。

那么，罪犯心理又是怎样的呢？首先，罪犯仍然遵循上述心理现象的分类与特征，即罪犯心理现象与社会自由公民具有相同的心理结构（构成）。其次，从监狱机关管理与教育矫治罪犯的角度出发，对罪犯心理需要进行更有特征性的建构，可以从多维度多层面来认识罪犯心理。从其静态构成来说，罪犯心理包括常态心理、犯罪心理与服刑心理；从其动态发展来说，罪犯心理包括形成、发展与变化情况，具体见本教材专题四、专题五。

(三) 分析的方法

罪犯心理分析的方法主要有观察法、调查法、测验法、犯罪事实分析法以及查阅档案、亲属了解等。

1. 观察法。观察法是指监狱警察通过感官或借助一定的科学仪器，在一定时间内有目的、有计划地考察和描述罪犯的各种行为表现，进而揭示其心理现象与规律的一种方法。观察法的主要类型有自然观察和实验观察、参与观察与非参与观察、直接观察与间接观察、有结构观察与无结构观察、时间取样观察与事件取样观察等。

2. 调查法。主要有问卷调查法与访谈法。访谈法是指以口头交谈方式向罪犯提出问题，根据罪犯的答复来搜集客观的、不带偏见的心理和行为方面的数据资料，以分析其心理现象与行为特征的一种方法。访谈法可分为结构式访谈和非结构式访谈；还可分为直接访谈与间接访谈。另外，访谈可以逐一采访询问，即个别访谈；也可以开小型座谈会，进行团体访谈。

3. 测验法。即心理测验法，是指采用标准化的心理测验量表或精密的测验仪器，来测量罪犯心理现象与行为特征的方法。心理测验可分为能力测验、人格测验与心理健康状况测验，又可分为个体测验与团体测验等。

有关观察法、调查法与测验法的知识与技术在本教材专题二阐述。

4. 犯罪事实分析法。是指通过对罪犯犯罪事实分析和判断来揭示罪犯心理现象和规律的一种方法。由于任何犯罪行为都是在罪犯的心理支配与作用下产生的，因此对犯罪行为事实的分析，可以为深入了解和准确判断罪犯的心理特别是犯罪心理提供科学依据。罪犯的犯罪现象与行为多种多样，有的是初次犯罪，有的是多次犯罪。即使是初次犯罪，他们所犯的案件可能不止一起。因此，运用犯罪事实分析法，应当对所有犯罪案件资料都进行收集并作出分析，而不能只收集其中的一部分案件资料就作出分析。

5. 查阅档案。查阅档案是指通过查阅监狱罪犯的各类档案来分析罪犯心理。目前监狱罪犯档案不止一个，常常有多个档案，都可用于分析罪犯的心理。这些档案中一般包括罪犯的基本信息，简要的成长经历，历次以及本次监狱服刑经历，监狱的表现与奖惩情况等，有的还包括罪犯写的自传。

6. 亲属了解。亲属了解是指通过与罪犯的亲属（更广泛的包括邻居、老师等）交谈，获得罪犯的一些信息，包括其亲属成员的姓名、性别、年龄、职业、健康史、亲属遗传病史、亲属成员受教育情况等。家庭功能健全与否，与罪犯的身心健康密切相关，为亲属了解的重点。在进行亲属了解时，既要了解亲属成员的情况、家庭类型、结构、亲属资源和存在的压力等情况，也要着重了解亲属功能发挥的程度、存在问题及原因、亲属对罪犯的支持状况等。亲属了解主要通过与亲属交谈的方法，也可通过观察来了解信息。

罪犯心理分析方法的另外一个角度，是依托心理学理论来分析罪犯心理。一般地，心理学理论包括精神分析理论、行为主义理论、认知心理学理论、人本主义心理学理论等。罪犯心理分析是在心理学理论指导下的分析，或者说是依托心理学理论对罪犯心理进行的分析。具体内容在本教材专题三详述。

二、罪犯心理分析的特征

（一）对罪犯心理的整体分析

罪犯心理分析的整体观有两层意思：其一，对罪犯心理资料的收集要有整体性，要收集罪犯各方面的资料来分析他们的心理；其二，罪犯心理是个整体，既不能只分析把握罪犯心理的某一方面、某一部分，也不能把心理现象的各个部分割裂起来分析，不能"只见树木不见森林"，而是要有整体的观念，看到罪犯心理各组成部分是彼此联系的有机整体。把罪犯心理分成若干部分进行分析，是为了更好地认识罪犯心理，但是罪犯心理是个整体，不能仅停留于部分分析，最后要从整体进行分析把握。

（二）结合罪犯心理历史发展（过往经历）的分析

个体当前心理是过往心理的发展。人的心理是发展而来的，不是一日生成的。因此，对罪犯心理的分析必然离不开对过去资料的收集。罪犯成长史是罪犯心理分析必然要涉及的，是绕不开的一个环节。只收集罪犯当下时刻的心理资料以得出此刻心理现象，而不去收集了解罪犯心理发展的历史资料、成长经历资料，这是一种静止的观点，而不是动态发展的观点，这种做法常常无法得到科学的结论，或者得到片面的结论。

（三）对罪犯心理现状与未来发展的分析

对罪犯心理的分析，重点是要把握其当前时刻的心理状态与行为特征，而且希望能够去预测他今后的心理发展与行为表现，从而为监狱机关的教育管理和监狱的安全稳定服务。

三、罪犯心理分析的地位与作用

（一）罪犯心理分析是罪犯心理咨询与矫正工作的基础

通过对罪犯心理的分析，把握罪犯心理的现状与特征，明确罪犯存在的心理问题，了解罪犯的犯罪心理，为下一步开展罪犯心理咨询与矫正工作提供坚实基础。"罪犯心理分析"与"罪犯心理咨询与矫正"是一个连续体，前者是后者的基础，后者是前者的发展。没有准确有效的罪犯心理分析，就不可能有科学的罪犯心理咨询与矫正；而开展了罪犯心理分析工作，没有进一步开展罪犯心理咨询与矫正工作，那就是半途而废，罪犯心理分析工作就失去了价值与意义。

（二）罪犯心理分析对监狱其他相关工作提供帮助

我国监狱除了罪犯心理矫治工作，还有教育改造、监管改造、刑罚执行、劳动改造等诸多工作。通过罪犯心理分析工作，对关押罪犯的心理现状与行为特征有准确的了解，必然对监狱开展这些相关工作提供有益的帮助。基于罪犯心理状况的教育改造、监管改造、刑罚执行、劳动改造，必然更有针对性，更有效率性，更有科学性。

（三）罪犯心理分析对本专业其他课程学习提供支撑

《罪犯心理分析》是刑事执行专业的专业核心课程，它能够对本专业其他核心课程的学习，特别是《罪犯教育矫正》《罪犯安全管理》《犯罪原因分析》《监狱执法管理》《罪犯劳动管理》等课程的学习提供一定的理论支撑。本课程的学习，能够加深学员对罪犯的科学认识，促进学员对这些相关专业课程的学习。

学习任务二　罪犯心理分析课程体系建构

一、罪犯心理分析课程体系

（一）罪犯心理分析课程体系构成

《罪犯心理分析》课程体系可分为三个模块：模块一是罪犯心理分析解读；模块二是罪犯心理多维度分析；模块三是罪犯心理分析报告撰写。

1. 模块一"罪犯心理分析解读"。包括三个专题：罪犯心理分析构建、罪犯心理分析方法、罪犯心理分析理论基础。模块一除了解读罪犯心理分析的内涵以及如何科学认识罪犯，还包括罪犯心理分析方法和罪犯心理分析理论基础。罪犯心理分析方法介绍分析罪犯心理的具体办法，这是给学员以钥匙，去打开罪犯的心理之门。罪犯心理分析理论基础主要介绍罪犯心理分析的心理学基础理论；它既是罪犯心理分析课程的理论基础，也是指导开展罪犯心理分析工作的理论指引。

2. 模块二"罪犯心理多维度分析"。模块二是从多角度、多维度对罪犯心理进行分析阐述，使学员能够全面理解掌握罪犯的心理现象。包括七个专题：罪犯心理静态分析、罪犯心理动态分析、罪犯改造动机与服刑态度分析、罪犯类型心理分析、罪犯异常心理分析、罪犯人身危险性分析、犯罪心理内容分析。

3. 模块三"罪犯心理分析报告撰写"。模块三是在心理学理论指导下，运用科学的方法多维度分析罪犯心理之后，得到罪犯心理现象与行为特征的诸多结果，并撰写一份完整的、科学的罪犯心理分析报告。包括一个专题：罪犯心理分析报告结构与案例。

（二）罪犯心理分析课程体系具体内容

1. 模块一"罪犯心理分析解读"有三个专题。专题一包括"什么是罪犯心理分析"和"罪犯心理分析课程体系建构"两个部分。前者在解读罪犯心理分析内涵基础上，对罪犯心理分析的特征与地位作阐述；后者是对罪犯心理分析课程体系、具体内容进行全面解读。专题二"罪犯心理分析方法"，包括观察法、调查法、测验法、个案分析法等。在总体把握分析方法的基础上，详细阐述各个分析方法的内涵与具体操作过程，为罪犯心理分析服务。专题三"罪犯心理分析理论基础"，包括四个内容：精神分析理论、行为主义理论、认知心理学理论和人本主义心理学理论；对每个理论内容全面介绍之后，将结合罪犯案例进行深入解析，从而更深刻地理解这些心理学理论。

2. 模块二"罪犯心理多维度多角度分析"，包括罪犯心理静态分析、罪犯心理动态分析、罪犯改造动机与服刑态度分析、罪犯类型心理分析、罪犯异常心理分析、罪犯人身危险性分析以及犯罪心理内容分析。罪犯心理静态分析着重介绍罪犯心理的构成。罪犯心理动态分析阐明罪犯心理是如何形成的，又是如何发展的；其有怎样的发展阶段，又有怎样的变化形态。罪犯改造动机与服刑态度分析是罪犯心理矫治工作两个非常重要的内容，也是监狱机关非常关切的两个内容，需要给予详细阐述。罪犯心理类型分析，将对罪犯不同服刑阶段、不同犯罪类型、不同年龄阶段和不同刑期的罪犯心理进行深入的分析。罪犯正常心理与异常心理，重点是对罪犯异常心理的分析，也是接下来开展罪犯心理矫治和教育矫正工作的基础性信息；对心理异常的罪犯，首先是遵从医学模式，而不是去开展心理矫治或教育矫正工作。罪犯人身危险性分析是标定罪犯的危险程度，为监狱的危险控制奠定基础，以维护监狱的改造秩序与安全稳定。犯罪心理内容分析，是在阐明犯罪心理内容理论之后，提出犯罪心理分析评估轴体系与分析路径。

3. 模块三"罪犯心理分析报告撰写"，包括报告的结构与案例。罪犯心理分析报告有其规范的结构，以利于他人阅读与相互间的交流借鉴，也有利于初学者更好地撰写一份规范的报告。同时，结合具体案例阐明报告的结构，有利于学员更好地掌握罪犯心理分析报告的撰写。

二、罪犯心理分析课程内容间关系

（一）整体性关系

罪犯心理分析三个模块是一个有机的整体。

1. 模块一首先对罪犯心理分析的内涵进行了界定，明确罪犯心理分析的内涵与外延；然后是对课程体系进行了整体建构，是对本课程的一个总体规划，明确了课程内容体系。其次，罪犯心理分析不是一个简单的过程，它需要监狱警察运用科学的方法与手段来实现。不掌握科学的分析技术与方法，即使获得罪犯心理也会多走弯路，或者得不到准确的罪犯心理内容。所以，分析罪犯心理需要科学有效的工具。对分析方法与手段的学习是实现准确分析罪犯心理所必需的。最后，罪犯心理分析与其他课程一样，需要以专业理论作为支撑。心理学基本理论是学员深入学习本门学科的重要抓手，也是学员融会贯通地掌握罪犯心理分析知识的必要基础。同时，心理学基本理论也为接下来学习多维度分析罪犯心理奠定理论基础。

2. 模块二对罪犯心理的多维度分析，是罪犯心理分析课程体系的主体部分。本部分内容全面系统地阐明罪犯心理的具体内容。既使学员习得多维度分析、多角度思考的认识思路，也使学员获得罪犯心理的全景式描绘，从而实现对罪犯心理的系统把握，为接下来的课程学习和今后工作打下良好基础。

3. 模块三的罪犯心理分析报告在监狱实际工作中是必要的。一方面，监狱警察需要一个报告，以利于总结经验再提高；另一方面，向上级汇报、同事间沟通或同行间交流也需要一个报告，以利于查阅。因此，在心理学基本理论指导下，运用科学的分析方法，对罪犯心理进行多维度分析后，获得的一系列分析结果应当以规范的报告形式呈现出来，从而既满足为接下来的干预提供基础资料，又是罪犯心理档案建档之需，也为监狱警察自身提高及同行间相互交流服务。

（二）逻辑关系

罪犯心理分析各模块间存在逻辑关系。

这种逻辑关系包括两个方面。一是"三个模块"之间存在逻辑关系。"概念解读"建立起本门课程的框架体系,"分析方法"提供分析罪犯心理内容之法,"理论基础"提供了本门课程的基本理论,"心理内容分析"是阐明罪犯心理分析的主体——罪犯心理的具体内容,"分析报告"则是在运用分析方法清晰罪犯心理内容之后撰写的书面报告。二是"罪犯心理内容"各部分之间的逻辑关系。罪犯心理静态与动态分析、罪犯异常心理分析、罪犯类型心理分析、罪犯改造动机与服刑态度分析、罪犯人身危险性分析以及罪犯心理的核心内容——犯罪心理内容分析,是多角度透视罪犯心理。这些内容之间既彼此独立又客观统一,实现对罪犯心理全方位而又整体的认识。

罪犯心理分析课程体系如图 1.2 所示:

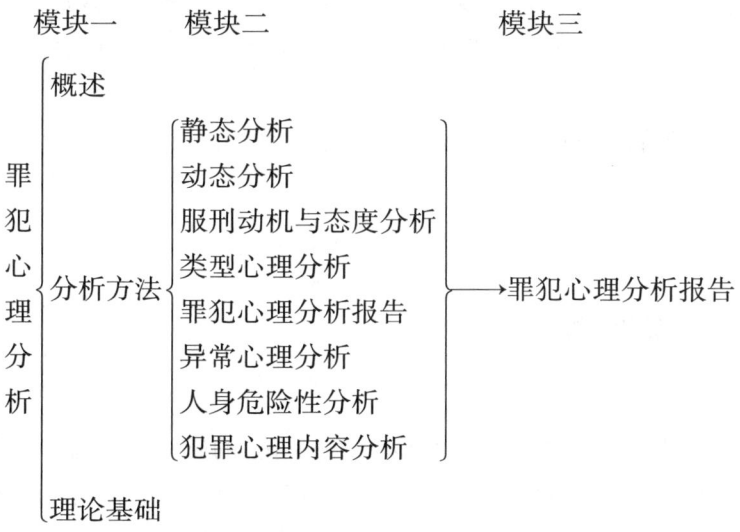

图 1.2　罪犯心理分析课程体系图

  思考题

1. 如何科学认识罪犯?
2. 罪犯心理分析有何特征?
3. 罪犯心理分析的课程体系怎样?

专题二　罪犯心理之分析方法

"每天走路一万步，有利身体健康。"很多人认为这是一种常识。其实，这并不是常识，而是一些人的直觉或猜测。一些监狱警察常常会直接地表达他们的直觉。例如，直觉认为"这个罪犯今天会出事"；"如果他这样下去，不出一个月，就会出大事"。但是，这种直觉往往是不准确的，有时甚至是完全错误的。每个人都有过错误的直觉。正因为如此，才出现了科学严谨的罪犯心理研究方法，来帮助我们解决这些问题，并从根本上使罪犯心理分析免于被愚蠢的大脑直觉误导。

获取罪犯心理分析资料的方法主要有四类：观察法、调查法、测验法和个案研究法。

学习任务一　观察法

观察法是指在自然条件或预设的情境下，观察者通过自己的感官或录音、录像等辅助手段，有目的、有计划地观察罪犯的表情、动作、语言、行为等，研究和分析罪犯的心理活动规律的方法。观察法有多种分类：直接观察法与间接观察法、参与性观察法与非参与性观察法、结构观察法与无结构观察法、全面观察法与抽样观察法等。本教材主要讨论两种相对科学的观察法，一种是时间取样观察法，另一种是事件取样观察法。

一、时间取样观察法

时间取样观察法，是指在预设的时间段对罪犯在各种服刑环境中的反应进行全面地观察，常用于分析罪犯行为是怎么发生的、又是如何发展的。时间取样观察法要求观察者事先确定观察维度，并对罪犯在自然的服刑环境中自然发生的行为进行观察，然后依据观察维度有选择地在某些时段观察罪犯的某一特定行为发生的情况，并把观察到的结果记录在事先制定的记录表上。

时间取样观察法案例设计：

背景资料：罪犯王某因在分监区经常与其他罪犯发生人际冲突接受强化矫治。

观察者：张警官。

被观察者：罪犯王某。

观察时间：罪犯王某每天 1 小时的自由活动时段。

观察内容：罪犯王某与其他罪犯之间交流情况。

观察目的：了解罪犯王某与其他罪犯的沟通方式及人际关系现状。

观察方法：时间取样观察法。

观察日期：某年某月某日～某年某月某日（一般为一星期）。

为了更好地搜集资料，最好要预先设计一个观察记录表，并设定相应观察维度。（参见罪犯王某与其他罪犯之间交流情况观察记录表2.1）

观察罪犯王某与其他罪犯之间的交流情况，观察者设定了三个维度。第一个维度是有无交流及交流次数；第二个维度是如果有交流，他的交流方式及状态；第三个维度是每次交流持续的时间。

表2.1 罪犯王某与其他罪犯之间交流情况观察记录表

观察者	被观察者	自由活动时间	与其他罪犯交流情况		
			次序	交流方式及状态	持续时间
张警官	罪犯王某	1小时	第一次		
			第二次		
			第三次		

从上述案例可以发现，运用时间取样观察法，观察者得到了罪犯某一特定行为是否出现或发生，该行为出现或发生的频率，该行为出现或发生的持续时间等准确记录。

使用时间取样观察法时应注意：首先，要给有关概念下操作定义，如要观察的行为，上述案例中定义为"与他犯交流行为"等；其次，要明确观察目的，根据观察目的确定观察的被试量（观察1个、2个、3个罪犯，或罪犯群体）、观察的次数与时间间隔；最后，要事先拟好记录表，便于观察时使用。

时间取样观察法有别于一般的观察，它的优点很突出：①观察目的明确，使观察者能对观察内容及过程进行更加有效地控制；②在特定的时间范围内观察众多的罪犯，观察者能在较短时间内获得大量观察数据，同时也易于获得有代表性的行为样本；③省时省力，又能有效地保证观察记录的精确性与客观性；④能提供量化数据，有助于统计分析。

时间取样观察法也有它的局限性：①时间取样观察法只适用于研究罪犯那些出现或发生频率较高的行为；②它不能用于研究罪犯内隐行为，只能研究罪犯易被观察到的外显行为；③它不能提供有关罪犯全面详尽的资料。

二、事件取样观察法

事件取样观察法是指对某种与研究或分析目的有关的、预先确定了的、有代表性的行为或事件的背景、起因、经过、结果、持续时间等方面进行观察和记录。通过对这些有代表性的相关行为、事件的观察和进一步的研究，观察者可以对所感兴趣的事件形成比较全面、深入而正确的认识。

事件取样观察法案例设计：

观察者：吴警官。

被观察者：罪犯杨某。

观察事件：罪犯杨某发生摔砸物品行为。

观察目的：了解罪犯杨某发生摔砸物品行为发生的情况。

观察方法：事件取样观察法。

背景资料：罪犯杨某在服刑期间已多次发生摔砸物品行为，自称无法控制，并自愿要求束缚带捆绑其手。

观察日期：某年某月某日～某年某月某日（一般为一星期）。

表2.2 罪犯杨某发生摔砸物品行为观察记录表

序号	行为发生日期及时间	行为发生场景	行为发生时的详细信息
1			
2			
3			
4			

事件取样观察法主要从三个维度来进行记录：罪犯杨某发生摔砸物品行为具体时间（包括持续时间）、行为发生场景以及行为发生时的详细信息（摔砸什么物品、摔砸物品前有没有诱因、诱因是什么、摔砸物品的方式、杨某的情绪反应、其他罪犯的情绪行为反应、杨某怎么停止摔砸行为等）。根据对杨某一星期摔砸物品行为的情况进行观察记录并整理，进一步分析其心理状态。

事件取样观察法优点是显而易见的，观察目标明确、集中，效率较高。但也应注意以下三点：首先，要确定需要观察的特殊事件或行为，并给其下操作定义；其次，要确定观察的时间和地点；最后，要尽可能详细地记录行为事件发生的相关信息。

学习任务二　调查法

调查法是指通过书面或口头回答问题的方式，了解、分析被调查罪犯的心理活动的方法。一般有两种方法：问卷调查法、访谈法。

一、问卷调查法

问卷调查法是目前国内外罪犯心理调查与分析中较为广泛使用的一种方法，是指调查者（通常是监狱警察）通过制定详细周密的问卷，要求被调查罪犯据此进行回答以收集资料的方法。所谓问卷就是一组与研究或分析目标有关的问题，是在罪犯心理调查研究活动中用来收集资料的一种常用工具。调查者借助问卷对罪犯在服刑活动过程中的相关表现进行问卷调查，并应用数理统计方法进行量化描述和分析，获取所需要的调查资料与分析结果。

一般来讲，问卷调查法的主要优点在于省时、省力，成本低。它可以批量进行，在很短的时间内搜集大量关于罪犯的心理信息，这也是人们喜欢用问卷调查来搜集罪犯信息的原因。但这种方法最大的问题在于问卷的设计比较困难，尤其是关于罪犯行为活动的动机、思维等内在问题的设计。问题设计不好就会直接影响搜集到的罪犯信息的可信性和有效性。

（一）调查问卷的构成

问卷一般由卷首语、问题与回答方式、编码和其他资料四个部分组成。

1. 卷首语。它是问卷调查的自我介绍部分。卷首语的内容一般包括：调查的目的、意义和主要内容，选择被调查罪犯的途径和方法，对被调查罪犯的希望和要求，填写问卷的说明，回收问卷的方式和时间，调查的匿名和保密原则等。为了能引起被调查者的重视和兴趣，争取他们的合作和支持，卷首语的语气要谦虚、诚恳、平易近人，文字要简明、通俗、有可读性。卷首语一般放在问卷第一页的上面。

2. 问题和回答方式。它是问卷的主要组成部分，一般包括调查的问题、回答问题的方式以及对回答方式的指导和说明等。

3. 编码。所谓编码，就是对每一份问卷、问卷中的每一个问题和每一个答案都编定一个唯一的代码，并以此为依据对问卷进行数据处理。把问卷中的问题和被调查罪犯的回答，全部转变为代号和数字形式，以便运用数理统计方法对调查问卷进行数据处理。

4. 其他资料。包括问卷名称、被调查者的单位（可以是编号）、调查员姓名、调查开始时间和结束时间、调查完成情况等。这些资料，也是对问卷进行分析的重要依据。

（二）问题的设置

一般来说问卷调查的问题分为四类：背景性问题、客观性问题、主观性问题与检验性问题。

1. 背景性问题，是指被调查罪犯的个人基本情况。如罪犯的性别、年龄、籍贯、文化程度、家庭情况、犯罪类型、刑期、已服刑时间等。

2. 客观性问题，是指罪犯已经发生和正在发生的各种事实和行为。如罪犯的学习情况、劳动情况、违规违纪情况、亲密关系变化情况等。

3. 主观性问题，是指罪犯的思想、感情、态度、愿望等一切主观世界方面的问题。如罪犯的认罪情况、罪犯对劳动改造的认知情况、罪犯的情感变化情况等。

4. 检验性问题，是为检验罪犯回答是否真实、准确而设计的问题，也有人称之为测谎题。

二、访谈法

访谈法又称晤谈法，是指监狱警察通过与罪犯面对面地交谈来了解、分析罪犯心理及行为的方法，它也是分析罪犯心理的基本方法。因所要分析或研究问题的性质、目的或对象的不同，访谈法具有不同的形式。访谈有正式的，也有非正式的；有逐一访谈的，即个别访谈，也有开小型座谈会，进行团体访谈。根据访谈者掌握主导性的程度，又可分为指导性访谈和非指导性访谈。根据访谈内容的作用方向，可分为导出式访谈（即从罪犯引导出情况或意见）、注入式访谈（即警察把情况和意见告知罪犯）。

在罪犯访谈中运用比较多的还是结构式访谈与非结构式访谈。这是根据访谈进程的标准化程度来分类的。

（一）结构式访谈法

结构式访谈，又称标准化访谈，是一种定量研究方法，通常应用于罪犯心理的量化研究中。这种方法的目的在于确保对每一个被访谈罪犯以同样的顺序精确地呈现同样的问题，以确保答案总体上可靠，并确信不同的罪犯样本群之间或者不同测量周期之间具有可比性。为确保这种统一性和一致性，访谈者通常要事先设计好一套有一定结构的问卷，然后进行访谈。

1. 结构式访谈法的优点。①结构式访谈的最大优点是访问结果便于量化，可作统计分析，它是统计调查方式的一种。与另一种统计调查方法——自填式问卷调查相比，结构式访谈的最大特点是能够控制调查结果的可靠程度。②结构式访谈的另一大优点是回收率高，结构式访谈回收率常常可以达到80%以上，而且回收的问卷其应答率也高。③结构式访谈能在回答问题之外对被访谈罪犯的态度行为进行观察，因此可获得问卷调查法无法获得的有关罪犯的许多非语言信息。

2. 结构式访谈法的缺点。①与调查问卷法相比，结构式访谈费时，因而往往使调查的规模受到限制。②对于敏感性、尖锐性或有关个人隐私的问题，它的效度也不及问卷调查法。

结构式访谈一般是由监狱警察来进行的，因此其态度、素质、经验等对访谈结果有决定性的影响。作为访谈者，监狱警察往往会不自觉地将自己的主观意见或偏见带到访谈过程中，使得调查结果容易产生偏差。因此，在进行结构式访谈时，访谈者要尽可能保持价值中立。

（二）非结构式访谈法

非结构式访谈又称为非标准化访谈，深度访谈，自由访谈。它是一种无控制或半控制的访谈，事先没有统一的具体问题，而只有一个题目或大致范围或一个粗线条的问题大纲。由访谈者监狱警察与访谈对象罪犯在这一范围内自由交谈，具体问题可在访谈过程中边谈边形成边提出，对于提问的方式和顺序、回答的记录、访谈时的外部环境等，也没有统一要求，可根据访谈过程中的实际情况作各种安排。其类型有重点访谈、深度访谈、客观陈述式访谈等。同结构式访谈相比，非结构式访谈的最主要特点是弹性和自由度大，能充分发挥访谈双方的主动性、积极性、灵活性和创造性。但访谈结果难以定量分析。

学习任务三　测验法

现代生活与测量有密不可分的关系。一个人自出生至死亡，日常生活衣食住行各方面的需求，均离不开测量的应用。例如，权衡食物的轻重，用秤做工具，以斤计量；度量衣料的长短，用尺做工具，以尺寸计。至于近代自然科学之所以有长足的进步，更有赖于测量工具之精良及测量方法之普遍应用。一般而言，测量的正确性决定了科学等级的高低。随着科学的发展，到了20世纪，一种新的测量技术应运而生，那就是心理测量技术——心理测验。由于它成长的历史尚短，其基本的理论与应用的技术，仍未为一般人所深切认识，以致产生两种极端的见解。有一些人不明了测验的原理和方法，单凭主观的判断，否定心理测验的价值；另有一部分人却过于乐观，认为心理测验是万能的科学工具，而盲目地加以赞成和使用。其实，他们都没有真正了解心理测验的意义与性质，因而对于心理测验的功能和效用，缺乏科学的看法，影响他们科学态度的形成。为了心理测验在正常而合理的情况下应用，首先必须充分认识心理测验的基本概念，进而了解各种心理测验的特殊用途及其限制，然后再结合罪犯的具体情境及实际需要，作最恰当的运用。

一、什么是罪犯心理测验

罪犯心理测验是一项专业性很强的心理测量技术，是主试根据已标准化的实验工具如量表，来测量被试者罪犯的智力、性格、态度、兴趣以及其他个性特征的方法，然后通过一定的数理统计方法进行处理，予以量化，描绘其情绪行为的轨迹，并对其结果进行分析。罪犯心理测验一般分为两大类：自陈量表法、投射测验法。

二、自陈量表法

自陈量表法多以罪犯自我报告的形式出现，即施测者对拟测量的心理特征编制若干测试题干（陈述句）构建一套问卷，让被试罪犯逐项给出书面答案，依据其答题情况，进行标准化计分，并用标准化常模——就像是用来衡量长短的尺子一样——来衡量被试各项指标情况，从而评价被试的态度、能力、性格等方面的心理特质。这是罪犯心理测验中最为常用的测验方法。

心理测验量表的编制是非常专业的，也是相当费时费力费钱的。一般来说，心理测验所用的量表大多是已经编制好的、经过信度效度检验的、得到公认的量表。对罪犯进行心理测验常用的自陈量表有：①罪犯人格测验量表，如明尼苏达多项人格测验（MMPI）、艾森克人格测验（EPQ）、卡特尔16项人格测验（16PF）等，还有由我国司法部预防犯罪研究所主持的、针对我国罪犯编制的《中国罪犯个性分测验（COPA－PI）》；②罪犯心理健康测验量表，如症状自评量表（SCL－90）、焦虑自评量表（SAS）、抑郁自评量表（SDS）等；③能力测量量表，如韦氏智力测验量表、瑞文智力测验量表等。这些经典的心理测量工具大多已软件化,只要把被测罪犯的答案(或选项)输入到应用软件中,就可以自动得到分析结果。

自陈量表法的优点非常明显:其一,可操作性强;其二,采用标准化测试的形式,科学性强;其三,简单易行,解释比较容易。

自陈量表法也有其自身的局限,它的局限性也更多地来自于自陈:被测试罪犯容易虚假陈述,从而影响施测结果的可信性和有效性。

要解决这个问题,施测者要有针对性地根据被测罪犯的具体情况选择量表,并与罪犯建立起良好信任关系,遵循量表施测程序及注意事项等。施测者最好接受专业化的培训,只有这样才能使信度效度所受的负面影响降到最低。

三、投射测验

投射测验是指"主试""施测"给被测罪犯提供一种模棱两可的多义刺激物,如墨渍、无结构的图片等,然后要求被测罪犯在不受限制的条件下并在极短的时间内立即作出反应。由于刺激与反应之间相隔的时间极短,被测罪犯根本无法进行全面而周到的思考,所以在回答问题的过程中常常会把自己的真实情绪、情感、态度、需要、动机、观点、信念和个性特点等心理活动,投射在个人的反应之中,主试通过专业性的分析就可以看出被测罪犯的心理状态和个性心理特征。

在罪犯心理分析中经常用到的投射测验有罗夏克墨迹测验、主题统觉测验、房树人测验。

(一)罗夏克墨迹测验

罗夏克墨迹测验是由瑞士精神医学家罗夏克于1921年编制的一套人格投射测验。测验材料为10张墨迹图,其中5张由浓淡不同的黑色印制,2张由黑色与红色印制,3张由多种颜色印制。主试按一定顺序把墨迹卡片一张接一张地让被测罪犯看,并让其说出看到的墨迹图形像什么,并由此想起了什么。主试记录下被测罪犯的反应。被测罪犯在测验过程中不知不觉地从对墨迹图的反应中流露出其思想感情和对事物的态度,施测者从这些反应中分析、判断被测罪犯的人格特征。

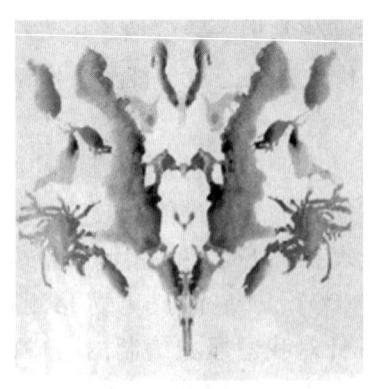

图2.1 罗夏克墨迹图

（二）主题统觉测验

主题统觉测验（TAT）是投射测验中与罗夏克墨迹测验齐名的一种测验工具，由美国精神科医生莫瑞于 1935 年编制完成。测验由 30 张黑白图片组成。根据被测罪犯的年龄、性别采用其中 20 张进行测验。主题统觉测验要求被测罪犯根据图片讲故事，每个故事约 15 分钟。主题统觉测验对于了解被测罪犯与其父母的关系及障碍尤为有用。测验记分时主试要同时考虑故事的内容（情节、心理背景等）和形式（如长度、种类等）。主题统觉测验适用于各种年龄和不同种族。但为了更好地研究不同的对象，主题统觉测验还产生了多种变式，如儿童统觉测验等。

图 2.2　主题统觉测验图

（三）房树人测验

房树人测验（Tree – House – Person），开始于约翰·巴克（John Buck）的"画树测验"。约翰·巴克于 1948 年发明了这种方法，被测者只需在三张白纸上分别画出房、树及人就完成了测验。而动态房、树、人分析方法则由罗伯特（Robert C. Burn）于 1970 年发明，被测者在同一张纸上画房、树及人。这三者有互动作用，例如从房及人的位置与距离就可看出被测者与家庭的关系，所以这两种分析多数会结合使用。目前我国监狱中对罪犯使用的比较多的是由我国心理测验学者张同延编制的标准化的房树人测验。施测者让被测罪犯在一张白纸上画一幅包含房树人要素的画，施测者再运用心理学的相关理论对罪犯所画的画进行心理分析，判断其人格特征。

（四）投射测验的优缺点

1. 投射测验的优点。其一，绕过被测罪犯的心理防御、弹性大，被测罪犯不受限制可以任意作出反应。非常适合对罪犯进行心理测查。其二，材料仅为图片，因此可以对没有阅读能力的罪犯进行施测。

2. 投射测验的缺点。其一，评分缺乏客观标准，也很难标准化，测验的结果难以解释。张同延编制的标准化房树人测验也仅适合初学者。其二，对施测者专业要求很高，没有很深的文化底蕴及精神分析背景，很难分析及预测被测罪犯的人格特征及行为。其三，要使分析相对准确，施测者要密切关注被测罪犯的过程反应，时间不经济、很难批量进行施测。

学习任务四　个案分析法

假如想知道麻雀的生理解剖特点，是否需要把众多的麻雀都抓来，一个一个进行解剖呢？显而易见，这样做太复杂、太费时费力了。如果从众多的麻雀中选一二只为代表加以解剖，同样可以了解到这一类鸟的生理结构特点。这是人们解决问题的一种思路，也是一种方法。在罪犯心理分析中个案分析法是一种由小见大、以点及面的方法。运用此法进行分析，便可通过罪犯个别案例获得对罪犯整体的规律性认识。

一、个案分析法的内涵

个案分析法是指以罪犯个别案例为分析对象，进行全面而深入地分析的一种方法，其任务是揭示分析对象罪犯心理的形成、变化的特点和规律，以及影响罪犯个案心理发展变化的各种因素，并提出相应的对策。

二、个案分析法的特点

1. 个别性。分析对象往往是个别的罪犯或群体，这种对象具有单一性、具体性的特点。但通过对罪犯个别案例的分析往往可以揭示具有普遍意义的规律。

2. 典型性。只有将典型性的罪犯个案作为对象进行分析才具有其价值。

3. 深入性。即对罪犯个案多方位、多维度、多层面进行分析。从空间上说，要分析罪犯服刑生活环境因素；从时间上说，既要分析罪犯的现状，也要探查他的过往，还要分析预测可能的将来。分析越透彻、越全面，针对性越强，结论就越具有说服力。

4. 综合性。个案分析法往往要综合运用多种方法配合进行，如测试罪犯的智力与人格用心理测验法，了解罪犯行为表现用观察法，了解其成长环境用调查法等。

5. 针对性。任何个案分析都是通过发现个案存在的问题并探索形成问题的根源，以便更好地、有针对性地进行矫正，促进其改变、成长。

三、罪犯个案信息的记录、整理与分析

一般来讲，个案分析法由三个主要活动构成，即确定分析对象和具体分析方法，设计个案分析方案，根据分析方案对罪犯个案信息进行记录、整理罪犯个案与分析。其中，最主要工作是对罪犯个案信息的整理与罪犯个案分析。

（一）罪犯个案信息的整理

对某个罪犯进行个案分析，要尽可能全面地拥有罪犯个案的信息。监狱警察为了保证信息不遗漏，需要对个案信息有详细准确的记录，这就使得分析者在了解个案的过程中会随时记录有关个案的各种信息，但分析者囿于当时情境，忙于记录，往往要等到事后才能对记录进行整理。

一般来说，可将有关个案的记录整理为三部分：

第一，一般资料。包括人口学资料、犯罪类型、入监日期、刑期、服刑记录、社会交往、自我描述，以及对过去、现在、未来的看法等信息。

第二，成长史资料。包括婴幼儿期、童年期、少年期、青年期等不同时期关键信息。

第三，当前身心状况资料。包括身体状态、社会功能、精神状态等信息。

（二）罪犯个案分析

在对罪犯个案信息进行整理后，应当对其加以认真的分析，最后得出有关个案分析的结论。个案分析的主要任务在于揭示分析对象罪犯心理形成与发展的规律，属于定性分析研究的范畴。因此，在全面了解个案信息的基础上，最为重要的工作是做好对这些信息的加工；在加工过程中，最为常用的逻辑思维方式就是分析和综合，分析与综合质量的高低直接影响个案分析的有效性。

下面以顽危犯张某的个案分析为例加以说明。

个案分析缘起：罪犯张某在劳动过程中与其他罪犯发生冲突，现场监狱警察黄警官及时给予处理。但罪犯张某认为黄警官处理不公，提出申诉。监狱纪检介入调查，发现黄警官对此事处理合理合法，并向罪犯张某告知处理详情及结果。而张某始终认为黄警官处理不公，不听民警劝说，一直抗拒监管。后将其调到其他监区服刑，仍然如此。入狱一年多时间，张某因违规四次被送至高戒备监区接受严管。在第四次严管期间，监狱警察开始对他进行个案分析。

分析方法：访谈法、心理测验法、观察法等。

获取张某的信息资料：

一般性资料：罪犯张某，男，1978年某月某日出生。文化程度初中。因犯强奸罪被判处有期徒刑6年，于2016年某月某日投入某省某监狱服刑。张某共有四次前科（两次强奸罪、盗窃罪与招摇撞骗罪各一次），系累犯。这次是他第五次入狱。

成长史资料：张某15岁初二时与英语老师课堂上发生冲突，随后离家出走。家人寻找一个多星期无果，后报警。一个多月后，公安民警找到他，其父亲从当地派出所领回。在返家途中又与父亲发生冲突，当天傍晚其父将其捆绑并丢入村前小河中，当场由村民救起。当时他就再次离家出走，父亲没有阻止，还扬言与他断绝父子关系。张某由此与父亲结深仇，混迹社会，以至于在他22岁那年，其父亲去世时都不愿回家。

当前身心状况资料："三无人员"（无通讯、无接见、无汇款），社会支持系统资源极度缺乏；性格偏执多疑，脾气暴躁，服从意识较差，容易走极端，睚眦必报，对抗监管；同犯关系紧张，并有自杀信息流露。但身体健康情况良好。

分析结果：罪犯张某有偏执性人格障碍倾向，脾气暴躁，其行为难以预测。

对策建议：需要心理矫治专业人员对他进行专业性心理干预。

四、个案分析法的优缺点

（一）个案分析法的优点

1. 可以了解罪犯个案各方面的状况，进而对其有全面和深入的认识。
2. 有助于澄清概念和确定变量，从而有利于作进一步的实证分析研究。
3. 有助于进行探索性研究，发现重要的变量以及提供有用的范畴，从而拟定假设或建立理论。
4. 由于资料广泛深入，有利于客观、深入、准确地把握罪犯的问题、需要及其原因，有利于提出有效和具体的处理办法或解决方案。

（二）个案分析法的缺点

1. 罪犯个案分析较为费时。一个罪犯个案心理分析从资料收集整理到对其心理作出深入分析，往往需要较长时间，耗费较多精力。
2. 不容易补充数据。对罪犯个案资料收集整理后，因各种原因需要再次补充收集资料与数据时，往往难以实现。不仅因为罪犯个案因刑满释放而难以再作资料收集，更因为时间的变化使得再次收集的数据常常失去价值。
3. 分析结果难以推论。由于样本很少和对象缺乏代表性，把罪犯个案心理分析结果作推论时需要非常谨慎。

思考题

1. 简述用时间取样观察法分析罪犯心理优缺点。
2. 非结构式访谈与结构式访谈的主要区别在哪里？
3. 如何解决用自陈量表法分析罪犯心理的局限性？
4. 简述罪犯心理个案分析法的优缺点。

专题三　罪犯心理分析理论基础

有计划、有系统地对罪犯的心理和行为特征进行分析，无疑是罪犯心理改造的有力依据。而要准确有效地进行分析，研究者既要进行实地调查，又要有扎实的理论功底。罪犯心理分析理论有很多，但最基础的主要有精神分析理论、行为分析理论、认知心理学理论和人本主义心理学理论。

学习任务一　精神分析理论

一、精神分析理论的主要内容

精神分析理论，由奥地利精神科医生弗洛伊德于19世纪末20世纪初创立。精神分析理论是现代心理学的奠基石。弗洛伊德提出行为的动机源于强大的内在驱力和冲动，如性本能和攻击本能。他还认为成人行为的根本原因是童年经历所遗留下来的未解决的心理冲突。心理学家需要做的就是理解这种内在驱力，无论它是意识的还是无意识的，都会赋予行为能量并指导行为。

（一）精神层次理论

该理论阐述人的精神活动，包括欲望、冲动、思维、幻想、判断、决定、情感等，会在不同的意识层次里发生和进行。不同的意识层次包括意识、前意识和潜意识（无意识）三个层次，好像深浅不同的地壳层次而存在，也称为精神层次。人的心理活动有些是能够被自己觉察到的，只要我们集中注意力，就会发觉内心不断有一个个观念、意象或情感流过，这种能够被自己觉察到的心理活动叫做意识。而一些本能冲动、被压抑的欲望或生命力在不被知觉的潜在境界里发生，因不符合社会道德和本人的理智，无法进入意识被个体觉察，这种潜伏着的无法被觉察的思想、观念或痛苦的感觉、意念、回忆常常被压存在潜意识这个层次，但当个体的控制力松懈时，比如醉酒、催眠状态或梦境中，偶尔会暂时出现在意识层次里，让个体觉察到。在意识与潜意识之间则是前意识，如同冰山与水面起伏接触的地方，需要通过某些特定的事件或行为才能被唤醒。

（二）人格结构理论

弗洛伊德认为人格结构由本我、自我、超我三部分组成。

本我即原我，是指原始的自己，包含生存所需的基本欲望、冲动和生命力。本我是一切心理能量之源。本我按"快乐原则"行事。它不理会社会道德、外在的行为规范，它唯一的要求是获得快乐，避免痛苦。本我的目标乃是求得个体的舒适、生存及繁殖。它是无意识的，不被个体觉察。

自我，其德文原意即是指"自己"，是自己可意识到的执行思考、感觉、判断或记忆的部分。自我的机能是寻求"本我"冲动得以满足，同时保护整个机体不受伤害。它遵循的是"现实原则"，为本我服务。

超我，是人格结构中代表理想的部分，它是个体在成长过程中通过内化道德规范，内化社会及文化环境的价值观念而形成的，其机能主要是监督、批判及管束自己的行为。超我的特点是追求完美，所以它与本我一样是非现实的。超我大部分也是无意识的。超我要求自我按社会可接受的方式去满足本我，它所遵循的是"道德原则"。

（三）释梦理论

弗洛伊德是一个心理决定论者，他认为人类的心理活动有着严格的因果关系，没有一件事是偶然的，梦也不例外，绝不是偶然形成的联想，而是欲望的满足。在睡眠时，超我的检查松懈，潜意识中的欲望绕过抵抗，并以伪装的方式，乘机闯入意识而形成梦。可见梦是对清醒时被压抑在潜意识中的欲望的一种委婉表达。梦是通向潜意识的一条秘密通道。通过对梦的分析可以窥见人的内部心理，探究其潜意识中的欲望和冲突；通过释梦可以治疗神经症。

（四）性本能理论

弗洛伊德认为人的精神活动的能量来源于本能，本能是推动个体行为的内在动力。人类最基本的本能有两类：一类是生的本能，另一类是死亡本能或攻击本能。生的本能包括性本能与个体生存本能，其目的是保持种族的繁衍与个体的生存。弗洛伊德眼中的性欲有着广义的含意，是指人们一切追求快乐的欲望。他认为性本能是人一切心理活动的内在动力，当这种能量（弗洛伊德称之为"力必多"）积聚到一定程度就会造成机体的紧张，机体就要寻求途径释放能量。

（五）防御机制理论

心理防御机制是自我的一种防御功能。很多时候，超我与本我之间、本我与现实之间，经常会有矛盾和冲突，这时人就会感到痛苦和焦虑。自我可以在不知不觉之中，以某种方式调整冲突双方的关系，使超我的监察可以接受，同时本我的欲望又可以得到某种形式的满足，从而缓和焦虑，消除痛苦，这就是自我的心理防御机制。它包括压抑、否认、投射、退化、隔离、抵消、转化、反向形成、合理化、补偿、升华、幽默等各种形式。人类在正常和病态情况下都在不自觉地运用心理防御机制。运用得当，可以减轻痛苦，帮助度过心理难关，防止精神崩溃；运用过度就会表现出焦虑、抑郁等病态心理症状。

二、精神分析理论在罪犯心理分析中的应用

犯罪心理内容分析对于罪犯改造工作有着极其重要的意义。罪犯改造分为行为改造和心理改造，其中心理改造是罪犯改造的主要工作。罪犯改造的实质是转变罪犯在遗传和环境影响中的不良行为和心理因素，促使其向积极的健康的行为和心理发展，成为符合特定时代社会要求的合格公民。当前监狱罪犯心理危机事件时有发生，轻则造成罪犯心理适应不良、焦虑、抑郁、抗拒等心理和行为，重则造成罪犯暴力、脱逃、自杀等危机事件，给监狱管理和安全工作带来很大的风险。为此，监狱警察应当从其心理根源抓起，预防为主，综合治理，从精神分析的人格结构理论去分析罪犯心理形成因素，可以深刻了解罪犯心理形成的重要因素，为矫正犯罪心理、预防相关心理危机，为监狱工作创造良好的实效。

（一）人格与犯罪

1. 用精神分析理论的人格结构理论分析罪犯心理的形成因素。精神分析学派认为，人的许多行为来源于无意识过程，是受性本能驱使的。人格结构由三个部分组成，即本我、自我、超我三个部分。本我代表不受控制的生物驱力，超我是社会良心之声，自我是调节本我和超我并与现实打交道的理性思维。这三个系统不是孤立的，而是一个统一的整体。

如前所述，本我即原我，是一个人生来所具有的各种本能冲动的总和，包含生存所需的基本欲望、冲动和生命力。本我不因时间的推移而改变，也不因以往的经验而削弱；本我不受理智和逻辑的法则约束，也不具有任何价值、伦理和道德的因素，它只遵循"快乐原则"。它不理会社会道德、外在的行为规范。它唯一的要求是获得快乐，避免痛苦，满足本能的需要。

本我是古老而又长存的，从种族遗传的角度看是如此，从个人的一生看也是如此。它是建立人格的基础，终生保持着幼儿期的特点，即不能容忍紧张状态，希望立即得到满足。

自我，即是指现实生活中的"我"，是自己可意识到的执行思考、感觉、判断或记忆的部分，是人格的行政机构。它控制和协调着本我与超我，并且为了整个人格的利益与外部世界进行"贸易往来"，满足人格的长远需要。自我遵循的是"现实原则"。现实原则的目的就是推迟能量的释放，直到真正能满足需要的对象出现为止（延迟满足）。推迟行动就需要忍受紧张，现实原则最终目的还是把个体引向快乐。此外，自我还要在超我的指导下，按外部现实的条件，去驾驭本我的要求。人能意识到的各种活动，如知觉、记忆、思考和动作都是自我的功能，但自我的活动有时也不完全能意识到。自我求"本我"冲动得以满足，同时保护整个机体不受伤害，为本我服务。

超我，是从自我发展起来的以良心和批判能力为主体组合而成的道德化的自我，是人格结构中代表理想的部分。超我包括自我理想和良心，自我理想与儿童心目中父母的道德观念相吻合。超我是人格中专管道德的"司法部门"，它为至善至美而奋斗，不为现实或快乐而操心。超我的目的是控制和引导本能的冲动。许多时候，人们用道德标准约束自己的欲望时，不感到是在被约束，这与超我处于潜意识中有关。

本我和自我是个体的层面，而超我代表着父母的价值观，更为广义的是社会的标准。当孩子接受了父母的价值观，自我理想就形成了。自我理想代表着父母赞许的行为，而良知指的是父母不赞成的行为。因此，个体建立了一套道德准则或价值观来确定行为是好的或坏的。

超我是非理性的，追求完美，坚持理想，抑制本我和自我，控制生理驱力（本我）和追求完美的现实努力（自我）。

2. 本我、自我和超我三者的相互关系。弗洛伊德认为本我、自我和超我三者所占据的意识水平是不同的。它们的相互关系就构成人的复杂的人格动力结构。超我一部分在意识之中，一部分在潜意识之中；自我也是如此；本我则完全处于潜意识领域。前意识是既可以变为意识又可以成为无意识的边缘部分，就像水中的冰块，随冰块的起伏而变化。意识是露在水面上的部分，而潜意识是深藏于水下的那一部分。随冰块的起伏，三部分人格维持着一种动态的平衡。

本我是生物进化的产物，自我是客观现实相互作用的结果，是较高级的精神活动过程的领域，超我是社会化的产物。本我中产生自我，自我中又产生超我，它们在整个生命过程中不是静止的，而是始终处于相互作用和相互融合的状态。

本我是求生存的必要的原动力；超我监督、控制个体按社会道德标准行事；自我对上按超我的要求去做，对下则吸取本我动力，调整其冲动欲望，对外适应现实环境，对内调节心理的平衡。一旦超我形成以后，自我就要同时协调本我、超我和现实三方面的要求。这样，人的一切心理活动就可以从本我、自我和超我三者之间的人格动力关系中得以阐明。自我在超我的监督下，按现实可能的情况，只允许来自本我的冲动有限的表现。在一个健康的人格之中，三部分人格的作用必然是均衡、协调的。一个人要保持心理正常，要生活得平稳、顺利和有效，就必须依赖这三种力量维持平衡，否则就会导致心理失常的产生。

（二）人格结构理论与罪犯心理剖析

本我是犯罪的内在因素，自我和超我是约束本我的两个控制系统，因此犯罪行为是否发生与罪犯的自我和超我的发展密切相关。

1. 罪犯不同服刑时期的本我分析。罪犯在服刑过程的心理一般按照罪犯服刑时间来分类，包括罪犯服刑初期的心理、罪犯服刑中期的心理、罪犯服刑后期的心理。罪犯在服刑的不同阶段有不同的心理表现。

罪犯服刑初期，由于接受的改造力度较大，管理严格加上社会地位、生活环境的突变，心理上难以适应，情绪不稳定，具体表现为忧虑、孤寂、痛苦、悔恨等心理。

罪犯服刑中期，经过一段时间的服刑改造，对监狱生活基本适应，主要表现为悔改心理、希冀心理、矛盾心理和反复心理等。

罪犯服刑后期，心理上会打破原来的相对平静，进入不安期，主要表现为对前途的向往和忧虑的心理、自尊与自卑交织的心理、归属心理、报复心理等。

罪犯在整个服刑期间，由于处于特殊的监禁环境中，罪犯的本我是一种压抑的状态。本我追求快乐原则受到了来自于外界环境对于身体和心理的惩罚，不得不压抑本我，通过其他方式来获得内心的平衡，避免痛苦。本我虽然受到了压抑，但它仍然是罪犯心理形成的最基本、最核心的一面。

2. 早年父母关系与犯罪心理形成。艾希霍恩很早就开始了对犯罪者的不完善、不成熟的自我进行分析，在用精神分析理论探讨少年犯罪问题之后，他提出了"潜伏性少年犯罪"的概念。艾希霍恩认为，初生婴儿是一种"不合群的动物"，家庭教养的作用就在于随着他们的成长，使他们从不合群的状态中摆脱出来，进入到适应社会的状态。在这个过程中，儿童与父母的关系十分重要。如果儿童没有与父母产生情感依恋，没有经历认同父母的人格特点的心理过程，没有学会像父母那样的心理控制能力和恰当的行为方式，就会使他们具备犯罪的倾向，随时都有可能犯罪。

艾希霍恩认为，具备潜伏性少年犯罪状态的青少年具有以下人格特征：①以冲动性方式寻求需要的即刻满足；②认为满足自我的需要比满足他人的需要更为重要；③只管满足其本能的需要，而不管满足需要的手段的社会性质，即不分对错、缺乏罪恶感。

雷德尔等人在对犯罪少年精神分析的基础上，提出了"少年犯罪自我"，并详细描述了少年犯罪自我的症状，包括：经不起挫折，不能处理稳定感、焦虑感和恐惧感，缺乏对诱惑的抗拒力，兴奋、醉心于群体的心理强烈，不能升华，不会照管自己的东西，害怕新事物，不能处理过去的外伤性经验，不能处理罪恶感，忘掉自己参与事件的原因，不能迅速置换，无限制地要求得到爱和满足，不会灵活运用过去得到满足的体验，不会评价社会现实，不能借助于经验进行学习，不能借鉴别人的经验，对失败、成功、失策的反应异常，不能忍受竞争性刺激，在群体内不能正确评价自己，没有选择、评价工具的能力。

在深入研究的基础上，雷德尔等人进一步发展了"薄弱的自我"的观点，并提出"薄弱的自我"具有下列主要特征：①低挫折耐受力；②对恐惧和焦虑的极端性反应；③低诱惑抵抗力；④兴奋感染；⑤缺乏对所有物的爱护；⑥对规则和日常工作缺乏现实主义的态度；⑦不能从经历中吸取教训；⑧对失败过度恐惧；⑨一次"成功"之后就极度地骄傲自满；⑩放弃或抨击错误的事件。

3. 罪犯的超我缺陷。研究者十分重视对罪犯超我的研究。可以说，不适当的超我的形成及其功能，是精神分析学解释犯罪行为的核心。超我的缺陷主要以下面几种形式表现出来：

（1）发展不足的超我。罪犯有一种发展不足的超我，这使得他们长期保持幼稚的行为方式，难以控制本我的表现，按照"快乐原则"行动，以致构成了犯罪，形成罪犯心理。其主要原因是他们没有或缺乏父母之爱。罪犯由于早年的亲情剥夺，与父母没有形成亲密的依恋关系，形成了无力的、有缺陷的超我。由于超我无力，不能控制本能冲动，从而形成明显的反社会性格，所以他们采用攻击外界，使周围人受苦的行动来摆脱心理冲突，获得直接的满足。

（2）严厉的超我。与上述无力、软弱的超我相反，有一些罪犯则是在严厉的超我支配下犯罪的。一般而言，神经症求治者的超我十分强大，过分严格，在犯罪性神经症中，无意识冲突是在改变环境的尝试中"无意识显露的"，神经症性罪犯具有惩罚性超我，他们体验着对被压抑的童年期愿望的极端的无意识罪恶感，无意识显露的愿望是追求法律制裁部门的惩罚。斯托特根据对英国城市格拉斯哥的少年罪犯的观察，提出少年犯罪行为通常都是对家庭压力做出的反应。他们犯罪的动机包括逃离家庭、通过追求刺激而回避压力、敌意、检验忠诚、补偿性冒险心理等。

（3）越轨超我。超我是儿童通过自居作用与父母认同而形成的。有的罪犯未成年时与其犯罪父母的关系良好，认同了父母的犯罪特性，因此形成了越轨超我。

越轨超我的形成与上述发展不足的超我和严厉的超我不同的是：儿童时期的超我在形式上是正常的，但超我的内容是不正常的，他们不会对其犯罪行为产生内心冲突或抱有罪恶感。费尔德曼提出：犯罪行为是由于超我意识中受到了损害而出现空隙，或因违法者在服从法律规范方面的规定性定向方面存在着不成熟的地方。这一切可能源于父母的潜意识纵容，即父母想从孩子违法行为中获得代偿性满足。这样一来，孩子就会为得到父母的赞扬而从事犯罪行为。孩子的不完善的超我便形成了，即出现了缺乏控制社会所禁止的行为的能力。

三、精神分析人格结构对罪犯心理分析的意义

罪犯心理由常态心理、犯罪心理和狭义的罪犯心理等多种心理因素有机结合而形成，精神分析人格结构对罪犯心理的形成有很大的关系，通过对罪犯的人格结构的分析，了解罪犯心理机制，促使罪犯人格结构平衡协调关系，对减少社会犯罪和有效改造罪犯具有重大意义。

当前我国社会犯罪趋势依然严峻，呈现罪犯结构复杂化、改造动机功利化、改造意识淡薄化、改造行为消极化等特点。同时，狱内犯罪屡见不鲜，手段残忍、性质恶劣，罪犯暴力、脱逃、自杀等危机事件时有发生，如果不对其进行有效控制和防范，必将削弱监狱教育改造的效果，影响监狱职能的发挥。因此，对罪犯心理进行分析、做好预判，必须引起高度重视。

综合运用多种方法和理论，在教育改造罪犯之前，通过建立罪犯心理评估系统，分析掌握罪犯的心理、行为特征，才能够更有效地对罪犯实施惩罚和教育改造，以减轻罪犯心理问题，降低罪犯重犯率，让重新回归社会的服刑人员能够成为社会上有用的人。

学习任务二　　行为主义理论

行为主义学派创立于20世纪初期，是西方心理学的主要流派之一。行为主义理论是由美国心理学家华生在巴甫洛夫条件反射学说的基础上创立的，他主张心理学应该

摒弃意识、意象等太多主观的东西，只研究观察到的并能客观地加以测量的刺激和反应。

行为主义学派认为心理学研究行为的任务在于查明刺激与反应之间的规律性关系。这样就能根据刺激推知反应，根据反应推知刺激，达到预测和控制行为的目的。行为主义学派在研究方法上摈弃内省，主张采用客观观察法、条件反射法、访谈法和测验法，摆脱主观思辨的性质，更多地从实验研究中得出结论。但他们无视行为产生的内部过程，在研究对象上反对研究意识，引起不少人的非难与反对。

一、经典条件反射理论

经典条件反射（又称巴甫洛夫条件反射），是指一个刺激和另一个带有奖赏或惩罚的无条件刺激多次联结，可使个体学会在单独呈现该刺激时，也能引发类似无条件反射的条件反射。经典条件反射最著名的例子是巴甫洛夫关于狗的唾液条件反射。经典条件反射具有获得、消退、恢复、泛化四个特征，它与操作性条件反射既有区别，又有相似之处。以经典条件反射理论为基础的行为治疗方法主要包括厌恶疗法和系统脱敏疗法。

（一）经典实验

巴甫洛夫根据实验研究得出的基本结论是：动物有一种固有的生理反射，它以一种非常精确的方式随胃里食物的种类和数量进行胃液分泌。这一结论也适用于唾液分泌，因为狗的唾液分泌的情况是与嘴里食物的种类和数量完全吻合的。例如，当狗嘴里有食物时会分泌一种稠的唾液以开始消化过程，而当在其嘴里滴一点酸液时，就会分泌大量淡的唾液以稀释酸液。巴甫洛夫在实验过程中遇到了一种新的情况：如果把狗的食管切开，从颈部移到外部，这样狗可以咀嚼、吞咽食物，但食物不会到胃里去，而是从其颈部流了出去。巴甫洛夫发现，狗的胃液分泌几乎仍然像食物进入胃时一样多。这就使他得出结论：引起反射性分泌的刺激，不仅可以是胃里的食物，即适当的刺激，而且还可以是嘴里的食物，即信号刺激。巴甫洛夫后来又发现，引起狗胃液分泌活动的，可以是狗原先吃过食物的盘子，甚至只要看到以前喂过食物的人，也会引起其胃液分泌活动。这种情况完全不同于属于生理反射的那种分泌活动。巴甫洛夫由此认为，存在着两种反射：一种是生理反射，这是一种内在的、任何动物的所有成员都会表现出来的反射，它们是神经系统固有组织的一部分；另一种是心理反射，后来他改称为条件反射，这种反射是特定动物作为特定经验的结果而产生的。例如，所有狗在胃里有食物时都会分泌胃液，但只有那些具有某种经验的狗才会在听到铃声时产生胃液分泌活动。

巴甫洛夫认为学习是大脑皮层暂时神经联系的形成、巩固与恢复的过程。他认为"所有的学习都是联系的形成，而联系的形成就是思想、思维、知识"。他所说的联系就是指暂时神经联系。他说："显然，我们的一切培育、学习和训练，一切可能的习惯都是很长系列的条件反射。"巴甫洛夫利用条件反射的方法对人和其他动物的高级神经活动作了许多推测,发现了人和动物学习的最基本的机制。

(二) 厌恶疗法与系统脱敏疗法

1. 厌恶疗法又称惩罚法,是一种帮助人们(包括当事人)将所要戒除的靶行为(或症状)同某种使人厌恶的或惩罚性的刺激结合起来,通过厌恶性条件作用,达到戒除或减少靶行为出现的目的。这一疗法也是行为治疗中最早和最广泛应用的方法之一,临床上多用于戒除吸烟、吸毒、酗酒、各种性行为异常和某些适应不良行为,也可以用于治疗某些强迫症。

厌恶疗法的原理是经典条件反射。它利用回避学习的原理,把令人厌恶的刺激,如电击、催吐、语言责备、想象等,与求治者的不良行为相结合,形成一种新的条件反射,以对抗原有的不良行为,进而消除这种不良行为。

2. 系统脱敏疗法又称交互抑制法,是由美国学者沃尔帕创立和发展的。许多人都有对某些特定事物敏感或感到恐惧的情况,而系统脱敏疗法以渐进的方式建立一套疗程,其中每一个步骤都以条件方式使得求治者对这些事物的敏感或恐惧稍微减弱。在疗程结束之后,求治者将失去对这些特定事物的敏感或恐惧。

求治者面前出现焦虑和恐惧刺激的同时,治疗者施加与焦虑和恐惧相对立的刺激,从而使求治者逐渐消除焦虑与恐惧,不再对有害的刺激产生敏感而引发病理性反应。实质上,系统脱敏法就是通过一系列步骤,按照刺激强度由弱到强、由小到大逐渐训练求治者的心理承受力、忍耐力,增强其适应力,从而达到对真实体验不产生"过敏"反应,保持其身心的正常或接近正常状态。

二、操作性条件反射理论

操作性条件反射这一概念,是斯金纳新行为主义学习理论的核心。其核心内容是:如果一个人做出组织所希望的行为,那么组织就与此相联系提供强化这种行为的因素;如果做出组织所不希望的行为,组织就应该给予惩罚,据此就能让组织成员学习组织所希望的行为并促使组织成员矫正不符合组织要求的行为。

斯金纳把行为分成两类:一类是应答性行为,这是由已知的刺激引起的反应;另一类是操作性行为,是有机体自身发出的反应,与任何已知刺激物无关。与这两类行为相应,斯金纳把条件反射也分为两类。与应答性行为相应的是应答性反射,称为 S(刺激,Simulation)型;与操作性行为相应的是操作性反射,称为 R(反应,Reaction)型。S 型条件反射是强化与刺激直接关联,R 型条件反射是强化与反应直接关联。斯金纳认为,人类行为主要是由操作性反射构成的操作性行为,操作性行为是作用于环境而产生结果的行为。在学习情境中,操作性行为更有代表性。斯金纳很重视 R 型条件反射,因为这种反射可以塑造新行为,在学习过程中尤为重要。

操作性条件反射理论的基本观点包括:

第一,把重点放在外显的行为之上,而不是放在需要、动机、需要的满足等内部心理方面。

第二，强调环境条件和刺激，但并不否认人们具有需求、价值、信念，等等。

第三，讨论的重点是：先行的刺激—反应行为—行为的结果。

第四，此理论的核心是：如果一个人做出组织所希望的行为，那么组织就与此相联系提供强化这种行为的因素；如果做出组织所不希望的行为，组织就应该给予惩罚，据此，就让组织成员学习组织所希望的行为并促使组织成员矫正不符合组织要求的行为。因此，也把操作性条件反射理论称为强化理论或行为学习理论。

行为主义犯罪观是指运用行为主义的理论研究犯罪原因的学说。主要观点包括：①违法犯罪行为的发生与 S－R（刺激—反应）理论中同赏罚相联系的效果律和强化原理所发挥的作用有关。多数违法犯罪人因缺少有效的奖励和赞赏机会，更多地受到无益的惩罚和斥责，从而引起不良的情绪和行为反应；而在违法犯罪中，他们却获得同伙的夸奖，这对其行为起到强化作用。②违法犯罪行为与泛化原理的作用有关。据心理学家观察，儿童在家中对母亲的攻击行为与受处罚的恐惧联系在一起，这种联系泛化到家庭以外的场合，如幼儿园、学校，使儿童出于对教师惩罚的恐惧而产生攻击行为。这种心理随个体年龄的增长，可能在更广泛的社会环境里进一步泛化到与他人的关系上，使个体实施攻击行为，导致违法犯罪。③未完成社会化条件反射过程者容易犯罪。

三、社会学习理论

社会学习理论是一种在刺激—反应理论及认知学习理论基础上发展起来的理论，着重阐述人是怎样在社会环境中学习的。其主要代表人物有班杜拉（Albert Bandura）、米勒（Miller）、多拉德（Dollard）。社会学习理论由美国心理学家班杜拉于1977年提出，它着眼于观察学习和自我调节在引发人的行为中的作用，重视人的行为和环境的相互作用。

班杜拉认为要探讨个人的认知、行为与环境因素三者及其交互作用对人类行为的影响。按照班杜拉的观点，以往的学习理论家一般都忽视了社会变量对人类行为的制约作用。他们通常是用物理的方法对动物进行实验，并以此来建构他们的理论体系，这对于研究生活于社会之中的人的行为来说，似乎不具有科学的说服力。由于人总是生活在一定的社会条件下的，所以班杜拉主张要在自然的社会情境中而不是在实验室里研究人的行为。

班杜拉指出，行为主义的刺激—反应理论无法解释人类的观察学习现象。因为刺激—反应理论不能解释为什么个体会表现出新的行为，以及为什么个体在观察榜样行为后，这种已获得的行为可能在数天、数周甚至数月之后才出现的现象。所以，如果社会学习完全是建立在奖励和惩罚结果的基础上，那么大多数人都无法在社会化过程中生存下去。为了证明自己的观点，班杜拉进行了一系列实验，并在科学实验基础上建立起社会学习理论。

（一）主要观点

1. 交互决定论。班杜拉的社会学习理论详细论述了决定人类行为的诸种因素。班杜拉将这些决定人类行为的因素概括为两大类：决定行为的先行因素和决定行为的结果因素。

决定行为的先行因素包括学习的遗传机制、以环境刺激信息为基础的对行为的预期、社会的预兆性线索等。决定行为的结果因素包括替代性强化（观察者看到榜样或他人受到强化，从而使自己也倾向于做出榜样的行为）和自我强化（当人们达到了自己制定的标准时，他们以自己能够控制的奖赏来加强和维持自己行动的过程）。

为了解释人类行为，心理学家提出了各种理论。班杜拉对其中的环境决定论和个人决定论提出了批判，并提出了自己的交互决定论，即强调在社会学习过程中行为、认知和环境三者的交互作用。

环境决定论认为行为（B）是由作用于有机体的环境刺激（E）决定的，即 $B = f(E)$；个人决定论认为环境取决于个体如何对其发生作用，即 $E = f(B)$；班杜拉则认为，行为、环境与个体的认知（P）之间的影响是相互的，但他同时反驳了"单向的相互作用"即行为是个体变量与环境变量的函数，即 $B = f(P, E)$，认为行为本身是个体认知与环境相互作用的一种副产品，即 $B：f(P \cdot E)$。班杜拉指出，行为、个体（主要指认知和其他个人的因素）和环境是"你中有我，我中有你"，不能把某一个因素放在比其他因素更重要的位置，尽管在有些情境中，某一个因素可能起支配作用。他把这种观点称为"交互决定论"。

2. 自我调节理论。班杜拉认为自我调节是个人的内在强化过程，是个体通过将自己对行为的计划和预期与行为的现实成果加以对比和评价，来调节自己行为的过程。人能依照自我确立的内部标准来调节自己的行为。按照班杜拉的观点，自我具备提供参照机制的认知框架和知觉、评价及调节行为等能力。他认为人的行为不仅要受外在因素的影响，也受通过自我生成的内在因素的调节。自我调节由自我观察、自我判断和自我反应三个过程组成。经过上述三个过程，个体完成内在因素对行为的调节。

3. 自我效能理论。自我效能是指个体对自己能否在一定水平上完成某一活动所具有的能力判断、信念或主体自我把握与感受。也就是个体在面临某一任务活动时的胜任感及其自信、自尊等方面的感受。自我效能也可称作"自我效能感""自我信念""自我效能期待"等。

班杜拉指出，效能预期不只影响活动和场合的选择，也对努力程度产生影响。被知觉到的效能预期是人们遇到应激情况时选择什么活动、花费多大精力、支持多长时间的努力的主要决定者。班杜拉对自我效能的形成条件及其对行为的影响进行了大量的研究，指出自我效能的形成主要受五种因素的影响，包括行为的成败经验、替代性经验、言语劝说、情绪和生理状态以及情境条件。

第一，行为的成败经验指经由操作所获得的信息或直接经验。成功的经验可以提高自我效能感，使个体对自己的能力充满信心；反之，多次失败会降低对自己能力的评估，使人丧失信心。

第二，替代性经验指个体能够通过观察他人的行为获得关于自我可能性的认识。

第三，言语劝说包括他人的暗示、说服性告诫、建议、劝告以及自我规劝。

第四，情绪和生理状态也影响自我效能的形成。在充满紧张、危险的场合或负荷较大的情况下，情绪易于唤起，高度的情绪唤起和紧张的生理状态会降低对成功的预期水准。

第五，情境条件对自我效能的形成也有一定的影响。某些情境比其他情境更难以适应与控制。当个体进入一个陌生而易于引起焦虑的情境中时，会降低自我效能的水平与强度。

（二）应用思考

1. 强调观察学习在人的行为获得中的作用。认为人的多数行为是通过观察别人的行为和行为的结果而学得的。依靠观察学习可以迅速掌握大量的行为模式。有的人看到别人犯罪后获利且未受罚，便内心蠢蠢欲动，在可能情况下会实施犯罪。

2. 重视榜样的作用。人的行为可以通过观察学习过程获得。但是获得什么样的行为以及行为的表现如何，则有赖于榜样的作用。榜样是否具有魅力、是否拥有奖赏、榜样行为的复杂程度、榜样行为的结果和榜样与观察者的人际关系都将影响观察者的行为表现。"近朱者赤、近墨者黑"就是这个道理。"黑社会老大"奖励犯罪"团伙成员"，其他成员的犯罪心理就得以强化。

3. 强调自我调节的作用。人的行为不仅受外界行为结果的影响，而且更重要的是受自我引发的行为结果的影响，即自我调节的影响。自我调节主要是通过设立目标、自我评价，从而引发动机功能来调节行为的。在团伙中，每个人都希望受重视、出人头地。若在犯罪团伙中，黑社会老大奖励犯罪成员，以后其他人的犯罪行为就会显得"轻而易举"。

4. 主张奖励较高的自信心。一个人对自己应付各种情境能力的自信程度，在人的能动作用中起着重要作用。它将决定一个人是否愿意面临困难的情境、应付困难的程度以及个人面临困难情境的持久性。如果一个人对自己的能力有较高的预期，在面临困难时往往会勇往直前，愿意付出较大的努力，坚持较久的时间；如果一个人对自己的能力缺乏自信，往往会产生焦虑、不安和逃避行为。因此，改变人的回避行为，建立较高的自信心是十分必要的。

社会学习理论重视榜样的作用，强调个人对行为的自我调节，主张建立较高的自信心。所有这些观点都是十分可取的，值得借鉴和参考。

在监狱对罪犯进行教育改造，让他们讲述以前"成功的故事"提升其改造信心，让出狱的"金不换浪子"回监做"改造心得"报告等，都将产生积极的影响。

学习任务三　认知心理学理论

认知心理学理论是研究由经验引起的变化是如何发生的一种学习理论。它强调机体对当前情境的理解,知觉的动力和学习的动力原理一致,将认知具体化、形象化。

认知心理学理论把人的心理功能看作是信息加工系统。认知心理学重视心理内部过程的研究,并以改变来访者的适应不良性认知为根本目标,认为认知歪曲是引起情绪不良和非适应行为的根本原因,一旦认知歪曲得到改变或矫正,情感和行为障碍就会相应好转。

广义上的认知心理学包括以皮亚杰为代表的构造主义认知心理学,心理主义心理学和信息加工心理学,狭义上认知心理学就是信息加工心理学,它用信息加工的观点等研究人的接受、贮存和运用信息的认知过程,包括对知觉、注意、记忆、心象(即表象)、思维和语言的研究。主要的研究方法有实验法、观察法和电脑模拟法。

一、皮亚杰的发生认识理论

皮亚杰的理论产生于20世纪20年代,到20世纪50年代已完全成熟,并于全世界盛行。让·皮亚杰是儿童心理学、发生认识论的开创者,被誉为心理学史上除了弗洛伊德以外的一位"巨人",其提出的发生认识论不仅是日内瓦学派的理论基础,也是欧洲机能主义的重大发展。它开辟了心理学研究的一个新途径,对当代西方心理学的发展和教育改革具有重要影响。

(一)发生认识论的内涵

皮亚杰给发生认识论下的定义是"发生认识论就是企图根据认识的历史、它的社会根源以及认识所依据的概念与运算的心理起源,借以解释知识,尤其是科学知识"。

简单来说,发生认识论就是研究心理起源的学说,其任务就是研究知识增长的心理机制。广义的发生认识论包含认识的历史发展和个体认识的发生,狭义的发生认识论仅包括个体认识的发生。

(二)发生认识论的基本观点

1. 认识发生的生物学基础。皮亚杰认为认识论问题都必须从生物学方面加以考虑。从发生认识论的基点来看,这是很重要的,因为心理发生只有在它的机体根源被揭露以后才能为人所理解。所以,研究发生认识论的生物学根源理论,对于准确地理解发生认识论是必不可少的。

为了更好地说明生物进化的机制,皮亚杰用生物学的表型复制理论来说明认识的发生、发展,阐明内因与环境之间相互作用的生物学上的概念和主体与客体之间相互作用的认识论上的概念两者之间十分密切的关系。

表型复制理论是皮亚杰心理生物学最重要的观点。表型复制原本是一个生物学的概念,指的是生物体初始的外源表型被一种同形态的内源基因型取代。这里外源表型指的是生物体的外显特征,内源基因指的是生物体的遗传物质或基因结构。

2. 认识的心理发生。皮亚杰的发生认识论既反对先天论,也反对学习被动论。他根据自己对儿童心理发展的研究,提出了认识的心理发生论。

皮亚杰认为,认识的心理发生既不是来自先天的遗传,也不是来自对客体的知觉,而是在动作中产生的。他还认为，在认识发生和发展过程中的主体和客体的相互作用就是同化与顺应。

3. 认识发生的结构主义观。结构主义是皮亚杰从认识形成的心理结构方面来说明认识的发生和发展的理论。

皮亚杰指出结构主义有两个特点：①一个研究领域里要找到能够不向外面寻求解释说明的规律，能够建立起自己说明自己的结构来；②实际找到的结构要能够形式化，作为公式而作演绎法的应用。即结构应该是可以形式化的，这种形式化可以直接用数理逻辑方程式来表达或者通过控制论模式来表达，而理论家可以决定形式化的不同存在阶段。

皮亚杰认为一个结构包括三个特性：整体性、转换性和自身调整性。

4. 认识发生的建构主义观。皮亚杰认为，认识不仅具有结构，同时认识的发生是一个由低级到高级不断建构的过程。他认为，认识的获得需要把结构主义与建构主义紧密地结合起来，每一个结构都是心理发生的结果，而心理发生就是从一个较初级的结构过渡到一个相对高级的结构。可以看出，从简单结构到复杂结构的转变是一个不断建构的过程，任何认识都是不断建构的产物。

二、认知理论

认知疗法的理论基础是贝克提出的情绪障碍认知理论。他认为"心理问题"不一定都是由神秘的、不可抗拒的力量所产生，相反，它可以从平常的事件中产生，例如错误的学习、依据片面的或不正确的信息作出错误的推论，以及不能妥善地区分现实与理想之间的差别，等等。他提出，每个人的情感和行为在很大程度上是由自身认识世界、处世的方式和方法决定的，也就是说，一个人的思想决定了他内心的体验和反应。

在学习理论中，与S-R理论相对立的还有一个重要的理论，一般称为认知理论。它原来是建立在格式塔心理学的基础上的，在这种意义上也被称为"场的理论"。认知理论代表人物是托尔曼（E. C. Tolman），理论要点集中在其1932年发表的《动物和人的有目的的行为》中。行为作为显见的行为是可以被理解的，它是有目的性的，是根据环境中的目标和导致这一目标的手段之间的关系的认知而来的。所谓认知，并不是个别的感知和部分的知觉，而是对含有格式塔心理学所说的形态知觉这种更大的整体的认识。它也包括对象间的相互关系和意义关系，是在对对象间的手段—目的关系的期待这一形态上成立的。如果把对动物具有重要意义的对象称为意义体，那么作为手段的那些对象就被称为符号。在这二者之间，由于经验的作用形成赋予意义的手段——目的关系，把这种形成了的整体称为符号完形。所谓学习，并不像赫尔（C. L. Hull）所说的那样是由一个个的S-R联结而成，而是这种符号完形的形成。所以，认知理论也被称为符号完形理论。通过学习，动物去制作对其本身具有意义的某种环境认知地图。因此，学习过程也可以说是这种认知地图的形成过程。托尔曼在把行为作为心理学的对象这一点上虽然是行为主义者,但就其对学习这一心理学现象的解释来看,是与赫尔站在不同的立场上,二者间长期进行不断的论争。

三、贝克认知心理学理论

贝克(A. T. Beck)博士是美国精神病学界的著名教授。他的主要著作有《认知治疗与情绪扰乱》《抑郁症:原因与治疗》等,还负责编辑杂志《认知治疗与研究》。

贝克教授提出的抑郁症认知理论出发点在于思想和信念是产生情绪状态的原因,着眼点是探查导致不良行为和情绪障碍产生的认知过程。他认为抑郁症病人用自我贬低和自我谴责的方式去解释所有的事件,而这种解释是不符合客观现实的。它是通过做出逻辑上的错误推断而变为抑郁症的,抑郁症病人歪曲客观事物以致自我遗忘。所以,抑郁症病人只对自己做出不合逻辑的推论,而这种逻辑上的错误推论或不精确的认知过程导致了不良的行为和情绪障碍。贝克教授把抑郁症病人对客观事件的错误逻辑推论归纳为四种:①任意的推断。推断中并不存在结论的证据("我是无用的,因为我去买东西时商店已关门了");②选择性抽象。其中结论只来自许多可能性中的一种因素("我所工作的公司尽是无知的人,这是我的过错");③超泛化,或说从一个琐细的出发点做出很大的结论("我是完全愚蠢的,因为我不明白那一点");④放大和缩小,这只涉及判断操作中的错误(我说了一个无恶意的谎言,结果完全丧失了所有的诚实)。

贝克教授认为抑郁症患者通常具有五组特征:①一种悲哀的、冷漠的心境;②一种消极的自我概念,含有自我谴责、自我责备等;③一种回避他人的期望;④一种睡眠、食欲和性欲的丧失;⑤一种活动水平上的变化,它经常具有激动的形式,但更经常的是包含嗜睡症。

(一)抑郁的认知三角

抑郁的认知三角描述一个抑郁者认知的三种元素:对自己的消极看法,悲观主义,以消极方式解释事件。

贝克认为,抑郁者通过抑郁认知三角来进行信息加工,即自我是糟糕的、世界是糟糕的、未来也是糟糕的。例如,抑郁患者会将某个坏结果过度概括至所有的事件,从而否定其自我价值;他们也会进行武断的推论,在没有任何表明糟糕的证据时得出负面的结论;抑郁患者还易于陷入灾难化的想法,认为所有问题都会往最坏的方向发展;他们还会把坏结果解释为长久不变的。所有的这些结果都会降低患者的自我价值感,并让他们感到未来是无望的。

认知三角,即"感受—考虑—行动"。

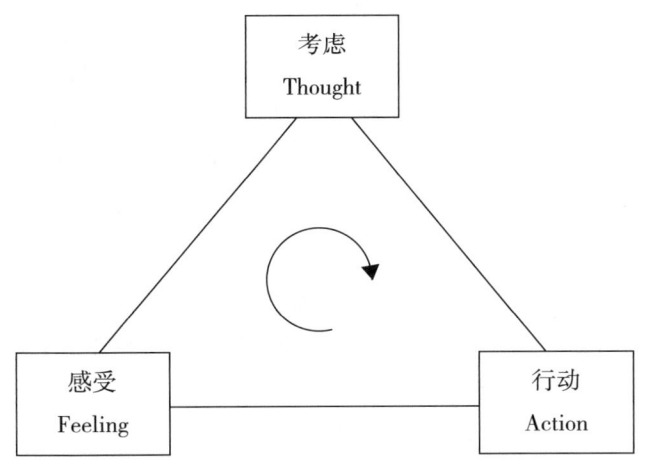

图 3.1 认知三角

感受或觉得、知觉，是认识活动的根本动身点，是对原始材料（数据）的搜集。最初的感受，是一种被动的信号接纳。但认知过程不只是被动接纳、处置和剖析信息，还包括对认知对象的主动探查、与认识对象的互动——又称"行动"。

考虑，首先是对原始的感受数据停止处置，并与已有的数据（学问）树立关联。初步处置的结果，可能停留在关联、补充上，也可能发现普通化的请求，例如产生新"概念"。更深化的方面，可能触及复杂的陈说（理论）的树立或匹配、扩展。这些处置中可能会发现诸如材料不完好、分歧、与已有材料或学问矛盾、新理论存在的假定等，这就产生了获取新的材料或停止考证的需求，也就是"行动"的需求。

例如：最初，我们还没有"苹果"的概念。然后，我们不时地"感受"一些详细的苹果，它的外形、颜色、手感等。在感受材料根底上，一方面，在大脑中处置各种感受的结果，例如屡次的感受，综合成为"苹果"的概念（类），它不同等于任何一个详细的苹果的数据，每次新的感受，都会被用来与之比拟。另一方面，我们不会停留在偶尔、被动得到的苹果材料，例如我们会想，它的内部是什么样——于是产生行动指令，用刀切开；它的滋味怎样——于是产生品味的行动。在这些行动中，得到进一步的感受材料，不时补充最初树立的"苹果"概念。

行动，是考虑的一种结果（这里我们不考虑不经大脑的所谓"条件反射"），表现为认知主体针对认知对象的行为或操作。例如对揣测的检验，对数据的主动搜集。行动的结果必需经过感受，而再次进入到考虑之中，这种感受，将是有目的、前提的（或用计算机的方式说，是有状态记载的，是预定程序的返回值），是"主动探究"的结果。

从上述过程的认识看，它们应当是有次第的，正好像图中的顺时针箭头所示：感受需经考虑才产生行动；行动带来新的感受，从而启示进一步的考虑；而考虑过程的重要结果，则是一些"理论陈说"（可能成为学问），并可能招致行动计划——程序的产生。例如，在感受到一种不知名的圆形物体时，我们会运用已有的学问（即理论）

与之关联，看能否契合：它是坚硬的吗？它含有水分吗？它的颜色、气息如何？手感如何？一切这些"设问"，实践上就是与某种"理论"停止比拟，另一方面，也可能产生新的理论陈说。这些理论陈说可以是：苹果是圆的，一边有柄，一边有眼，黄底红色，等等。每次感受得到的材料，会与已有材料匹配，足够类似时，就可能是一种考证；不同时，则可能需要补充、更新现有材料，或进一步探究（采取行动和新的感受）。

考虑与行动、感受的关联，暗示这是一种智能行为形式，它们的根本次第和不可跳过性，或许就是"智能"的根本特征，或者说是智能过程的特征性构造。感受提供考虑的根本素材，行动则主动地取得新的素材。经过这样不时循环，逐渐积聚、改良对复杂事物的认识。人类正是经过这几个根本行为的不时反复、循环，构成对外部世界复杂的"认知"。不经大脑的"行动"（条件反射），是低级的、非智能的。

此外，这一构造不止表示对"外部世界"的认知，也表示人体本身的过程，例如饥饿（感受）——如何处理（考虑）——吃饭（行动）。相关于认知主体——大脑，身体也是其工作环境的一个局部，相当于计算机的外部设备。

（二）自动化思维

自动化思维是无意识的、不带意图目的的、自然而然的并且不需要努力的思维。

当对一个任务或信息有大量经验时，我们可以采用不费力的无意识的自动化过程来完成该任务或加工信息。比如采用某个群体的图式对该群体成员的归类。

自动加工快速简单但是容易忽略准确性，比如刻板印象。

自动化思维主要有三种类别：①由激发事件引起的；②由幻想、联想、回忆引起的；③由身体感觉引起的。例如，在考试的时候，面对一道自己不会的题目，很多人的第一个想法是"这题真是太难了"，这就是自动化思维。

自动化思维使人在所处的情境中自然出现现实的词和想象，进而出现不同的情感、行为和生理反应。自动化思维没有好坏，只有适应和非适应，非适应就是歪曲的思维或功能不良的思维。

（三）中间信念和核心信念

1. 中间信念。即处于自动化思维和核心信念的中间，是一种比自动思维更深刻，更不容易被觉察，影响力更大的思维，可表现为规则、态度和假设。自动思维是我们告诉自己的言语信息，而中间信念（假设）却没有那么明显。我们经常从自己的行动中推断出假设。如果我们把假设转化成言语，通常是"如果……那么……"或"应该"等说法。

例如，"如果人们认识我的话，那么他们会认为我很卑贱，非但不会接受我，还会伤害我。""如果我不完美，那是我的能力不够。""我所做的每一件事都应该是最好的。"我们常把假设当成日常行动与期望的指导原则。

如何识别中间信念：①当信念表达为自动思维时加以认识；②提供假设的前半部分"如果……"；③直接引出规则或态度；④使用箭头向下技术；⑤检查患者的自动思维

并寻找共同的主题；⑥检查患者完成的信念问卷。

2. 核心信念。是关于某人自己或其他人和事物最核心的观念，是信念的最根本（根深蒂固被接受的）部分，它们是整体的、牢固的和被全面概括的。一般本人不能清晰表达，但自己通常认为这些信念是绝对真实和正确的。核心信念有正性和负性之分。

正性核心信念："我大致上能控制住自己""我能够胜任地做绝大多数事情""我是一个起作用的人""我是一个可爱的人""我有价值"等。

负性核心信念："我不可爱""我不行"等。负性核心信念通常是大体的、过于概括化的、绝对的。当某个核心信念活跃时，患者能够容易地接受支持它的信息，但是他通常不能认识或歪曲与之相反的信息。一般仅仅在心理痛苦的时候才可能表现出来（一些人格障碍患者除外）。

四、理性情绪疗法的理论

理性情绪疗法（RET）是由美国心理学家阿尔伯特·艾利斯（Albert Ellis）于20世纪50年代创立的。他认为人的情绪和行为障碍（C）不是由于某一诱发事件（A）所直接引起，而是由经受这一事件的个体对它不正确的认知和评价（B）所造成的，是B导致了在特定情景下的情绪和行为后果，这被称为ABC理论。

通常人们认为，情绪和行为反应直接由诱发事件所引起，即A引起C，而ABC理论则认为，A只是C的间接原因，信念B即个体对A的认知、评价、看法等才是直接的原因。

理性情绪疗法是在治疗途径上广泛采纳情绪和行动方面的方法，但它更突出地重视理性、认知的作用。这是RET、也是所有认知疗法的一个最本质的特点。在RET的治疗中，总是把认知矫正摆在最突出的位置，给予最优先的考虑。

按照理性情绪疗法的观点，人们有无以计数的信念，它包括认知、想法和主意等。这些信念B是影响认知、情绪和行为结果的直接和主要因素。尽管看起来好像是诱发性事件引起结果，但B处于A与C之间，是C的更直接的原因。人们总是按自己的信念认识A，并按照带有偏见的信念和一定情绪结果去认识和体验A。因此，人们实际上从来不会体验到没有信念（B）和结果（C）的诱发性事件（A），而没有诱发性事件（A）也体验不到信念（B）和结果（C）。

信念可以有不同的形式，因为人们有各种各样的认知形式。在理性情绪疗法中，主要关注的是合理的信念和不合理的信念，前者导致自助性的积极行为，而后者则会引起自我挫折和反社会的行为。

不合理信念的三个特征是：

1. 绝对化要求。这是非理性信念中最常见的一个特征，从自己的主观愿望出发，认为某一事件必定会发生或不会发生，常用"必须"或"应该"等字眼，然而客观事物的发生往往不依个人的主观意志所转移，常出乎个人的意料，因此怀有这种看法或信念的人极易陷入情绪的困扰。

2. 过分概括化。即对事件的评价以偏概全，表现为一方面对自己的非理性评价，常凭自己对某一事物所作的结果的好坏来评价自己为人的价值，其结果常导致自暴自弃、自责自罪，认为自己一无是处、一钱不值而产生焦虑抑郁情绪。另一方面对别人的非理性评价，别人稍有差错，就认为其很坏、一无是处，结果导致一味责备他人，并产生敌意和愤怒情绪。

3. 糟糕至极。即认为事件的发生会导致非常可怕或灾难性的后果。这种非理性信念常使个体陷入羞愧、焦虑、抑郁、悲观、绝望、不安、极端痛苦的情绪体验中而不能自拔。这种糟糕至极的想法常常是与个体对己、对人、对周围环境事物的绝对化要求相联系的。

学习任务四　人本主义心理学理论

人本主义心理学兴起于20世纪五六十年代的美国。由马斯洛创立，以罗杰斯为代表，被称为除行为学派和精神分析以外，心理学上的"第三势力"。人本主义和其他学派最大的不同是特别强调人的正面本质和价值，而并非集中研究人的问题行为，同时强调人的成长和发展，称为自我实现。

人本学派强调人的尊严、价值、创造力和自我实现，把人的本性的自我实现归结为潜能的发挥，而潜能是一种类似本能的性质。人本主义最大的贡献是看到了人的心理与人的本质的一致性，主张心理学必须从人的本性出发来研究人的心理。

一、马斯洛需要层次理论

该学派的主要代表人物是马斯洛和罗杰斯。马斯洛对人类的基本需要进行了研究和分类，将之与动物的本能加以区别，提出人的需要是分层次发展的。他按照追求目标和满足对象的不同，把人的各种需要从低到高安排在一个层次序列的系统中。罗杰斯在心理治疗实践和心理学理论研究中发展出人格的"自我理论"，并倡导了"当事人中心疗法"的心理治疗方法。人类有一种天生的"自我实现"的动机，即一个人发展、扩充和成熟的趋力，它是一个人最大限度地实现自身各种潜能的趋向。

（一）五层次的基本概念

马斯洛需要层次理论把需要分成生理的需要、安全的需要、爱与归属的需要、尊重的需要和自我实现的需要五类，依次由较低层次到较高层次排列。在自我实现需要之后，还有自我超越需要，但通常不作为马斯洛需要层次理论中必要的层次，大多数会将自我超越合并至自我实现需要当中。

假如一个人同时缺乏食物、安全、爱和尊重，通常对食物的需要是最强烈的，其他需要则显得不那么重要。此时人的意识几乎全被饥饿所占据，所有能量都被用来获取食物。在这种极端情况下，人生的全部意义就是吃，其他什么都不重要。只有当人从生理需要的控制下解放出来时，才可能出现更高级的、社会化程度更高的需要如安全的需要。

1. 第一层次：生理的需要。如果这些需要（除性以外）任何一项得不到满足，人类个人的生理机能就无法正常运转。换言之，人类的生命就会因此受到威胁。在这个意义上说，生理的需要是推动人们行动最首要的动力。只有这些最基本的需要满足到维持生存所必需的程度后，其他的需要才能成为新的激励因素，而到了此时，这些已相对满足的需要也就不再成为激励因素了。

2. 第二层次：安全的需要。

整个有机体是一个追求安全的机制，人的感受器官、效应器官、智能和其他能量主要是寻求安全的工具，甚至可以把科学和人生观都看成是满足安全的需要的一部分。当然，当这种需要一旦相对满足后，也就不再成为激励因素了。

3. 第三层次：爱与归属的需要。人人都希望得到相互的关心和照顾。情感上的需要比生理上的需要来得更细致，它和一个人的生理特性、经历、教育等都有关系。

4. 第四层次：尊重的需要。人人都希望自己有稳定的社会地位，要求个人的能力和成就得到社会的承认。尊重的需要又可分为内部尊重和外部尊重。内部尊重是指一个人希望在各种不同情境中有实力、能胜任、充满信心、能独立自主。总之，内部尊重就是人的自尊。外部尊重是指一个人希望有地位、有威信，受到别人的尊重、信赖和高度评价。尊重需要得到满足，能使人对自己充满信心，对社会满腔热情，体验到自己活着的用处与价值。

5. 第五层次：自我实现的需要。自我实现的需要是最高层次的需要，是指实现个人理想、抱负，发挥个人的能力到最大程度。达到自我实现境界的人，接受自己也接受他人，解决问题能力增强，自觉性提高，善于独立处事，要求不受打扰地独处，完成与自己的能力相称的一切事情的需要。也就是说，人必须干称职的工作，这样才会使他们感到最大的快乐。个体满足自我实现需要所采取的途径是因人而异的。自我实现的需要是在努力实现自己的潜力，使自己越来越成为自己所期望的人物。

（二）理论解析

第一，五种需要像阶梯一样从低到高，按层次逐级递升，但这种次序不是完全固定的，可以变化，也有种种例外情况。

第二，需要层次理论有两个基本出发点，一是人人都有需要，某层需要获得基本满足之后，另一层需要才出现；二是在多种需要未获满足前，首先满足迫切需要；该需要满足后，后面的需要才显示出其激励作用。

第三，一般来说，某一层次的需要相对满足了，就会向高一层次发展，追求更高一层次的需要就成为驱使行为的动力。相应的，获得基本满足的需要就不再是一股激励力量。

第四，五种需要可以分为两级，其中生理的需要、安全的需要和爱与归属的需要都属于低一级的需要，这些需要通过外部条件就可以满足；而尊重的需要和自我实现的需要是高级需要,它们是通过内部因素才能满足的,而且一个人对尊重和自我实现的需要是无止境的。同一时期,一个人可能有几种需要,但每一时期总有一种需要占支配地位,对行为起决定作用。任何一种需要都不会因为更高层次需要的发展而消失。各层次的需要相互依赖和重叠,高层次的需要发展后,低层次的需要仍然存在,只是对行为影响的程度大大减小。

(三) 理论应用

1. 生理的需要应用。生理需要是级别最低、最具优势的需要,如食物、水、空气、性欲、健康等。

未满足生理需要的特征:什么都不想,只想让自己活下去,思考能力、道德观明显变得脆弱。例如:当一个人极需要食物时,会不择手段地抢夺食物。

假设人为报酬而工作,以生理需要来激励下属,那么激励措施是:增加劳动报酬、改善劳动条件、给予更多的业余时间和工间休息、提高福利待遇。

2. 安全需要应用。安全需要同样属于低级别的需要,其中包括对人身安全、生活稳定以及免遭痛苦、威胁或疾病等。

缺乏安全感的特征:感到自己受到身边的事物的威胁,觉得这世界是不公平或是危险的;认为一切事物都是危险的而变得紧张、彷徨不安,认为一切事物都是"恶"的。例如:一个孩子,在学校被同学欺负、受到老师不公平的对待,从而开始变得不相信社会,变得不敢表现自己、不敢拥有社交生活(因为他认为社交是危险的),借此来保护自身安全。一个成人,工作不顺利,薪水微薄,养不起家人,而变得自暴自弃,每天利用喝酒、吸烟来寻找短暂的安逸感。

激励措施:强调规章制度、职业保障、福利待遇,并增强职业稳定性,提供医疗保险、失业保险和退休福利、避免劳动者收到双重的指令而混乱。

3. 爱与归属的需要应用。爱与归属的需要,属于中间层次的需要,如对友谊、爱情以及隶属关系的需要。

缺乏爱与归属需要的特征:因为没有感受到身边人的关怀,而认为自己活在这世界上没有价值。例如:一个没有受到父母关怀的青少年,认为自己在家庭中没有价值,所以在学校无视道德观和理性寻找朋友或是同类,为了让自己融入社交圈中,帮别人做牛做马,甚至盲从他人、吸毒、恶作剧等。

激励措施:提供共事者之间社交往来机会,支持与赞许其寻找及建立和谐温馨的人际关系,开展有组织的体育比赛和集体活动。

4. 尊重的需要应用。尊重的需要属于较高层次的需要,如成就、名声、地位和晋升机会等。尊重的需要既包括对成就或自我价值的个人感觉,也包括他人对自己的认可与尊重。

无法满足尊重的需要的特征:变得很爱面子,或是很积极地用行动来让别人认同自己,也很容易被虚荣吸引。例如:利用暴力来证明自己的强悍,努力读书让自己成为学霸或他人羡慕的角色来证明自己在社会中的存在和价值,富豪为了自己名利而捐款等。

激励措施：公开奖励和表扬，强调工作任务的艰巨性以及成功所需要的高超技巧，颁发荣誉奖章，在公共媒介表扬、奖励等。

5. 自我实现的需要应用。自我实现的需要是最高层次的需要，包括针对于真善美等至高人生境界获得的需要，因此前面四项需要都能满足，最高层次的需要方能相继产生，是一种衍生性需要，如自我实现，发挥潜能等。

缺乏自我实现需要的特征：觉得自己的生活被空虚感给推动着，要自己去做一些身为一个"人"应该在这世上做的事，极需要有让其能更充实自己的事物，尤其是让一个人深刻地体验到自己没有白活在这世界上的事物。认为价值观、道德观胜过金钱、爱人、尊重和社会的偏见。例如：一个真心为了帮助他人而捐款的人；一位武术家、运动家把自己的体能练到极致，让自己成为世界一流或是单纯只为了超越自己；一位企业家，真心认为自己所经营的事业能为社会带来价值，为了比昨天更好而工作。

激励措施：设计工作时运用复杂情况的适应策略，给有特长的人委派特别任务，在设计工作和执行计划时为下级留有余地。

二、罗杰斯的自我理论

(一) 自我的概念及特点

罗杰斯关于人格的基本假设是：每个人都具有一种固有的、先天的维护自我、提高自我、"自我实现"的动机，这是人最基本的也是唯一的动机和目的，它指引人朝向满意的个人理想成长。马斯洛提出的所有需要层次都可归入这一动机中。

罗杰斯认为每一个人都生活在一个以自我为中心而又不时地变动的经验世界里。这个个人的经验和内心世界，罗杰斯称之为"现象场"。罗杰斯认为自我是在与环境和他人的相互作用中形成的，是现象场的产物。

自我具有四个特点：①属于对自己的知觉范围，包括对"我"的特点的知觉，以及与"我"有关的人和事物的知觉的总和；②是组织化的稳定结构，对经验虽然具有开放性，但其"概念格式塔"的性质不变；③并非弗洛伊德精神分析意义上的人格结构要素，不是控制行为的主体；④作为一种经验的整体模型主要是有意识的或可以进入意识的东西。

自我概念一旦形成，一个人可以在社会生活中逐渐产生许多"机体经验"。例如，一个人可以完整地知觉到他的机体，体验到他所有的知觉，体验到这些知觉与所处环境中其他知觉和整个外部世界发生关系的方式。个体体验的积累决定着个体是否接受外界刺激的影响以及接受什么样的影响。但是，有些机体经验被儿童意识到，这些经验成为现象经验，而没有被儿童意识到的经验则以潜在的形式对自我的发展起着作用。

(二) 自我的发展

刚出生的婴儿并没有自我的概念，随着他（她）与他人、环境的相互作用，他（她）开始慢慢地把自己与非自己区分开来。

当最初的自我概念形成之后，人的自我实现趋向开始激活。在自我实现这一股动力的驱动下，儿童在环境中进行各种尝试活动并产生出大量的经验。通过自身机体自动评价过程，有些经验会使他感到满足、愉快，有些则相反，满足愉快的经验会使儿童寻求保持、再现，不满足、不愉快的经验会使儿童尽力回避。在孩子寻求积极的经验中，有一种是受他人的关怀而产生的体验，还有一种是受到他人尊重而产生的体验。罗杰斯把这两种体验称为"正向关怀需求"，但儿童这种"正向关怀需求"的满足完全取决于他人，而他人（包括父母）是根据儿童的行为是否符合其价值标准、行为标准来决定是否给予关怀和尊重，所以说他人的关怀与尊重是有条件的。这些条件体现着父母和社会的价值观，罗杰斯称这种条件为"价值条件"。

儿童不断通过自己的行为体验到这些价值条件，会不自觉地将这些本属于父母或他人的价值观念内化，变成自我结构的一部分。渐渐地儿童被迫放弃按自身机体评价过程去评价经验，变成用自我中内化了的社会的价值规范去评价经验，这样儿童的自我和经验之间就发生了异化。当经验与自我之间存在冲突时，个体就会预感到自我受到威胁，因而产生焦虑。预感到经验与自我不一致时，个体会运用防御机制（歪曲、否认、选择性知觉）来对经验进行加工，使之在意识水平上达到与自我相一致。如果防御成功，个体就不会出现适应障碍，若防御失败就会出现心理适应障碍。

为保证经验与自我的一致即健康人格的形成，家长和社会就应该通过"无条件的积极关注"，使儿童得到"无条件的满足"。例如，母亲通过给予儿童以慈爱，使他们逐渐学会像母亲爱自己一样爱别人，把这种"无条件的积极关注"作为自己内在的需要和价值行动的准则。也就是父母或其他成人在给予儿童爱时较少注意儿童行为的方式，在这种条件下成长起来的儿童，不会显示出价值的条件，自我与经验之间不会有不一致，儿童就能发展成为"充分发挥作用的人"。

按罗杰斯的看法，每个人心中有两个自我：一个是他的自我概念，即实际自我；一个是他打算成为的自我，即理想自我。如果两种自我有很大重合或相当接近，人们的心理是健康的；反之，如果两种自我评价间差距过大，心理问题就容易出现。

历史上，有不少学者探讨过自我的概念。威廉·詹姆斯曾认为自我有3个成分：物质的我，指自我的躯体内容；社会的我，指对别人对自己的看法的意识；精神的我，指自我中监视内在思想、情感的部分。

很多年以后，罗杰斯重新唤起了人们对"自我"概念的兴趣。他把自我定义为人格的连续性、稳定性所赖以产生的最小单元。罗杰斯把自我概念划分为两个部分：实际自我，这是人对自我现状的知觉；理想自我，指人对自己将要成为怎样的人的理想。罗杰斯认为，人格一致性并不是指人格各个部分之间，或特质与行为之间，或过去与现时机能之间的一致性，而是指现实的自我与理想的自我之间的一致性。现实的自我总会与理想的自我有距离，这促使人们努力追求理想。而如何追求个人理想就构成了不同人的生活风格。

另一个与自我有关的概念是同一性。罗杰斯认为，这是独特的人格感的核心，包括认识到自我与他人的区别，认识到其他与自我有关的内容，认识到其他与自我相异的内容。罗杰斯还论述了自尊的概念，这是指对自我的概念化的评价性态度，影响着人的心境和行为。

思考题

1. 试用精神分析理论的人格结构理论分析罪犯心理的形成因素。
2. 试论观察学习在人的行为获得中的作用。
3. 简述理性情绪疗法的理论与不合理信念的特征。
4. 简述马斯洛需要层次理论。

模块二　罪犯心理多维度分析

专题四　罪犯心理静态分析

> 罪犯心理的静态构成，是罪犯在接受刑罚处罚和教育矫正过程中逐步形成的，是罪犯接受教育矫正的心理基础。它包括罪犯的常态心理、犯罪心理和服刑心理。这既是对罪犯心理构成的分析，也是罪犯心理在某一个点上或切面上所作的分析，所以称之为罪犯心理的静态分析。
>
> 罪犯因违法犯罪由审判机关依法裁定，进入监管场所接受刑罚处罚和教育矫正。面对严格的监规纪律，罪犯原有的常态心理和犯罪心理，在刑罚环境和刑罚执行活动的影响下，在其特有的认知过程、情感特点、意志特征、心理状态、需求欲望、价值取向和人格特征的作用下，逐渐产生刑罚心理和矫正心理，最终形成罪犯心理。

学习任务一　常态心理的形态

一、常态心理含义

罪犯的常态心理是罪犯作为一个社会人而存在的、与社会正常人群一样的心理现象。罪犯虽然与正常人的心理存在较为明显的差异，但仍然具有正常人的物质和精神需要，在心理过程和心理特征所遵循的规律等方面，也与正常人有相同之处，罪犯同样具有社会正常人群所具有的各种心理现象。

常态心理是罪犯心理的重要组成部分，是罪犯接受教育矫正的基础。罪犯的常态心理既有与社会正常人群在心理内容及心理形成发展规律上的一致性，也有在承受刑罚处罚情形之下的特殊性。

二、罪犯常态心理的特性

（一）罪犯和守法公民心理上的一致性

1. 罪犯和守法公民在心理产生机制和心理活动内容等方面存在一致性。从心理机制上看，两者都是神经系统的反射活动，都是对客观现实的主观能动的反映；从心理内容上看，感知觉、记忆、思维、情绪情感、意志行为等心理现象都来源于外部客观现实，两者都会有诸如"喜怒忧思悲恐惊"的情绪反应以及需要、动机、兴趣、理想、信念等个性倾向。

2. 大多罪犯与守法公民一样都经历基本相同的社会生活。两者都在社会环境中生活，接受自身周围的社会环境刺激，在社会生活的范围、内容、方式等方面存在相同之处；两者的成长过程和心理发展程度亦有相同之处。

3. 许多罪犯与守法公民接受基本相同的社会教化过程。许多罪犯在社会上学习了知识、技能和社会规范，接受过家庭、学校和社会的教育和影响，有的形成了基础的人生价值观和世界观。

（二）罪犯心理的特殊性

1. 罪犯需要特点。在心理内容上，罪犯常态心理具有显著的"监狱化"特点。罪犯的某些需要比守法公民表现得更为强烈。比如吃、喝等基本生活需要被强化，而自尊等高级需要被弱化。

首先，从需要的层次来看，罪犯需要主要集中在生理需要、安全需要、爱与归属的需要三个层次，罪犯对尊重等需要相对减弱。其次，从具体的需要来看，罪犯对饮食、住宿、空间、休息、文体活动、安全、健康、公共资源、交往、亲情、肯定与信任、自由等需要比较强烈。相对应的，罪犯在监狱最关心的问题，主要有家庭关系、警察误解、他人欺侮、生活枯燥、劳动压力、躯体疾病等。最后，从需要的峰值来看，罪犯对饮食、休息、探亲、肯定与信任、刑事奖励等需要特别强烈，而对夫妻同居、精神奖励、艺术创作等需要相对较弱，由此可以将需要特别强烈的项目作为激励的主要手段。

总体而言，罪犯的需要层次偏低，一方面是监狱的生活条件与罪犯的期望值差距较大；另一方面是由于在以惩罚与改造为主要内容的刑法执行活动中，罪犯更关注最基本的心理需要，而对尊重的需要主要源于对罪犯身份的社会歧视，以及改造期间处于被管理约束的地位，缺乏理解谅解、支持、认可、肯定的内心体验。[1]

2. 在满足需要的途径上具有特殊性。在需要的满足方式上，罪犯常常以压抑、代偿、幻想等方式寻求心理的平衡、满足和解脱，如对性的需要，由于没有正常满足的途径，以相互交流过去的性经验和性体验或通过同性恋行为满足自己的性冲动。

3. 在需要的满足程度上，较社会守法公民要低。如罪犯的人际关系，是罪犯在矫正过程中形成的、建立在个人情感基础上的相互联系，他们的人际关系要受到某些限制，不能随意发展，有些甚至被禁止。这与守法公民在社会生活中具有情感性、直接性和个人性的人际关系明显不同。

4. 罪犯存在积极的常态性心理需要。比如对亲人爱的需要、交往的需要、自尊的

---

[1] 曹捷，赵政威："需要理论视角下罪犯改造的激励"，载《浙江警官职业学院学报》2019年第2期。

需要等,如果民警引导他们朝着好的方面发展,也可能成为"闪光点"而激起积极改造的良好动机,主动预防不良行为的发生。如有的罪犯拒绝他人拉拢,并主动向监狱警察汇报,这也是一种"闪光点",是一种积极的交往需要,如果及时予以强化,使其从做人的道理上认识自身行为的意义,就会更加坚定其改造的信心。

（三）常态心理中的特征性优势

不同类型的罪犯,在常态心理方面,都表现出各自的特征性优势。比如,诈骗罪犯语言表达能力强,盗窃罪犯敏感性强、观察力敏锐,过失罪犯的自我悔恨性强。诈骗罪犯凭借着他们的言语优势和侥幸心理,一次又一次地违法作案,他们的心理突出表现为以下两个方面：在经过多次诈骗成功后,便觉得"天下人皆傻,唯有自己高明",从而继续凭借自己的"三寸不烂"之舌,持续作案,越骗胆子也就越大。尽管有的被抓获或判刑,释放后仍然恶习不改。曾有诈骗罪犯在谈到其作案的经过时说："我第一次只是被他人拉着去当帮手的,心中很害怕。然而没想到轻而易举地得手了,一下子分得几百元,便觉得很合算,所以下次再去干……"

又比如,盗窃罪犯在加工客观现实时形成的观察力、注意力等认知方面的内容和层次与常人不同。同样是逛商店,小偷注意的是人们的钱包,而一般顾客则注意的是商品；又如夜间见到单身行走的年轻女子,盗窃罪犯会仔细观察她们的神色、装扮、举动以及周围的环境,以便决定是否对她们下手,而一般人则没有这方面察言观色的能力。又比如过失型罪犯,对自己的犯罪行为所造成的严重危害后果,往往感到震惊和内疚,并对自己的过失行为产生深深的自责和悔恨,从而能认罪服法。

（四）常态心理中的良好动机

罪犯常态心理中的良好动机,是指他们在那些高级精神需要的支配下,在社会生活环境中逐渐形成的良好动机,主要有自尊动机、成就动机、赎罪动机、亲社会利他动机等。这些高级的社会性动机,是对罪犯实施教育改造的基础。

1. 自尊动机。罪犯在尊重需要基础上产生的积极动机。人的尊重需要包括自我尊重和社会尊重两方面。自我尊重就是个人独立、自由、自信、成就、名誉等愿望；社会尊重是地位、实力、威信、被人认可、受人尊敬等愿望。罪犯身处监狱,其常态心理中自尊动机相对减弱,但仍然具有自尊的需要与动机,只是有些处于隐性,有些处于显性。处于隐性状态的需要唤醒,处于显性状态的需要在改造中得到强化。罪犯的这种自尊动机既有补偿自卑的成分,也有获得他人更大尊重的成分。

例如,与人交往是人的社会性的突出表现,罪犯也有通过交往使自我得到肯定和发展,满足自尊的强烈需要。罪犯虽然因自由被剥夺而使得其人际关系受到相当大的限制,但是,他们仍然面临着与家庭亲人、监狱警察以及一起服刑的其他罪犯之间的各种人际关系,并在人际互动中实现各种自尊动机。这是罪犯身上存在的一种良好的动机,也是他们实现积极改造的心理基础。

2. 成就动机。成就动机是在其自我实现的需要基础上产生的,即最大限度地实现自身价值的内在动力。罪犯常态心理中的这种成就动机,在接受教育矫正时,可分为不同的水平：文化程度、智力水平较高的罪犯力求使自己的价值体现在技术革新、发挥特长上；文化程度不高、智力一般的罪犯力求使自己的价值体现在做好一些平常的事情上。罪犯的成就动机能使他们把刑期当"学期"，排除各种干扰、克服主客观困难，去努力完成自己的任务。比如，在内蒙古自治区，有一位罪犯在服刑几年中潜心研究一种少数民族语言，填补了语言学上的一项空白。

有的罪犯也善于为自己树立良好的学习榜样。一是从执法公正、品德高尚、工作认真、为人正直的监狱人民警察的言行中，学会区分真善美和假恶丑，从由衷的敬佩进而产生自觉学习模仿真善美的意向和行为，在真善美的陶冶中形成正确的矫正动机。二是正在服刑或已经释放的"回头浪子"，罪犯与他们有共同的经历和人生感受，以他们为榜样，具体、生动、形象，最容易产生共鸣而加以模仿，从而激发积极的改造动机。

罪犯在监狱中过着群体生活，共同吃住，共同劳动，共同接受教育矫正，交往非常频繁，彼此间的影响很大。当罪犯参与健康向上的集体活动，在积极的集体舆论引导下，在良好的群体心理影响下，就能树立起积极改造、争取优良改造成绩的动机。从本质上说，这也是一种积极的成就动机。这种动机，也是罪犯原有的常态心理中固有的积极的心理品质。

3. 悔恨动机。罪犯常态心理中的内疚感或自我悔恨的情感，是悔恨动机产生的根本原因。罪犯在接受教育改造的过程中，尤其是对法律与道德知识的理解深化后，原有的自我悔恨动机就会被进一步激发，产生发自内心的赎罪动机和积极改造动机。这种积极改造是毫无外力强制的，是改造得到顺利进行的根本保障。在每个罪犯的内心深处，都存在着或多或少的闪光点。善于自我发现、自我强化，就能进行自我调控。如某罪犯的母亲来监狱接见时，钱包被偷，他非常痛恨窃贼。这种对盗窃行为的痛恨就是一种"闪光点"。此时，罪犯的"将心比心"，良心发现，能站在受害者的立场上看问题，认识到自己罪行的严重性和改造的必要性，就是一种悔恨的动机，是一种积极的改造动机。

4. 亲社会利他动机。亲社会行为，是人们在社会交往中表现出来的谦让、合作、帮助、共享、抚慰、礼貌等有利于他人和社会的行为。产生这种行为的动机就是亲社会利他动机。罪犯常态心理中的这种亲社会利他动机，会在监管条件下，对社会正确认识和肯定的情感基础上，激发成为积极的改造动机。这种动机一旦被激活，就会在改造中努力地学习、劳动，力求为社会和他人多做贡献，不计较个人得失和有无奖励，并且在与他人相处中也会尽量为别人着想。他们重返社会后不但不会重新犯罪，而且会更多地做出助人为乐的利他行为。

学习任务二　犯罪心理的形态

犯罪心理是影响和支配犯罪人实施犯罪行为的各种心理因素的总称。这些因素包括认知、情感、意志、性格、兴趣、需要、动机、理想、信念、价值观以及心理状态等主观范畴。[1]犯罪心理与犯罪行为密切相关，犯罪行为是犯罪心理的外在表现，犯罪心理并非一定导致犯罪行为，但犯罪行为必然是在犯罪心理的影响和支配下进行的。

一、犯罪心理形成的主要理论及其影响因素

（一）犯罪心理形成的主要理论

犯罪心理的形成是多种因素相互影响、相互制约、相互渗透的复杂过程。对此，国内外有许多流派与观点。国外的主要理论流派有：犯罪生物学派、社会学派、心理学派、学习理论和多元理论等。国内的主要理论观点有：外因论、内因论、内外因论、聚合效应论和综合动因论。他们都从各自的理论视角，探讨犯罪心理的形成。其中影响较大，具有代表性的主要理论观点是，社会学派中的聚合效应论和综合动因论，犯罪生物学派中的遗传论观点，心理学派中的本能冲动说等。

1. 聚合效应理论认为，引起犯罪心理的诸多因素的作用（主要因素的作用、次要因素的作用、主要因素与次要因素相互影响产生的增效作用）聚合在一起，产生犯罪心理活动的效应。[2]该理论强调，分析犯罪心理的形成过程，不仅要抓住对特定的犯罪主体起主要影响作用的因素，而且要注意各种因素的相互作用。

2. 综合动因论由学者罗大华等提出，他们认为"个体犯罪原因是一个整体系统，这个整体系统是由若干相互联系和相互作用着的主体内外因素所构成的，形成多层次多维度的原因网络结构。犯罪综合动因论注重个体犯罪原因的整体性、层次性、结构性和动态性，认为人之所以犯罪，是多种主体内外因素综合的互为动力作用的结果。"[3]

3. 遗传论观点由意大利医生、犯罪人类学派的创始人龙勃罗梭提出，他通过对死囚犯的尸体解剖研究，提出天生犯罪人的观点，认为人之所以实施犯罪行为，主要是由于生理遗传因素导致。

4. 本能冲动说由精神分析理论的创立者弗洛伊德提出，他认为"力必多"是犯罪心理产生的唯一根源，是一切犯罪的源动力。精神分析理论把人格结构分为本我、自我和超我三个层次，认为犯罪行为的发生是由于自我对超我的控制减弱，本我的力量过于强大所致，是幼儿时期就有的性冲动和超我控制不平衡的表现。

---

[1] 罗大华、何为民主编：《犯罪心理学》，中国政法大学出版社2007年版，第51页。
[2] 李世棣编著：《犯罪心理学》，中国人民公安大学出版社1986年版，第49页。
[3] 罗大华、何为民主编：《犯罪心理学》，中国政法大学出版社2007年版，第117页。

(二) 犯罪心理形成的主要影响因素

犯罪心理的形成受诸多因素的影响，如社会环境因素、个体因素、自然因素和情境因素等，如图4.1。

1. 社会环境因素，主要包括社会变革、社会转型或者国际局势变化等导致的社会失范、贫富不均、利益冲突、人际冲突、心理失衡，诱使一些人出现自我意识和社会意识的剧烈冲突，致使自我控制能力减弱，背离社会道德准则，甚至触犯法律走上犯罪道路。

2. 个体因素包括个体的生理因素、心理因素和行为因素。个体不同的生理特征，如不同的遗传特性、年龄和性别的差异、体质的特性等，都会使个体产生不同的犯罪心理，实施不同的犯罪行为。个体的生理特征是犯罪心理形成的基础，是犯罪心理形成的相关因素，但不是决定性因素。

个体的心理因素，主要指个体认知、情感、智能以及人格方面的不良心理品质。这些消极的心理因素，容易导致个体对客观现实做出消极的反应，导致犯罪行为的发生。主要包括认知偏差、情绪失调、智力低下和人格缺陷等。

认知偏差，主要是指感觉失实、知觉失真、思维倒错等造成个体分辨能力降低，导致犯罪心理和行为的发生。情绪失调，是指一些负性的情绪导致非理性的、冲动性的消极行为的发生。如在愤怒情绪的支配下，造成个体丧失理智，难以自控，实施凶杀、伤害等犯罪行为。从司法实践看，虽然智能的高低并非导致个体犯罪的决定性因素，但它也确实影响了犯罪概率和犯罪类型。人格缺陷，包含两个方面的含义，一是个体的性格、气质特征，如暴力罪犯中胆汁质的人多见，偷窃罪犯中黏液质的人多见。外向型性格更多地发生攻击性犯罪，内向型则更多地发生隐蔽性犯罪。二是人格异常或障碍，如反社会型人格、偏执型人格、边缘型人格，其犯罪率多于正常人格的个体。

行为因素主要指个体某些不良的行为活动，诸如不良的行为习惯与定势、不良的行为内容以及模仿不良的行为模式等。这些行为活动，必然导致个体行为的导向出错，导致犯罪心理的形成和犯罪行为的发生。

3. 自然因素是指促成犯罪心理形成的各种自然环境和条件，如地理条件、社区环境、时间因素、天气状况、气候季节因素、自然灾害等。自然因素只有与个体原有的生理因素、心理品质和社会因素相结合，才能对犯罪心理的形成具有实际意义。

4. 情境因素是指与犯罪有关的现场的客观场景因素，包括被害人因素、现场其他人因素和现场的氛围等。如犯罪机遇、现场其他人的态度、受害人的不当语言与行为、受害人的反抗程度等。

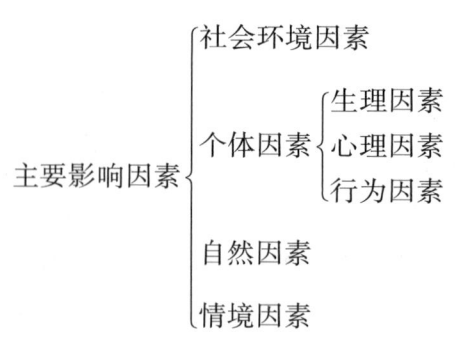

图 4.1 犯罪心理形成的主要影响因素示意图

二、犯罪心理的形成过程和形成模式

（一）犯罪心理形成的一般过程

对于绝大多数犯罪人而言，犯罪心理的形成是一个渐进的、自觉的过程，主要包括：强烈欲求与满足方式的选择、品德缺陷与抑制力的缺乏、萌发犯罪意向、形成犯罪动机和确定犯罪目的、形成犯罪决意。

犯罪人的个人需要与社会需要往往处于对立的地位，并且这种需要大多是畸形的、膨胀的。犯罪人的心理需要既有强烈的常态欲求，也有非常态的欲求。强烈的常态欲求并非坏事，问题在于犯罪人常常采取非法的手段来满足。另外，一些犯罪人的欲求不但强烈，而且膨胀和畸形，是法律禁止的变态欲求，如吸毒、性淫乱等。犯罪人的心理需要与满足方式的选择是其犯罪心理形成的起点。

犯罪人采用非法手段满足自己的心理需要，与他的品德缺陷与抑制力缺乏有关，也就是说这些犯罪人往往存在有人格的缺陷，这是他们在社会化过程中的不足而导致的偏离社会规范的个性。正是因为他们具有明显缺陷的个性，在外界诱因的刺激下，便产生模糊的、朦胧的、没有特定指向的、从事犯罪活动的内心冲动，从而进入萌发犯罪意向的阶段。

但仅有犯罪意向还不足以着手实施犯罪，只有在某些刺激或情景如适合犯罪的条件、强化犯罪意向的情境与氛围、实施犯罪的机遇等因素的配合影响下，并经犯罪人的自我调控机制与认知解释的作用下，才会形成犯罪动机，明确犯罪目的。当行为人的犯罪动机和犯罪目的明确时，也就进入了犯罪决意阶段。犯罪的决意阶段，包括了犯罪行为手段的选择和犯罪行动时机的捕捉两个环节。至此，犯罪人犯罪心理正式形成。

（二）犯罪心理的形成模式

犯罪心理的形成模式，可分为常见模式与特殊模式两大类。

1. 常见模式分为渐变型、突发型、机遇型三种。渐变型是一种典型的犯罪心理形成模式，大多数的犯罪人都属于这种模式。这种模式下犯罪心理的形成，常常经历了一个从量变到质变的过程，具有渐进性。同时，由部分质变到整体质变，具有渗透性。

另外,从朦胧的犯罪意向到明确的犯罪心理形成,具有自觉性。以渐变的模式形成犯罪心理的犯罪人,或是从少年时期受到成长环境中不良因素潜移默化的影响,因错误的社会化而逐渐形成犯罪心理;或是在其生活的某一阶段因受错误思想的腐蚀而形成犯罪心理。前者称为原发型,犯罪恶习深,矫治难度大。后者称为继发型,犯罪恶习浅,矫治难度相对小。

突发型犯罪心理的形成具有突发性和情境性。行为人事先并无劣迹或预谋,往往受到特定事件、环境或气氛的刺激而实施犯罪行为。另外,犯罪人还会出现认知范围狭窄、意志薄弱、不能自控,因而具有情绪性。常见的突发式犯罪心理形成情景,有人际冲突、回避危险或特定气氛等三种,与犯罪人的社会化程度不足或心理品质的缺陷有一定关系。

机遇型犯罪心理的形成模式是在犯罪人接触到了某种机遇后才产生的。犯罪人在接触到有利于实施犯罪行为的机遇之前并无犯罪意图。犯罪机遇是诱发犯罪人产生此种犯罪心理的关键因素。这类犯罪人又可以分为机会型和境遇型两种,他们事先并无犯罪意图,一般多系品德不良或有心理缺陷者。他们在遇到犯罪机遇时,经不起诱惑而起意犯罪。

2. 特殊模式在犯罪案例中所占比例较小。特殊模式是指在实施犯罪行为时,意识状态比较模糊的一种犯罪心理形成模式,可分为习惯型、朦胧型和变态型三个类型。

习惯型是指犯罪人在一定的情况下自动地实施某些犯罪行为的倾向。犯罪人的行为习惯有一定的潜意识性,有时会在潜意识状态下进行。需要特别指出的是,习惯型犯罪受行为人整体意识水平支配,因此并非是犯罪人在完全的无意识状态下进行的行为。

朦胧型是指行为人在其意识状态比较模糊的状态下,由犯罪意向直接引发犯罪行为。没有经过"强烈欲求与满足方式的选择、品德缺陷与抑制力的缺乏、萌发犯罪意向、形成犯罪动机和确定犯罪目的、形成犯罪决意"等阶段,其犯罪动机处于朦胧状态,没有被犯罪人清楚地意识到。

变态型是指犯罪行为是由于犯罪人的变态心理而引起,如由偏执型人格、边缘型人格、反社会型人格,或是异装癖、恋物癖及其他性心理障碍等所引发。

三、犯罪心理的类别及其特征

犯罪心理的特征,包括犯罪人在犯罪过程中表现出来的认知、情绪情感、意志、需要、动机及个性等方面的内容。学者李玫瑾根据犯罪人不同的知、情、意和个性特征,将犯罪心理分为危险心结类和危险人格类二种。

(一) 危险心结类犯罪心理

具有危险心结的犯罪人一般表现出以下特点:作案人的心智和社会性一直表现正常;成长与生活背景也相对稳定;情感活动表达正常甚至较为丰富;他们大多具有道

德感和自觉能力；犯罪多具有意外性，有的犯罪还伴有严重暴力性和变态性。[1]危险心结所引起的犯罪又可分为知结类犯罪、情结类犯罪和意结类犯罪。

1. 知结类犯罪心理。这类犯罪人一般具有以下心理特征：犯罪动机指向性明显或具体；具有正常心智下的认识狭窄性；犯罪多带有报复性；人格大多具有偏执性；心结多与日常挫折有关。这类人更容易在人际冲突中遭受挫折并产生强烈的愤怒情绪，当愤怒累积到一定程度时，就会因为一些微不足道的小事而爆发激烈的情绪。如罪犯李某，男，25岁，犯抢劫罪，的被判有期徒刑5年。捕前同朋友聚餐时与邻桌发生争执，将邻桌一人殴打致死后逃离。潜逃5年后李某自首，因故意伤害致人死亡被判10年有期徒刑。李某入狱后表现良好，但是情绪极不稳定，有时顶撞警官，抗拒改造；有时又在家人与警官的帮教下悔恨落泪。李某自述父母经常外出打工，小时候由爷爷奶奶抚养长大。初中后随父母外出读书，父母工作劳累一天回家后，经常拿他出气，致使其经常离家出走。李某还自述天资不好、成绩不佳不愿上学，常因逃学而遭父亲殴打。之后，他因迷恋网游实在无心念书而退学，结交不良朋友混迹社会，经常出入娱乐场所，好斗逞勇，被治安拘留多次却屡教不改，直到发生惨剧后才悔恨不已。罪犯李某属于典型的知结类犯罪，其犯罪行为与其早年与亲人互动过程中产生的愤怒情绪密切相关。

2. 情结类犯罪心理。情结类犯罪人的心理表现更为复杂，一般具有以下特征：犯罪动机具有发泄与泛化性；具有正常心智的情感孤独性；犯罪多有表达性与满足感；犯罪呈现"并非错乱"的疯狂；心结多与情感创伤有关。这类犯罪人的情结可以追溯到其在依恋期的心理经历，发生在青年期至成年期的异常犯罪；情结可以源自其父母在孩子依恋期的各种无心之错。这类犯罪人的情感创伤，最初的体验是孤独、恐惧、无助和失败，当他们长大成人后，原先的孤独变成了对周遭人物的敌视感，害怕某种对象的恐惧感变成了愤怒感，曾经无能和失败变成了强悍和强暴。所以情结类的犯罪，犯罪人表达往往是与其原来表现相反的情绪感受或行为表现。

3. 意结类犯罪心理。意结类犯罪的特征：犯罪动机往往令人费解；具有正常心智下的心理遮掩性；犯罪具有隐秘和谋划的特点；行为人具有人格保守性；意结多与潜意识内容有关。这类犯罪人看起来是一个具有正常心理的人，却实施令人困惑的犯罪行为，让人感到匪夷所思，难以道出其犯罪的缘由。这类犯罪人内心的愤怒和冲突，或不自知或不想自知而迁怒于他人的愤怒，常导致攻击性的、变态性的或不明缘由的犯罪。

(二) 危险人格类犯罪心理

危险人格，是指对他人和社会具有威胁与危害倾向的一种人格现象的总称。[2]主要包括反社会人格、犯罪人格和缺陷人格三类。

---

[1] 李玫瑾：《犯罪心理研究——在犯罪防控中的作用》，中国人民公安大学出版社2010年版，第119页。
[2] 李玫瑾：《犯罪心理研究——在犯罪防控中的作用》，中国人民公安大学出版社2010年版，第45页。

1. 反社会人格。反社会人格是一种变态人格,一般起始于 15 岁以后,普遍存在对他人权利的忽视以及侵犯,无责任心、无羞耻感、无后悔心是其典型特征。具体表现为不遵守法律及社会规范,反复说谎、欺诈、冲动、易怒、好斗、做事不计后果,无视自己或者他人的安全,一贯地不负责任,内心缺乏愧疚感。反社会人格对他人和社会的扰乱和破坏行为没有理由。这类人格是易于犯罪的,在我国,根据李玫瑾等学者的研究,这类人在犯罪群体中所占的比例约为 15%。

2. 犯罪人格与缺陷人格。犯罪人格是未成年个体在基本社会化进程中出现障碍所导致的异常人格,是与犯罪直接有关的人格问题。缺陷人格是由于未成年个体在人格形成时期,抚养方式过分溺宠而造成的人格严重缺陷,致使其在成年后出现持久性的社会适应障碍与行为问题。缺陷人格与犯罪人格都是个体在社会化过程出现了障碍及人格形成的关键期内出现了问题所导致。两者的不同之处在于,犯罪人格的形成过程中出现的社会化障碍,更多地表现在情感和爱的匮乏,而缺陷人格的社会化障碍,更多地表现在宠爱或溺爱。犯罪人格的形成源于家庭的生而不养问题,而缺陷人格则源于家庭养而不当的问题。如罪犯王某,28 岁,因犯强奸罪被判 2 年有期徒刑。由于强奸的对象是自己的女朋友,所以他拒不认罪服判,在监狱服刑毫无悔改表现,放话说出狱以后要再把他女朋友强奸一次,认为法院判决极不公正,所以扬言出狱后还要去炸法院。王某性格固执己见、敏感多疑、心胸狭隘、冲动好斗,对外界的动作歪曲而采取敌意,对事态缺乏正确的评价,属典型的缺陷人格——偏执型人格障碍。罪犯狱中的不良表现及犯罪行为的发生均与其偏执的人格障碍有关。

学习任务三 服刑心理的形态

服刑心理是指罪犯在监管场所接受刑罚处罚期间,承受刑罚环境的刺激所产生的心理,是罪犯对刑罚处罚这一客观现实的主观能动反映,包括刑罚心理和矫正心理。

一、刑罚心理

刑罚的威慑力量给罪犯造成巨大的震慑力和强大的精神痛苦,对罪犯的心理产生深刻而强烈的刺激。罪犯的刑罚心理是罪犯对刑罚现实的反映,包含三方面的涵义:其一,罪犯实施犯罪行为,受到刑罚处罚,是刑罚的承受者,因此罪犯的刑罚心理,也即是刑罚承受者的心理。其二,罪犯的刑罚心理是其"犯罪心理"和"矫正心理"相互联结、相互作用和相互转化的中间环节。其三,罪犯刑罚心理具有积极和消极两方面的"双重属性",并且在刑罚功能得以充分发挥的时候朝着积极方面转化。在刑罚的威慑下,绝大部分罪犯会感到前所未有的心理压力和痛苦,从而消除其原有的犯罪心理,是积极的刑罚心理效应。但也有少部分罪犯虽然强烈地感受到刑罚带来的痛苦,但是对刑罚持强烈的否定态度,产生消极的刑罚心理,引发一系列消极的情绪情感体验，出现消极改造的行为。

(一) 刑罚感受度

罪犯对刑罚的态度，称为罪犯刑罚感受度，是指刑罚作用于罪犯后所产生的罪犯对刑罚的评价态度，包括对刑罚痛苦的评价态度和对刑罚效用的评价态度。将对刑罚痛苦的评价态度作为横向的维度，并分为弱、中、强三个等级；同时将对刑罚效用的评价态度作为纵向的维度，并分为低、中、高三个等级。两条数轴相交，产生了刑罚感受度的四个区域，如图4.2。罪犯的刑罚感受度处于其中的某一个点。其典型的区域特征表现如下：

有效域。罪犯能强烈地感受到刑罚带来的痛苦，同时也承认刑罚的正确性并理解刑罚的意义，能认判服法、认罪悔罪，并积极参与改造活动。大部分罪犯具有这种心理。

初效域。罪犯对刑罚的痛苦感受度较低，但对刑罚的正确性及其意义持肯定评价，短刑期的罪犯大多具有这种心理。

无效域。罪犯对刑罚的痛苦感受和效用都比较低，对教育改造持不合作的态度，大多数刑期不长的累犯、惯犯具有这种心理。

负效域。罪犯能强烈地感受到刑罚惩罚带来的痛苦，同时对刑罚持强烈的否定态度，不认罪悔罪，不认判服法，对教育改造持非常对立的态度。少数罪犯具有这种心理。

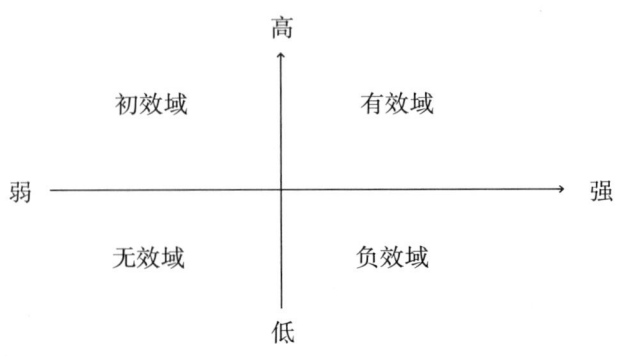

图4.2 刑罚感受度

(二) 罪犯对刑罚的评价

在刑罚心理中占主导地位的，是罪犯对"罪"及"刑"的认识和评价，罪犯在接受教育改造的过程中，会据此对自己的行为进行相应的调节和控制。

从刑罚感受度的角度分析，罪犯对"罪"及"刑"的评判可分为三个方面的维度。

第一，认罪服判（对应初效域）。罪犯能认罪服判，能承认自己的犯罪事实，认识到审判机关对其量刑的正确性，这是其悔罪服法的前提，也是其接受教育改造的良好心理基础。

第二，悔罪服法（对应有效域）。罪犯能对自己所犯下的罪行进行忏悔和反省，在思想上理解刑罚的意义，在心理上接受法律的价值，是刑罚功能充分发挥的结果。

第三，不认罪服法（对应无效域或负效域）。罪犯不认罪服法，其人身危险性就增加，教育改造工作的难度也就增加。不过，刑罚感受度并非一成不变，经过良好的教育矫正，罪犯的刑罚感受度、对刑罚的评价和认罪态度都会发生变化，从而出现认罪服判和悔罪服法的情形。

（三）刑罚心态下罪犯的情感特征

受刑罚处罚是一种重大打击，罪犯的痛苦、抑郁、畏惧、敌意、逆反等消极情绪和挫折反应在所难免。罪犯刑罚心理最核心的情感特征是痛苦和忧郁。

1. 罪犯的痛苦情绪，也是刑罚预防犯罪和矫正罪犯所需要的。罪犯痛苦情绪的形成，首先是来自其人身自由被剥夺或限制，刑罚都以影响他们的人身自由为基本特征。其次是来自家庭方面的因素。让成年罪犯感到痛苦的多是婚姻的解体，让未成年犯感到痛苦的多是父母对他们的"抛弃"。最后是来自各种各样的制度约束。法律法规和监规纪律的约束，好比一个个"枷锁"，让罪犯倍感痛苦。

2. 抑郁是悲伤、愤怒、焦虑、自卑感、罪恶感和羞耻感等复合情绪。罪犯的抑郁，是接受刑罚处罚过程中受各种内外因素的相互影响而产生的负性情绪，是压抑而又无法解脱的结果。认知偏颇和性格缺陷是造成罪犯抑郁的主要原因。如罪犯蒋某，刚入狱时行为和情绪表现正常，在服刑期间因为没有担任事务犯，自诉受到其他罪犯的嘲讽和孤立，深感自卑，总觉得别人在背后指指点点，在背地里议论他，生产劳动时神情恍惚、心不在焉，导致劳动生产任务完不成，改造热情消沉，性情孤僻，情绪抑郁，并多次试图自杀，幸好被联号包夹的罪犯发现并制止。蒋某的抑郁同其认知失调和性格的缺陷密切相关，是刑罚处罚环境之下，在其原有的不良心理因素下引发的情绪障碍。

（四）刑罚心态下罪犯的自我意识特点

罪犯的自我意识，是他们对自己在服刑改造过程中的生理状况、心理特征的认识，以及对自己的社会地位、自己和周围关系的认识。[1]自我意识的发展过程是罪犯心理不断成熟和社会化的过程。罪犯刑罚心理状态下的自我意识的缺陷，主要表现在其自卑、自负、自我中心、消极的自我防御机制、理想自我与现实自我脱节等方面。

二、矫正心理

矫正心理是指罪犯在接受或参与矫正活动的过程中所产生的心理。其主要涵义有：

第一，罪犯是刑罚的承受者，因此同刑罚心理一样，罪犯的矫正心理也是刑罚承受者的心理。罪犯从犯罪主体到承受刑罚的主体，就决定了他必须在承受刑罚处罚的同时，接受教育矫正。罪犯接受教育矫正是法定的，具有强制的性质，但其接受矫正的动机和态度是内在的和能动的。

---

[1] 连春亮：《罪犯心理矫治策论》，华文出版社2004年版，第431~437页。

第二，罪犯的矫正心理，是以刑罚为中介，对自身犯罪行为的重新认识与否定，消除犯罪心理，形成守法观念，重建守规守法心理的过程。随着教育矫正活动的深入，罪犯在接受刑罚处罚、体验痛苦情绪的同时，能将这种痛苦的体验与自己的罪行相联系，进行深刻反省和自我剖析，逐渐形成遵纪守规的思想和自觉守法的心理，实现人生观和世界观的重大转变。

第三，罪犯的矫正心理具有"被迫矫正"和"自觉矫正"的双重特征，在刑罚功能得以充分发挥的情况下，是一种积极向上的心理过程，是罪犯对其犯罪心理和犯罪行为的否定，也是他们成为守法公民的心理基础。

刑罚的惩罚具有强制性，罪犯接受教育矫正是被迫和痛苦的过程。但由于矫正活动从内容到形式都具有强大的激励功能，从思想观念的转变、文化知识的提高、技术技能的获取，到文娱体育活动的参与和分享，分级处遇和行政奖励（减刑、假释等）的待遇，都具有强大的吸引力和激励作用。因此，随着教育矫正活动的深入，绝大部分罪犯都会在刑罚惩罚和教育矫正双重力量的作用下，实现由"被迫矫正"到"自觉矫正"的转化。

第四，罪犯的矫正心理，从个性倾向看，主要包括矫正动机和矫正态度。罪犯的矫正动机主要包括功利性动机、亲和性动机和成就动机。其中，功利性动机在罪犯动机中所占的比例最大，而成就动机是促使罪犯抑制恶习，消除违规心理，重构守法心理的重要基础。罪犯的各种生理性和社会性的需要，以及人生价值观、法制道德观，服刑环境、社会环境和激励机制是促成罪犯矫正动机形成的重要因素。

罪犯的矫正态度，亦即服刑态度，是罪犯对服刑活动的一种相对稳定和持久的评价、心理反应倾向和行为倾向，是一种内化了的针对服刑活动而产生的，具有一定结构（认知、情感和行为倾向）的特殊心理过程。罪犯的矫正态度一旦形成，会对其教育矫正产生全方位的影响。积极正确的矫正态度是推动罪犯弃恶从善、服从管理、接受矫正的重要力量。

第五，罪犯的矫正心理，按表现形式，可分为积极矫正心理、消极矫正心理和抗拒矫正心理。

积极矫正心理。具有积极矫正心理的罪犯能在矫正过程中遵守法律法规，听从指挥，服从管理，积极劳动，努力参加思想、法律、技术和文化等各项教育活动。

消极矫正心理。既想轻松服刑又想避免惩罚，是这类罪犯的主要心理矛盾。他们或投机取巧或混刑度日，在学习、劳动、教育等各个矫正环节消极应对，做一天和尚撞一天钟，或者想尽办法寻求舒适和轻松的工种，甚至出工不出力。具有消极矫正心理的罪犯常常具有消极的心理防御机制，大多采用压抑、否认、回避、投射、被动攻击等方式，缓解内心的压力。

抗拒矫正心理。服刑初期的罪犯都有不同程度的抗拒和防御心理。经过教育矫正，绝大多数罪犯的抗拒和防御心理逐步减弱，心理和行为朝着良性的方面转化；但也有极少数罪犯不思悔改、对抗管教，形成抗拒矫正的心理，出现争吵打架、自伤自残、拒绝劳动、起哄闹事等行为，严重的甚至袭击警察或者狱内再犯罪。如罪犯田某，男，26 岁，犯抢夺罪，被判处有期徒刑 6 年。田某在狱中经常一言不合就与其他罪犯争吵动手，短短两个月就违反了监规纪律多次。一次中午收工后，田某跟其他罪犯发生争执打伤了对方的头，为掩盖事实真相，逃避处罚，田某与其他罪犯对好口供，对监狱警察撒谎称是对方自己跌倒的。经过调查，清楚了事情的来龙去脉后，监狱警察对他进行了批评教育。之后，田某开始每天不劳动，趴在执勤台的台阶上睡觉，监狱警察多次教育无效。一次上课期间，田某跟同桌罪犯发生口角，并当着监狱警察的面殴打同桌，幸被及时制止没酿成事故。当被监狱警察问话时，他用自己的头撞墙，肿了半边脸，还赖皮地坐在地上不肯起来。罪犯田某的表现，就是一种典型的抗拒矫正的消极心理。

罪犯的刑罚心理和矫正心理同时存在，不可分割。罪犯承受刑罚的痛苦心理会在矫正心理中无时无刻地有所体现，罪犯对刑罚的态度也会直接作用和影响他们的矫正态度。反之，积极或消极的矫正心理也会影响刑罚心理，影响罪犯对刑罚的感受度。

思考题

1. 什么是罪犯心理？
2. 简述犯罪心理形成的两种主要模式。
3. 简述罪犯对刑罚评价的三个维度。
4. 反社会人格的典型特征是什么？

专题五　罪犯心理动态分析

> 罪犯心理动态发展主要阐述罪犯心理的形成机制与形成阶段，罪犯服刑各阶段的心理特征，罪犯心理良性发展和恶性变化的规律与特点。这是对罪犯心理发展变化的动态分析。

学习任务一　罪犯心理形成影响因素与机制

一、影响罪犯心理形成的因素

罪犯心理的形成受诸多因素的影响，既有生物、生理的影响因素，也有心理、社会的影响因素。这些因素相互影响，共同作用，最终促成罪犯心理的形成。

（一）生物学因素

生物学因素包括遗传、体质、性别、年龄、神经类型、解剖结构、病毒等因素所起的作用。目前的研究已经证明，个体的大脑结构与功能、神经生化与内分泌因素、物质代谢、心理异常的遗传、染色体异常等因素都会对人的心理起到重要作用。如大脑边缘系统的一些区域受到刺激和损害，会出现异常的心理反应。

（二）社会—文化因素

社会文化因素主要是指监狱改造环境、监规纪律、人身自由、权利义务、生活条件、刑期、文化程度、恶习、犯罪前科、人际关系以及通常意义上的风俗习惯等。

罪犯一般易产生"社会—文化"的失衡现象。刚入监时，由于难以适应监狱环境，产生抑郁、焦虑乃至恐惧的负性情绪。在服刑过程中，由于他们还与原来的社会环境保持着千丝万缕的联系，因此许多客观情况，如亲人丧亡、家庭纠纷等，还不时影响着他们的心理，引起他们的情绪波动。尤其是多种社会生活事件交替发生时，他们的心理压力就格外巨大。

标签理论认为，一个人受到标定之后主要会产生两种效应：一是烙印的产生，二是自我形象的修正。由于社会大众对罪犯的不接纳，使罪犯对自己的"犯罪"烙印心有余悸，将自己归入"有罪者"的行列，以越轨者自居。由于"罪犯标签"的心理压力得不到缓解，致使他们出现自卑、羞愧、忧伤等各种不良心理。

（三）心理因素

心理因素主要包括：一是个性倾向性因素，包括需要、动机、兴趣、理想、信念和世界观等。个性倾向性因素对罪犯服刑心理形成的影响主要体现在心理活动的选择性、对从事活动的态度体验和行为方式上。一个兴趣广泛、需求正常、动机良好、态度端正的罪犯，在服刑过程中形成的心理会相对正常，表现出积极的服刑心理。二是性格特征因素，包括性格的现实态度特征、意志特征、情绪特征和理智特征。这些要素与罪犯服刑心理形成的关联度甚高，如具有敌对和愤怒情绪特征的罪犯，常常具有消极的服刑心理。三是人格异常因素。反社会型、分裂样、偏执型、强迫型、自恋型等不同类型的人格障碍，对罪犯服刑心理的形成具有重要影响。如以情感爆发伴明显行为冲动为特征的边缘型人格障碍的罪犯，常常具有抗拒教育改造的心理，刑罚的惩罚功能在他们身上得不到应有的体现。

二、罪犯心理形成的机制

心理应激反应和心理防御机制相互关联、相互渗透，共同作用于罪犯，在罪犯服刑心理的形成中起着至关重要的作用。

（一）应激反应机制

应激反应是指个体因为应激源所致的生物、心理、社会、行为方面的变化，常称为应激的心身反应。应激反应是机体固有的对环境需求的反应，具有保护性和适应性，它包含警戒期、阻抗期、衰竭期三个阶段。进入衰竭期后，对存在的威胁产生剧烈反应。长期下去，人的适应能力可能耗尽，最后出现崩溃。这时机体会被它自身的防御力量所消耗、损害，结果导致身心疾病。

罪犯在心理应激状态下，会产生各种消极情绪，包括愤怒、抑郁、焦虑、悲伤、恐惧等。这既是一种必要的反应，以便作出应变对策；同时，又会对人的身心产生影响，乃至引起生理、心理机制的病变。如恐惧状态下会出现认知偏颇、判断力减弱、失去理智，还会引起躯体的变化如动作软弱、脸色苍白、血压上升、呼吸加快，乃至精神错乱、行为失常等。

（二）心理防御机制

心理防御机制是指人在无意识中，为消除由心理冲突或挫折所引起的焦虑，维持和恢复心理平衡的一种自我保护的方法。罪犯的心理防御机制是在他们遇到困难、遭遇挫折时，所采取的一种能够回避面临的困难或挫折，解除烦恼，保护心理安宁的方法。罪犯常见的心理防御机制有压抑、否认、退行、幻想、投射、隔离、升华等。

1. 压抑。这是心理防御机制最基本的方式。当一个人的某种观念、情感或冲动不能被超我接受时，下意识地将极度痛苦的经验或欲望抑制到无意识中去，以使个体不再因之而产生焦虑、痛苦的情形。虽然被抑制的东西没有被意识察觉到，但是在潜意识中它仍然起着作用。只不过有时会以改头换面的象征化的形式表现出来。罪犯过分地使用压抑的心理防御，压制正常的欲望或本能，往往产生一些心理问题。

2. 否认。这是把引起精神痛苦的事实予以否定，以减少心灵上的痛苦。采用否认的心理防御，防卫性地否认事实或实际存在的痛苦，严重的会使罪犯引发精神障碍。

3. 退行。这是指当人们遭到严重挫折时，放弃成人的处理方式，而退到困难较少、阻力较弱、较安全的儿童时期，无意中恢复儿童期对别人的依赖，害怕担负成人的责任。未成年犯以及一些成年犯会采用此种心理防御，表现出某些行为异常。

4. 幻想。这是指个体遇到现实困难时，因为无力处理实际问题，就任意想象应如何处理困难，使自己存在于虚幻的想象世界之中，以获得心理平衡。成年个体如果经常以此种方式应付实际问题，必然导致心理的病态。

5. 投射。一般是指将自己的一些不良动机、态度、欲望或情感，赋予到他人或外部世界中，从而推卸责任或把自己的过错归咎于他人，以得到心理解脱。如罪犯将自己的争吵违规，看作是对方对自己的"刁难"造成的。

6. 隔离。把部分事实从意识境界中加以隔离，不让自己意识到，以免引起精神的不愉快。最常被隔离的，是整个事情中与事实相关的感觉部分。如罪犯面对民警的严厉批评教育无动于衷，所采取的就是隔离的心理防御机制。

7. 升华。这是一种积极的心理防御机制。把社会所不能接受的内在冲动、欲望，通过防御转向更高层次的、社会能接受的目标。罪犯采用升华的心理防御，就会产生积极的改造心理，对积极服刑改造、重新社会化起到良好的作用。

学习任务二　　罪犯心理的形成与发展阶段

一、罪犯心理的形成

罪犯心理的形成是一个动态、连续的过程，一般可分为三个阶段。

（一）起始阶段

罪犯心理包含了常态心理、犯罪心理和服刑心理。它们相互作用，相互影响，常态心理和犯罪心理影响服刑心理的形成，服刑心理也反过来影响常态心理和犯罪心理。

犯罪人犯罪心理的形成是罪犯心理形成的起始环节：一是犯罪心理的形成是以社会化过程中形成的不良心理为基础的，与常态心理没有直接关系；二是犯罪是个体触犯《刑法》的行为，实施犯罪行为的称犯罪人，犯罪人的犯罪心理不同于罪犯心理，但罪犯心理一定是在犯罪人犯罪心理的基础上形成的。因此，罪犯心理形成始于犯罪心理的形成，是犯罪人犯罪心理的进一步发展。

（二）关键阶段

犯罪人实施犯罪行为之后，在被侦查、起诉和审判的一系列诉讼过程中，是他们从犯罪心理向刑罚心理逐渐转化的时期，也是他们心理变化最为激烈的时期。这一时期，是刑罚适用阶段，是罪犯心理形成的关键时期。

刑罚适用和定罪量刑对犯罪人的心理影响是巨大的。在侦查、审判阶段，他们处于准服刑的心理状态之中。犯罪人因实施犯罪行为而成为被告，受到刑罚处罚的威胁，此时他们尚抱有幻想，存有"无罪释放或重罪轻判"的侥幸心理，这种侥幸心理也是当初激发和维持他们实施犯罪行为的强大心理支撑点。同时，由于对惩罚处罚的担心，他们的恐惧、忧虑、紧张的心理也表现明显。侦查和审判机关彻底地查清他们的犯罪事实，充分揭露他们犯罪情节、性质和恶性程度，根据有罪必罚和罚当其罪的原则，对他们进行正确的定罪量刑，是刑罚适用公正性的基本要求，也是日后罪犯认罪服判、悔罪服法的重要前提条件，对其形成积极的服刑心理，减少刑罚惩罚的负面效应起到至关重要的作用。

（三）形成阶段

经过前述两个阶段，罪与非罪明确，罪与刑确定，犯罪人成为罪犯。对于罪犯而言，经历诉讼的准服刑心理阶段，被审判机关定罪量刑而被投送到监狱，接受刑罚处罚、监管改造与教育改造，是一个重大挫折和心理应激事件。在这一心理应激源的支配下，面对挫折，经由不同罪犯个体认知评价后，可以引起心理上的不同反应，对犯罪与刑罚会产生新的认知、新的体验和新的态度，对自我也有了新的认识和评价。出现积极的或消极的心理应激反应和心理防御，产生刑罚心理和矫正心理，并最终形成以"自由与再犯——重新做人或重操旧业"为核心的、多层次多方向的罪犯心理。[1]

二、不同服刑阶段罪犯心理特征

罪犯在监狱服刑，大致要分为入监初期、服刑中期和出监前期三个阶段。入监初期，是入监教育时期，一般为入监 3 个月至 6 个月左右；服刑中期，是指结束入监教育后至出监前 6 个月左右；出监前期，大致为临近出监 6 个月左右。

罪犯在不同的服刑阶段，接受教育改造的心态各异，心理特征呈现明显的阶段性。入监初期，罪犯面对的首要问题是调整心态，适应监管环境，确立改造目标。服刑中期，罪犯面对的主要是如何全面完成改造任务。出监前期，罪犯面对回归社会，做好出监前的准备以适应社会生活是当务之急。

（一）服刑初期罪犯心理特征

从一个自由公民到罪犯的巨大心理落差，会引发罪犯不同程度的心理问题，这一阶段的心理以情绪不稳定为主要特征。

1. 恐惧和焦虑。入狱后，罪犯与熟悉的社会环境隔离，森严的高墙电网和严格的监规纪律，会让过惯自由生活的人感到极不适应，产生恐惧、焦虑等心理。恐惧心理主要表现为：一是对监狱警察的恐惧，严重的情况则是罪犯一见到监狱警察便紧张、害怕；二是对其他罪犯的恐惧，担心先期入监的罪犯欺负自己；三是对监狱环境的恐惧，主要是担心吃不饱、睡不好、劳动繁重等；还有的罪犯因有余罪未坦白或私藏违禁品，整日心有余悸，忐忑不安。焦虑心理主要表现为：情绪烦躁不安，考虑问题多，白天疲倦无力，夜间噩梦连连，甚至哭哭啼啼，愁闷不语，内心焦躁不安。

2. 失落与悲观心理。罪犯入监后，被剥夺人身自由，甚至被剥夺政治权利，以前

---

[1] 杨威：《罪犯心理学》，中国民主法制出版社 2009 年版，第 14 页。

的"辉煌"已远去,感到一无所有,心里感觉怅然、失落。并且因为犯罪打破了其原有的生活理想,受到社会的谴责,给社会、受害人家庭、亲友带来了不可估量的痛苦和损失,也使自己的一切都蒙上了一层阴影,由此产生悲观情绪。有的面对遥遥刑期,不知何时是尽头,甚至对自己能否活着出去都丧失了信心,产生自杀意念或行为等。

3. 自卑感和抑郁情绪。经历了巨大人生挫折的罪犯,很容易自我否定,促发自惭形秽的情绪体验,产生自卑心理。自卑感是一种觉得自己不如他人并因此而苦恼的心理状态。自卑感严重的罪犯,常常对自己的能力、品质等作出不符合实际的过低评价,总认为自己比别人差而悲观失望、丧失信心,心理活动会失去平衡,由此引发抑郁情绪。甚至最敏感的心血管系统都会受到损害。生理上的变化反过来又影响心理变化,加重人的自卑心理。

(二)服刑中期罪犯心理特征

入监教育之后,罪犯虽然逐渐适应了监狱生活环境,进入了改造适应期,但也面临一些新的问题,如人际关系、家庭婚姻问题等,在心理上呈现出不同于服刑初期的若干特征。

1. 嫉妒心理。嫉妒,是对他人所具有的长处、优势不服气并伴随产生的一种不愉快的情感体验,是一种既伤害别人,也伤害自己的消极心理。罪犯的嫉妒心理,主要表现为三种状态:一是痛苦和忧伤,看到别人在某些方面超过自己,就陷入痛苦、忧伤的泥潭中,自哀自叹,有的甚至自暴自弃、破罐破摔,认为"反正我不如别人,再努力也没什么用了,还不如就这样混混算了";二是怨恨和敌意,一旦看到同犯有比自己强、比自己占优势的地方,就极力讽刺、挖苦,有的甚至故意找茬,让别人"东边日出西边雨",这边得意那边失意;三是幸灾乐祸,看到别人比自己强,不是努力赶超,而是希望别人倒霉、栽跟头。对于那些在他眼里比自己强的人,一旦遇到困难和挫折,就暗自高兴,一副看笑话的架势,巴不得别人再糟糕一点,再倒霉一点。

2. 猜疑心理。猜疑心理往往与嫉妒心理相伴而生,其实质是一种信任感和自信心的缺乏。罪犯的猜疑心理具有两种表现形式:一是无中生有。在现实的改造生活中,有一些人敏感、疑心重,喜欢捕风捉影、妄加揣度,当看到别的罪犯在一起交谈时,就会坐立不安,认为别人是在议论自己,计划着某些阴谋诡计,甚至还有部分人把自己的某些想法与别人的言行联系起来,觉得别人就是在针对自己,觉得某件事就是某人针对自己才干的。在此思维方式的支配下,多疑的人往往还会给自己的想法寻找"证据",并由此形成循环论证,于是许多本不存在的事情就无中生有了。二是疑神疑鬼。俗话说:"疑心生暗鬼。"疑心重的人,常常会毫无依据地进行各种猜测,主观臆造出各种事件,并把这些本身并不存在的东西作为依据,心生成见。这就如戴着有色眼镜看世界,所看到的全是镜片的颜色一样。在罪犯的改造过程中,有许多不良事件都是由于疑心而发生的,如有的罪犯因违反监规受到批评处罚时,不是认真地反省自己的错误,却一会儿认为是这个人汇报的,因为这个人曾与管教民警说过话,一会儿又认为是那个人打的小报告,因为那个人是改造积极分子;若是家里来信说父亲或母亲病了，他便会疑心也许父亲或母亲已经不在人世了；若是家中来信少了，他便会成天想着是不是家中出事了，或是妻子要离婚了。

3. 疑病心理。疑病心理是罪犯对自身的健康状况或身体的某些功能过分关注，以致怀疑患有某种躯体或精神疾病，而与实际情况并不相符，且医生的解释及客观的医疗检查的正常结果不足以消除其固有成见。此类罪犯往往感觉过敏，除对一般强度的外来刺激不堪忍受外，对体腔内脏的正常活动，也能"清晰"地感知并过分关注，如感到体内膨胀、跳动、堵塞、牵扯、扭转、缠绕、流窜、热气上冲等。

4. 自私心理。人的生理的、安全的或者物质的、精神的需要等都是人行为的原始推动力，但是，人的需要受到社会规范、道德伦理、法律法令的制约，不顾社会历史条件的要求，一味想满足自己的各种私欲的人就是具有自私心理的人。自私之心隐藏在个人的需要结构之中，是深层次的心理活动。自私是罪犯中普遍存在的心理现象，有时他们并不能完全察觉到自己的自私心理和行为，相反在侵占别人利益时还常常心安理得。比如有的罪犯为了达到个人目的，不顾他人利益，不顾监规纪律与制度，不择手段，铤而走险，被查实时还百般抵赖，无理取闹。

5. 抑郁心理。抑郁是一种过度忧愁伤感的情绪体验，是在遭受挫折、面对巨大压力等之后的沮丧失望。它是一种愁闷的心理状态。其主要特征是长时间地感到悲哀、绝望、内疚、懊丧、无精打采、闷闷不乐，有惶惶不可终日之感。抑郁是不良情绪，并主要表现为负面影响。

生活中的每个人都曾有过抑郁的体验，由于较之悲伤不仅反应的程度强烈，而且持续时间也较长，给人的危害也就较大。从抑郁的成分上分析，它除含有悲伤外，还伴有痛苦、愤怒、焦虑、自卑感、罪恶感、羞耻感等情绪。罪犯的抑郁，是罪犯在改造中长期受各种内外因素的交互影响而产生和积累的愁闷心理。长期过度抑郁，有可能导致自伤自残甚至自杀心理和行为的发生。例如，罪犯陈某，犯盗窃罪，被判处8年有期徒刑，服刑3年以来表现一直比较平稳，由于一直都没有获得减刑，因此他开始表现得非常消极，出工不出力，表现一天比一天差，觉得监狱里没有盼头，反正不管表现多好都是一样的，经常出现头晕、头痛、晕眩的情况，还出现活着没意思等消极念头。这是罪犯陈某在改造中遇到无法获得减刑的困难与挫折，心情苦闷而导致的抑郁。

6. 性心理问题。当前我国监狱罪犯，正常的性需求被限制和压抑，但罪犯渴求性满足的心理仍然存在。因此，罪犯普遍存在着性需要与性满足之间的心理冲突，表现出性行为的代偿方式或满足性心理的替代方式，常见有手淫和同性恋。

(1) 手淫。手淫是一种性自慰方式，是性欲冲动时用手玩弄生殖器引起性快感、性欲满足或射精的行为。手淫被认为是一种消除性紧张的方式。性学家调查研究表明，是否手淫与神经衰弱、精神分裂、人格障碍、支气管哮喘、前列腺炎等身心疾病都无关系，对个体的智能、成就、社会适应能力也无影响。这说明手淫并不像有的人所说的那么可怕，有这种行为习惯的人不必过分担忧。手淫最大的问题在心理方面。有性学专家指出，手淫本身并不可怕，可怕的是对手淫的态度。有手淫行为的人常常引发内疚、焦虑、自卑等不良心理。一方面，由于受传统观念的影响，认为手淫会导致"耗精伤髓、大伤元气"，不仅是百病之源，将来也可能影响正常的性生活；另一方面，由于不能自制，会导致心里矛盾重重，痛苦不堪。不过，如果手淫频繁导致精力不济、注意力集中困难等问题，还是需要给予注意。

（2）同性恋。同性恋是一种性心理指向上的差异，是指将性对象指向同性的一种性心理或性行为。罪犯同性恋问题应得到正确认识。2001年4月中华精神学会通过的《中国精神障碍分类方案与诊断标准》，不再笼统地把同性恋认定为"精神障碍"或"性变态"，仅在个体对自身性取向的认同或适应不良时才认定为"精神障碍"，即"同性恋的性活动不一定是心理异常表现，只有由于同性恋性行为导致了心理矛盾、焦虑，严重影响正常的生活和学习，才被认为是性心理障碍"。另外，同性恋现象是一种客观存在。同性恋不是当事人故意所为，因此同性恋者对自己的性指向本身不负责任，与不道德或罪错无关。同性恋不是心理异常，处理不当所造成的一系列的情绪问题才是关键所在。

同性恋分为两类：一类是真性同性恋，是指由于自幼接受不恰当的家庭教育，导致性别角色的错位而形成的。如家庭因无女孩，将最小的男孩子视作女孩规范教育，起女孩名字，穿女孩服装，和女孩在一起玩耍等，最终导致成年后男性心理退化，女性心理增强，产生同性恋心理。第二类是假性同性恋，是指在特定环境下正常的性活动难以实现，为满足性需要而不得已指向同性的心理状态或行为。

罪犯中的同性恋大多为假性同性恋，多发生在服刑时间较长的罪犯身上。主要的原因是力图寻找性能量的发泄和感情的相互抚慰。前者在男性罪犯中多见，后者在女性罪犯中常见。由于监规纪律不允许同性恋的存在，我国的传统文化也对同性恋持有鄙视、厌恶和排斥的态度，因此，同性恋罪犯在心理上承受着较大的心理压力，有的甚至陷入痛苦的深渊，承载着难以自拔的痛苦和无奈，有的还可能导致自暴自弃，玩世不恭，甚至因为"争风吃醋"铤而走险。如罪犯赵某，因盗窃罪被判处有期徒刑2年6个月，同时被检测出HIV阳性。经了解该罪犯具有同性恋的特征：捕前，赵某在某企业当一线操作工，住单位四人间宿舍。平时下班后，赵某就会找几位老乡一起吃喝玩乐，其中一位有偷盗习惯的老乡让他一起去单位四周商店寻找偷窃的机会，一共偷窃成功2次，盗窃获得的金额和赃物达2万余元。此后，赵某在单位认识了一位非常热情、经常帮他忙的"大哥"。这位"大哥"经常让赵某一起陪他，同时关心赵某的日常生活。经过大约半年的来往，赵某就喜欢上了这位"大哥"。由于不知道其已经感染艾滋病，导致赵某也感染了艾滋病病毒。赵某的同性恋行为属于感情的相互抚慰而形成的假性同性恋。

（三）出监前期罪犯心理特征

罪犯刑满释放，既有与亲人团聚、重新踏入社会的欢喜之心，也不乏难于融入社会与家庭的焦躁之忧。因此，罪犯在刑满释放前一年至半年时间里，往往情绪波动较大，表现出独特的出监前期心理特征。

1. 欣喜与忧虑的冲突。回归社会，与家人团聚，罪犯大多欣喜激动，这是对新生自由的渴望，也是对美好生活的向往。但兴奋高兴之余，又不得不冷静思考自己的未来，如何安排出狱后的生活，如何适应久违了的社会生活等一系列问题又萦绕在心头，总觉得没有着落，不踏实。还有的平日里思念亲人，真要回到亲人身边又陡生畏惧之感。所以，大多数出监前期的罪犯存在既欣喜又忧虑的心理冲突。

2. 自卑与自尊的冲突。自卑是因为自己曾是服过刑的人，在别人面前抬不起头；自尊是因为自己还是个要脸面的人，不能被人瞧不起，所以，出监前期的罪犯在考虑出监后的生活时容易产生自卑与自尊的矛盾冲突。尤其是入监前是知识分子、有一定社会地位的罪犯，这种不安的冲突心理更为突出。

3. 守法与违法的冲突。绝大多数罪犯经过服刑改造后，建立了新的道德观念和行为准则，但由于某些社会不正之风的存在，加之心存嫉妒、报复心理，使刚刚建立起来的生活信念和人生准则发生动摇，面临考验，认为"道德是假的，理想是空的，一切说教都是十足的伪善和欺骗，只有金钱才是最实在的"。在这种心态指导下就很容易滑向重新犯罪的歧途。因此，罪犯应加强意志锻炼，正确对待主观与客观之间的差异，妥善处理守法与违法的心理冲突。

4. 放松与约束的冲突。据调查，出监前期的罪犯违规率比正常改造的罪犯高10%左右，其中一个重要原因是罪犯角色意识淡化，纪律观念松懈。有的认为多年的改造生活都过来了，进入改造后期，没有必要再苦自己了，只要不严重违规违纪，有点小毛病没什么了不起的，没有功劳还有苦劳呢，自己稍松点，警察不会严格管理。在这种心理的影响下，日常改造中就会出现纪律松懈、不遵守制度、完不成生产任务的现象。有的甚至不顾以前所挣的奖励基础，为了一时逞强铤而走险，与他人大打出手，直至严重违反监规纪律，受到应有的惩罚。还有的虽然没有严重违纪，但小毛病不断，在前期改造中不敢做的事情，到了后期经常试探着做，如在监舍内吸烟、不按时作息、伙吃伙喝等。还有的逞强好胜心理膨胀，事事不愿吃亏，表现得比其他罪犯高人一等，好像自己不是一名罪犯了。责任意识减弱，表现在日常改造中就是不打扫卫生，不洗刷饭具。原先劳动干得不错的罪犯也只有表现在完成任务上，多干一点也不情愿，而且对其他罪犯讲：干那么多有什么用，只要完成任务，别让政府找着就行了。对超额完成任务的罪犯冷嘲热讽等。上述心理和行为表现必然受到监规纪律的严厉打击，罪犯因此形成放松与约束的心理矛盾冲突。

另外，个别罪犯还存在一些不良心理和态度。一是报复心理。对执法者、被害人、检举人、证人一直怀恨在心的罪犯，刑满释放前怀着一颗报仇的心，开始筹划报复的计划，因而心绪难平。二是重操旧业心理。对于那些混刑度日的罪犯来说，急切地盼望着自己早日重返社会、重操旧业。三是无所谓心理。部分罪犯犯罪时就抱有侥幸心理，"逮着是你的，逮不着是我的"。特别是刑期较短的，更不在乎早走几天晚走几天，认为反正差不了多少，到期走人就行。有的罪犯幼稚地认为，在监狱有吃、有穿、有住，出去也得挣饭吃，在哪都是吃饭，什么时候出去顺其自然。对前途失去信心的罪犯认为，自己与世无争，当一天和尚撞一天钟，甚至可以不撞钟，自生自灭，怎么都是一生，甚至产生不思回归的心理。

学习任务三　罪犯心理的变化形态

一、罪犯心理的良性转化

罪犯心理的转化，即罪犯心理的良性发展，是罪犯在服刑期间，心理变化符合教育改造的目标和重新社会化的要求，犯罪心理不断消除，守法心理逐渐形成的过程。

（一）影响罪犯心理转化的因素

罪犯心理的转化，既受外部环境因素，诸如社会因素、家庭因素、监狱环境因素、刑罚惩罚因素、管教民警等因素的影响，也受内在心理因素，如法制观念、道德观念、人生价值观、悔过心理等的制约。这些内外因素相互配合、相互作用，最终促使罪犯的心理向积极方面发展。

外因通过内因而起作用，在影响心理转化的诸多因素中，罪犯内在的心理因素是主导性因素。法制观念、道德观念、人生价值观等影响着每个人的一生，它们每时每刻都起着重要作用。罪犯在接受教育改造的过程中，法制观念慢慢得到重建，道德观念得到恢复，人生价值观又回到了正确的道路上。法制观念、道德观念、人生价值观的正常化推动着罪犯心理转化。悔过自新是罪犯真正认识到自己所犯罪行对社会、家庭、被害人及自己所带来的严重后果，从内心认罪服法，愿意重新做人。这是罪犯心理转化的最重要的内在动力因素。

在外部因素中，管教民警起着重要作用。他们是刑罚执行的主体，对罪犯的管理、教育和疏导在教育改造中起着重要作用。罪犯正确的人生观、价值观、法制观念、道德观念的形成，良好行为习惯的养成，需要他们付出不懈的努力。另外，罪犯群体的共同舆论和共同规范，也是罪犯心理转化的外部因素。

（二）罪犯心理转化的过程

罪犯心理转化是罪犯从消极改造向积极改造的心理过程，从本质上看，是罪犯改造态度的转变过程，也是罪犯的再社会化过程。罪犯心理转化一般都要经历服从、同化、内化三个阶段。

1. 服从阶段。罪犯在服刑的初期，从表面上看，能服从监督或管理，态度似乎发生了变化，但其犯罪心理依然根深蒂固，各种不良情绪如抵触情绪、否认心理、不服判心理、恐惧心理等依然存在。经过多种形式的教育矫治，罪犯的思想才渐起变化，对自己的罪行也开始有初步的认识，服从阶段是罪犯参与积极改造的前提和基础。

2. 同化阶段。经过一段时间的教育改造，罪犯逐渐适应监狱环境，对自己的罪行也有了一定认识，此时，他们能面对现实，进行深入的反思，产生了积极的改造动机。当然，在同化阶段，由于罪犯原有的违法犯罪心理具有顽固性，导致他们出现思想和心理上的动摇或倒退。罪犯思想和心理的动摇反复是同化阶段的一种正常心理现象。

3. 内化阶段。罪犯在这个时期，已基本适应了监狱环境，也清楚自己的社会角色，其犯罪心理基本消除，正确的人生观、价值观、道德观、法制观等已基本恢复或建立起来，对改造已有了明确的计划和目标，遇到挫折也能正确对待而不是感情用事。此时，罪犯开始从内心深处接受教育改造，虽然有时会有思想波动，但总体而言比较平稳，进入了自觉改造的阶段。罪犯的心理内化过程就是其再社会化的过程，因此，其内化的作用机制，就是个体再社会化过程的心理机制，也是罪犯心理转化的重要机制。

（三）罪犯心理转化的规律

根据叶扬等人的研究，罪犯矫正心理在运行过程中具有周期性变化的规律，如图 5.1。从 A 点到 B 点，罪犯矫正心理快速上升，B 点是相对高点。从 B 点到 C 点，罪犯矫正心理回落，他们的信心动摇，矫正心理水平比 B 点略下降。从 C 点到 D 点，罪犯矫正心理再次快速上升。由此可见，罪犯心理转化的过程不是一蹴而就的，而是一个动态的、曲折发展的螺旋式上升过程。

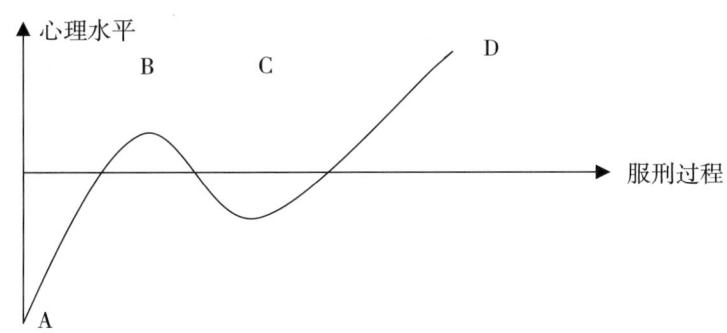

图 5.1　罪犯心理周期性变化模式

二、罪犯心理的恶性变化

罪犯心理的恶性变化是指罪犯在服刑期间，由于原有犯罪心理的延续，或受其他不良因素的影响，其心理发展的方向不符合重新社会化的要求和教育改造的目标，导致抗拒改造的心理和行为出现。罪犯心理的恶性变化主要由相互间的感染造成。

（一）感染的途径

罪犯的恶性变化是其原有不良心理和新的不良心理相互作用而形成的。主要途径是罪犯相互间恶习劣行的感染。这种感染分为交叉感染和深度感染。

交叉感染包含两层含义：一是相互性，即罪犯既是感染者，又是被感染者。二是罪犯感染了与原有恶习劣行不同的新的恶习劣行。

深度感染，是指罪犯经过与其他同类型罪犯的消极互动，进一步加深了原来的恶习劣行。尽管监狱对罪犯的直接管理和定置定位管理的要求严格，但是罪犯在监管场所进行集体学习和劳动，过着群体生活，所以相互间的感染在所难免。

罪犯季某自服刑改造以来，由于受到同组消极改造罪犯的影响，一直不能适应监狱的改造环境，逐步产生了放弃改造、逃避改造的念头，并萌生伺机脱逃的想法。季某原打算混出监区后，选好合适位置，躲避武警岗楼，翻越围墙逃跑，但一直找不到逃脱的机会。某日，季犯因私制鞋垫，又不服从管教被扣思想分。扣分后该犯对改造丧失了信心，情绪绝望，产生了自杀的念头。季某利用晚上的时间，趁其他罪犯不注意在小组内写好遗书，放在学习用的书包内，并打算在厂房内用车位上的剪刀割腕自杀。此后由于监狱警察多次谈话教育，使季某的自杀念头有所动摇，思想斗争比较激烈，一直未实施自杀的行为。罪犯季某消极的行为，显然受到了其他罪犯的相互感染，好在监狱警察管教及时到位，才避免了事故的发生。

（二）感染的方式

罪犯感染的方式有以下几种：一是传授与教唆。主要是具有反社会人格的累犯，对一些初次接受教育改造的罪犯，有意识地传授或教唆犯罪行为和犯罪思想。二是潜移默化的影响。由于罪犯私下关系较正式群体之间的关系更为紧密，因此耳濡目染，罪犯间消极亚文化的传播有时比教育改造的主流文化更容易传播、感染和扩散。三是主动学习。少部分罪犯出于逃避惩罚、对抗教育改造的目的，主动地、有意识地学习其他罪犯的一些犯罪技能，或反教育改造的做法和经验。

在感染过程中，感染者对被感染者的影响往往不是发生在个体之间，而是通过群体的多重互动综合产生作用的，因此，发生在非正式群体内部的感染具有放大效应。

 思考题

1. 影响罪犯心理形成的因素有哪些？
2. 简述罪犯出监前期的心理特征。
3. 简述罪犯心理转化的三个阶段。

专题六　罪犯改造动机与服刑态度分析

> 罪犯改造动机和服刑态度是罪犯心理分析中的重要内容。罪犯改造动机和服刑态度直接决定罪犯在监狱中的改造表现和改造行为。对罪犯的心理矫正，其核心任务之一就是分析罪犯在服刑过程中所持有的改造动机和服刑态度，转变罪犯错误的改造动机和服刑态度，培养罪犯积极的改造动机和服刑态度。对于罪犯改造动机和服刑态度的分析，将有助于我们全面认识罪犯服刑心理，矫正罪犯改造动机和服刑态度，提高罪犯改造质量。

学习任务一　罪犯改造动机

罪犯在监狱改造过程中，呈现出四种改造表现和行为：一般改造、积极改造、消极改造和抗拒改造，罪犯出现的这四种改造表现直接反映出他们改造的内在动力和原因。这就需要分析罪犯的改造动机。

一、什么是罪犯改造动机

（一）什么是动机

人的行为是由一定的原因引起的，这些原因有外在因素，也有内在的动力，这个动力就是动机。动机是指引起、维持和促进个体行动的内在力量。

动机产生的两个必要条件：

1. 个体的需要，又称内驱力。当一个人的需要未得到满足时，自身平衡状态便受到破坏，造成生理或心理上的压力或紧张。为了解除这些压力或紧张，便产生某种内部力量，从生理或心理上提高对能满足需要的刺激的反应能力，这种内部力量就被称为内驱力。

个体需要结构是由生理性需要和社会性需要构成的。生理性需要是先天具有的，与生俱来的，如饥渴、睡眠、回避痛苦等。满足生理性需要的内部力量叫做生理性的内驱力，也称一级内驱力。社会性需要是在生理性需要的基础上发展起来的，是后天获得的，满足社会性需要的力量叫做社会性的内驱力，也称二级内驱力。如希望得到认可、尊重与赞扬的内驱力，以及加入社会群体，要求独立自主、逃避惩罚和孤独等内驱力。因此，个体的需要结构是产生动机的基础。

2. 诱因，又称行为目标。诱因是指激起动机的外部因素，包括能满足个体内在需要的客体、情境和事件。由于诱因是引发动机的目标物，所以它具有诱发或激起指向目标的行为的作用。诱因可以是存在于眼前能立即得到的东西，也可以是长远的、经过一段时间才能得到的东西。有时，诱因体现为一些小目标，而这些小目标之所以值得向往，是因为它们通向遥远的更有意义的大目标。

动机是以作为内因的内驱力和作为外因的诱因为必要条件而存在的。同时个体经验也对动机的形成具有很大的影响。

动机具有三层含义：

第一，活动性。个体为了满足某种需要产生了活动倾向，这种倾向的出现对其行为具有推动作用，表现为行为的发生和加强；

第二，选择性。个体的行为被推动后，其活动总是指向一定的目标，相应地忽视其他方面，从而表现出明显的选择性；

第三，坚持性。为了达到这一目标，个体必须将其行为维持一段时间，从而表现为坚持追求的愿望和态度。

（二）什么是改造动机

改造动机是指在罪犯的某种需要基础上产生的，引起、维持和促进罪犯实施某种改造表现和行为，以达到一定目的的内部动力。罪犯改造动机同其他行为动机一样，也来源于罪犯改造的需要，它所推动的改造行为，正是为了达到一定的改造目的，从而使罪犯的需要得到满足。因此，罪犯的需要不同，产生的改造动机就会有所不同，所推动的改造行为、达到的改造目的就会存在一定差异。

例如，罪犯赵某，因渎职罪被判刑入监后，深刻认识到自己的犯罪给国家和他人造成重大财产和生命损失，深感罪孽深重，因而产生认罪服判、真诚悔悟、重新做人的积极改造动机。

1. 罪犯改造动机产生的必要条件。

（1）罪犯的需要。罪犯的需要由生理性需要和社会性需要构成，罪犯为了满足吃、喝、睡、避免身体病痛等生理性需要而产生生理性内驱力，即一级内驱力，这是生理性（低级）动机。罪犯为了实现得到监狱警察和其他罪犯的认可、尊重、赞扬、加入正性群体、获得自由和自主、逃避惩罚和孤独等社会性需要而产生社会性的内驱力，即二级内驱力，这是社会性（高级）动机。罪犯的需要结构是产生改造动机的基础。

（2）改造目标。它直接影响改造动机的方向性和强弱度。改造目标就是能够激起罪犯改造动机的外部条件，主要包括监管改造的环境、监狱警察素质和奖惩制度等。改造目标对激发罪犯改造动机所产生的效果和作用的大小，取决于改造目标的方向性和强度，以及罪犯对改造目标所反映活动的选择性和倾向性。

改造目标的方向性，也就是指改造动机所指向的目标，目标越明确，改造动机的清晰度就越高，罪犯就更加知道自己应该做什么而不该做什么；反之，目标模糊不清，则改造动机的清晰度也就越低，罪犯缺乏明确的目标指引，从而导致费力而无效的活动。

改造目标的强度，是指激发罪犯改造动机力量的大小，一般来说，改造目标的强度越大，则改造动机越强，反之亦然。但由于罪犯之间的个体差异性，罪犯对改造目标的反应是不同的，因而会出现改造目标的强度虽然很大，但改造动机较弱的情况，这主要是受罪犯个体经验影响的结果。罪犯个体经验与其生活经历与犯罪经历有关。罪犯个体经验一旦形成，罪犯就对监管条件刺激的含义产生各不相同的理解，从而决定自身的改造动机。

2. 改造动机是多种条件因素共同作用的结果。改造动机体系中虽然存在各种各样的动机，但其中必有一种起支配作用的主导动机。主导动机的发展方向和趋势，取决于多种条件因素的共同作用。其中至关重要的条件因素是：

（1）主观因素。主要有：①罪犯原有的犯罪心理状况；②罪犯的需要结构；③罪犯对刑罚和改造所持的态度；④罪犯对前途和未来的认识；⑤罪犯对监管改造环境、监狱警察的认知态度；⑥罪犯的正常的心理特征，如罪犯的正常认知、人格及自我意识的强弱等。

（2）客观因素。主要有：①罪犯在监狱的基本生活保障条件；②监狱改造环境；③监狱警察教育管理的作用力；④劳动改造的适度性和教育性；⑤社会环境对监狱环境的影响。

上述多种因素，就其动机的积极方面来说，将产生"向上"的推动力，就其消极方面来说，将产生"下滑"的作用力，如果相互之间的作用力相等，则彼此抵消，使罪犯处于"徘徊观望"的状态，产生既不认真改造，又不违反监规，混刑度日的动机。任何一个罪犯的改造动机，每时每刻都处在各种客观因素和自身心理倾向相协调、相融合或相矛盾、相冲突的相互作用之中。这种作用不断发展变化所形成的轨迹，就是罪犯变化着的主导改造动机及其外部表现。

3. 罪犯的改造动机是罪犯矛盾心理斗争的结果。一个罪犯改造动机的最终形成及其发展变化，不只是一般的作用力互相牵制的作用，也是新与旧、正确与错误两种性质的动机矛盾斗争的过程。

由于罪犯原有的违法犯罪心理依然存在，他们原有的违法犯罪需要和形成的各种不良需要并没有消除，因此，为了满足这些需要，罪犯会经常产生某种违反监规纪律甚至违法犯罪的驱动力量。

每个罪犯，即使是罪恶很深的罪犯，仍然有与正常人相同或相近的常态心理和需要，这些常态心理和需要在罪犯受到监管环境及各种改造措施的影响下，逐渐恢复并日趋显著。罪犯为了满足常态心理和需要，就会产生满足这些需要的内部驱力。

因此，在同一罪犯的身上，存在着两种性质截然相反的动机体系，两者之间的互不相容必然导致激烈的动机斗争。动机斗争的内容非常复杂，因人而异，但归根到底还是围绕自我需要、自我意识和改造目标这个核心问题而展开，监狱警察要正确引导、推动和促进罪犯自我需要、自我意识和改造目标的形成，从而使罪犯形成积极的改造动机。

二、改造动机的特征

罪犯改造动机是一个多领域、多层次的矛盾复合体,不同内容、层次甚至相互矛盾的改造动机,以一定的关系组合在一起,构成一个不断发展的动机体系。改造动机主要表现为以下特征:

(一) 复杂性

罪犯改造动机不是单一的,而是复杂的、多样的,它反映了罪犯内心的需求矛盾冲突。某些具有积极改造动机的罪犯,也可能存在着不同程度的"让其他罪犯听我的、尊敬我、服从我""减刑第一""既要让干部满意,又不能得罪其他罪犯"和"留恋犯罪生活"等消极的改造动机,不过这些消极的改造动机势头较弱,未能占据主导地位。在抗拒改造的罪犯心理上,也可能包含着某些积极因素,如"为了不让父母担心,我忍一忍""早日获得自由""某队长对我好,他值班时我不给他找麻烦"等动机。在表现一般的罪犯中,更是充满多种动机的矛盾斗争。

(二) 宽广性

罪犯改造动机,涉及不同的领域和方面。改造动机的核心虽然是个人的改造前途,但辐射的范围较宽广。

政治方面的动机:拥护或反对共产党的领导、社会主义道路、习近平新时代中国特色社会主义理论等。

法律方面的动机:认罪悔罪或不认罪,畏惧或不惧加刑,争取减刑等。

道德方面的动机:唯恐对不起亲人的规劝;打算检举坏人坏事,又有强烈的"哥们义气";想服从管教又担心别的罪犯说他"掉价""无能"等。

经济方面的动机:获得超产奖励、学习技术,掌握谋生本领等。

总之,罪犯的改造动机具有宽广性,它既有考虑个人利益、前途方面的动机,也有关心改造集体荣誉和国家利益的动机等。

(三) 层次性

罪犯改造动机的层次性,主要表现为罪犯改造动机的多样化,不同的动机在整个动机体系中有强有弱,有主有次,有先有后。改造动机中既有起推动和促进作用,在罪犯改造中动力最强的主导动机,又有起着调节和影响作用,力量较小的辅助动机。如积极主动改造的罪犯,其主导动机是"争取减刑奖励,早日刑满释放",同时也有"学文化、学技术"等辅助动机。罪犯的改造动机既有近期动机,又有长远动机,如近期动机是"求得干部的好印象",长远动机是"做一个对社会有益的人"。此外,许多罪犯的正确动机与错误动机此消彼长,交替出现,也显示出其多层次性。

(四) 差异性

罪犯改造动机的差异性主要表现在四个方面。

1. 罪犯改造动机的个体差异。不同刑期、不同犯罪类型、不同处遇的罪犯改造动机具有一定的差异性。例如,重刑犯和轻刑犯之间的差异性,"多进宫"罪犯和"初进官"罪犯之间的差异性，严管犯和宽管犯之间的差异性，等等。

2. 罪犯改造动机在选择性上的差异性。罪犯受到自我意识和主体经验的影响，对监管改造产生各不相同的理解，从而产生的改造动机也是各不相同。

3. 罪犯改造动机在强度上的差异性。罪犯由于在认知水平、性格、意志以及监狱改造环境和民警教育改造工作力度、劳动强度等方面存在的差异，因而他们的改造动机强度是不同的。例如，同为具有积极改造动机的罪犯，其积极改造的程度也有所不同；同为具有消极改造动机的罪犯，或抗改顽固分子，他们消极改造或反改造动机的强度也是不同的。

4. 罪犯改造动机在持久性方面的差异性。罪犯改造动机产生后，受罪犯个体和监狱各种主客观因素的影响，不是一成不变的，而是处在发展变化之中。例如，有的罪犯意志薄弱，控制力差，积极改造的动机即使形成了，也可能不会保持多久，而发生动机的转换与反复。

某监狱对600名罪犯进行了改造动机问卷调查，根据统计，其改造动机的情况是：

第一，总体情况。一是罪犯总体改造动机处于较低水平；二是改造动机的产生主要源于外部诱因，诸如刑事奖励、早日回归、报答家人等。

第二，多个改造动机并存。有些改造积极分子，同时有"报答亲人的支持、忏悔过错、早日回归"等动机。抗拒改造的罪犯也有多种抗改动机，如"对抗监狱警察""哥们义气""判刑不公"等，只是某一方面的动机较为突出。

第三，罪犯改造动机复杂多样。改造积极的罪犯也存在"看不到光明前途、留恋犯罪生活"等消极因素；而在抗拒改造的罪犯中，改造动机中也有积极的因素，表现一般的罪犯，更是充满了多种动机的矛盾冲突。

第四，罪犯改造动机层次多样。既有经济方面的改造动机，如"为了超产奖、提高劳动技能"，也有法律方面的改造动机，如"争取刑事奖励"，还有道德方面的动机冲突，如"想破罐破摔又不愿对不起亲人""想服从管理又不愿被其他罪犯笑话"。

第五，主导改造动机与辅助动机并存。既有起支配作用的主导改造动机，如"争取减刑假释"，也有起调节作用的辅助动机，如"掌握劳动技能"；既有短期动机，如"获得监狱警察的肯定评价"，也有长远动机，如"完善自我，不再走向犯罪"。

三、罪犯改造动机的类型

罪犯改造动机复杂多样，根据不同的标准可以对改造动机进行不同类型划分。根据动机的来源，改造动机分为内在动机和外在动机；根据动机产生的内在原因，改造动机分为成就动机、亲和动机和权力动机；根据动机维持的时间长短不同，改造动机分为长远动机和短期动机；根据动机的作用不同，改造动机分为主导动机和辅助动机；根据动机的积极性程度不同，改造动机分为积极改造动机、服从改造动机、混刑度日改造动机和抗拒改造动机。下面重点分析根据动机的积极性不同所划分的四种罪犯改造动机。

（一）积极改造动机

积极改造动机是指引导、推动和促进罪犯主动、自觉地产生认罪悔罪、重新做人的积极改造行为的内部力量。这种改造动机是在罪犯形成改恶向善的需要的基础上产生的，它是监狱机关和监狱警察最希望罪犯产生的改造动机。这种动机并不是每个罪犯都有，也不是罪犯入狱伊始就可以产生，它是罪犯入狱后，在各种改造措施对罪犯产生一定作用之后，才逐渐形成和发展起来的，是罪犯改造动机的最高境界。

积极改造动机特点：

1. 罪犯认罪服判。罪犯对自己的罪行有了深刻认识，痛恨自己的过去，对自己给他人和国家造成的损失悔恨内疚。

2. 罪犯有改恶向善的需要。这为罪犯形成积极改造动机提供了内在动力。

3. 罪犯争取早日新生的愿望迫切。罪犯产生改变旧我、塑造新我的强烈愿望，能自觉按照监规纪律的要求去做，并始终朝着早日成为新人的方向努力，并且通过积极努力改变自己的行动，使自己的目标越来越近。

4. 罪犯改造行为积极。罪犯在学习、劳动、生活、言行等方面都有积极的表现，能遵守监规纪律，积极配合监狱警察的工作，在日常改造表现中能起到模范带头作用。

同时，监狱机关和监狱警察还要为罪犯创造有利于其积极改造的良好外部环境，确立对其有吸引力的改造目标并予以强化，这样，在内外两种力量的共同作用下，罪犯的积极改造动机真正产生，激发罪犯的积极改造行为。

（二）服从改造动机

服从改造动机是推动罪犯为了达到某种个人目的而产生顺从和服从监狱机关和监狱警察要求的改造行为的内部动力。这种动机从表面上看是带有积极性的，而且它所推动的改造行为也是积极改造的行为，但它与积极改造动机有本质的区别。这种动机并非来自于改恶向善的需要，只是改造目标太具诱惑力或外界压力太大，为了自身安全或满足自己的功利心才产生的改造动机。

例如，罪犯王某，为了在监狱得到好的处遇，让监狱警察对自己有好感，得到更多的减刑奖励，便服从监狱警察的管教，遵守监规纪律，完成劳动任务。

还有某些罪犯为了达到通过减刑、假释等目的，使自己早日离开监狱以便尽快实现报复他人、尽快过上享乐人生或其他不可告人的目的等，也会在服从改造动机推动下"积极"改造。

服从改造动机特点：

1. 功利性明显。罪犯在监狱服刑过程中，对自身利益刻意追求，功利心理更加突出，在改造中表现为急功近利，只要对自己有好处的事就会去做。其积极改造表现只是在装样子，只为能得到奖励或监狱警察的表扬与肯定。

2. 表面性和虚假性。在服从改造动机推动下产生的改造行为，只是一种表面的、虚假的积极行为，它对罪犯可能很实惠，但不能从根本上改造罪犯。抱有服从改造动机的罪犯，往往有一定的对付改造的经验，他们只有在监狱警察面前才会表现得非常积极，却是一种假积极的表现。

3. 具有一定的普遍性。有很大一部分罪犯在很长的改造时间里，都会持有这种表面服从、顺从监狱机关和监狱警察管教的动机。

（三）混刑度日改造动机

混刑度日改造动机是一种消极的改造动机，罪犯没有积极改造的内部动力，也不会表现出服从、顺从，但不会明目张胆地违规违纪，而是抱着过一天算一天的既不积极、也不对抗的改造动机。

混刑度日改造动机特点：

1. 罪犯没有内在积极改造或表面积极改造的需求。罪犯认为在监狱中衣食有保障，与在家没有区别，没有必要为了早点回家而积极改造。

2. 罪犯受外部积极因素的影响较小。即使监狱警察想方设法做罪犯的思想工作，培养他们积极改造的动机，但由于他们缺少积极改造的内在需求，所以，即使产生积极的改造动机，强度也不大，并且在外部支持其改造的力量发生变化（如没有得到减刑奖励、受到批评或处罚等）、遇到困难时，就会失去信心而放弃积极改造的努力。

3. 罪犯受刑期因素影响不大。刑期长，罪犯觉得减少一点刑期也不解决大问题，还是要在监狱中度过漫长的岁月；刑期短，罪犯对减刑的期望更小，认为即使积极表现，也是白费精力，不能达到多减刑的愿望，还不如轻轻松松地混刑度日为好。

4. 平安、轻松地混刑期。罪犯在监狱改造中不求有功，但求无过，平安、轻松地混日子，熬刑期，只求刑满释放，别无他想。

（四）抗拒改造动机

抗拒改造动机是引导、推动罪犯产生消极的、抗拒接受监狱教育改造的内部动力。这种动机是监狱机关和监狱警察最不希望罪犯产生的。

抗拒改造动机特点：

1. 罪犯反改造的内在需求强烈。罪犯拒绝认罪服判，拒绝改变自己，改造目标对其没有吸引力。

2. 破坏监管秩序，对抗监狱警察管教。罪犯不遵守监规纪律，不仅会表现出各种违反监规纪律的行为，甚至会故意制造事端与监狱警察的管教相对抗，破坏正常的监管改造秩序，以达到某种不可告人的个人目的。

3. 自暴自弃。由于监狱对这一类罪犯要求严，施加给他们的改造压力大，更容易导致他们逆反行为，自暴自弃，破罐破摔，故意表现出拒绝改造的行为。

总之，不同类型的改造动机决定罪犯产生不同的改造行为和表现。同时罪犯在监狱服刑过程中，会出现多种改造动机，在服刑初期、中期和后期的不同时期，罪犯的改造动机是不同的，在众多改造动机中有一种动机是主导动机，它对罪犯的改造行为和表现起决定作用。因此，监狱警察的工作目标就是：使更多的罪犯产生积极改造动机并使之起到主导作用，使罪犯的服从改造动机向积极改造动机转变，调动混刑度日罪犯的改造积极性，消除罪犯的抗拒改造动机。只有这样，监狱机关的改造工作才能真正达到使罪犯改恶向善的目的。

四、激发和培养罪犯积极改造动机的方法

改造动机是罪犯内在需要的反映,是改造目标吸引力的体现,具有内隐性和实在性,罪犯积极改造动机是能够激发和培养的。

改造动机的激发是指监狱警察把罪犯已经形成的潜在改造需要充分调动起来的过程;改造动机的培养是指监狱警察调动各种积极力量,引导和促进罪犯从没有改造需要到产生改造需要,从而使罪犯形成积极改造动机的过程。

(一) 强化思想教育

对罪犯强化思想教育是培养罪犯积极改造动机的重要方法,思想教育就是把国家对罪犯的要求和希望转化为个体的内在需要。强化思想教育,就是让他们相信,监狱不是为了单纯制裁惩罚他们,而是为了挽救他们,把他们造就成适应社会的新人。

通过深入进行社会主义理想、信念和核心价值观教育,使罪犯了解自己与国家要求、社会主义核心价值观的差距,产生自我矫正与自我完善的需要;通过法律法规教育,使罪犯认识到自己的行为给社会带来的严重危害,从而产生罪责感和服法认错的需要;通过形势政策和前途教育,使罪犯认识到改造的社会意义、改造与个人前途的关系,使他们看到改造的前途,树立起改造信心,通过一系列的思想教育逐步激发和培养罪犯积极改造的动机。

(二) 增强罪犯自信、自尊、自强的内在需要

每个罪犯都存在着或多或少的优点,监狱警察要善于引导罪犯发现自身优点,并积极肯定和鼓励,增强罪犯自信、自尊、自强的内在需要,从而就有可能将这种需要转化为积极的改造动机。例如,罪犯李某的母亲来接见时,钱包被偷,他非常痛恨窃贼,这时可以引导启发他"将心比心",站在受害者的立场上看问题,认识自己罪行的严重性和改造的必要性,激发他改恶向善的内在需要。还有的罪犯拒绝他人拉拢入伙,并向监狱警察汇报,监狱警察要及时予以肯定,从做人的道理上启发他认识自身行为的意义,并予以鼓励,更加坚定其改好的信心。另外,罪犯的某些常态需要,如爱和亲人的需要、交往的需要、尊重的需要等,只要善于引导,也有可能激发罪犯自信、自尊、自强的内在需要,进而激发罪犯积极改造的动机。

(三) 发挥监狱警察的表率作用

在监狱这个特殊环境中,监狱警察必须发挥自身的模范表率作用。凡是要求罪犯遵守的道德准则、行为规范,监狱警察首先要能自己做到,使罪犯产生由衷的敬佩,并懂得区分真善美和假恶丑,产生自觉地学习模仿真善美的意向。长此以往,使他们进一步产生模仿行为,在真善美的陶冶中形成积极改造的动机,逐步塑造自己的内心世界和外部形象。

(四) 营造积极的罪犯群体改造氛围

罪犯的改造动机,不仅是个体心理现象,而且往往因相互交流感染而形成群体心

理。罪犯接触最多的是其他罪犯,他们同吃同住同劳动同学习,彼此间的影响很大。罪犯集体的共同舆论对于罪犯的言行更有举足轻重的作用,在积极改造氛围作用下,一个采取消极改造态度的罪犯也会由从众逐渐同化而内化,树立起积极改造的动机。因此,监狱警察要营造积极的罪犯群体改造环境,营造积极改造的罪犯群体,使罪犯互相之间出现比、帮、赶、超的良好改造氛围,激发和培养罪犯积极改造动机。

(五)发挥累进处遇制度的积极作用

监狱根据罪犯的犯罪性质、刑种、刑期和改造表现,分别实行从严、从宽、普通等多种监管方式,在活动范围、武装看押、生活待遇、通信、会见、收受物品等方面,给予不同待遇。监狱在实行百分考核过程中,以分计奖,当积累到一定分数时,便和申报减刑挂钩。这些做法把调动罪犯改恶从善、重新做人的长远动机与改善监内处遇的短期动机有效地结合起来,使积极改造的结果看得见、摸得着。通过对良好的改造表现予以量化积累,有效地调动大多数罪犯特别是刑期较长罪犯改造的积极性,从制度上激励罪犯形成积极改造动机。

学习任务二　　罪犯服刑态度

一、什么是罪犯服刑态度

(一)什么是态度

社会心理学认为,态度是指个体对一定社会刺激所持有的、具有一定结构、相对稳定和内化了的心理反应倾向。

1. 态度是一种心理反应倾向,一种特殊的心理过程。每个人在对不同人的心理反应上都会有不同的态度,比如对父母、孩子、朋友等的态度都各不相同。态度作为一种心理过程,具有明显的反应倾向性。例如对父母是敬爱和尊重,对兄弟姐妹是关心和爱护,对朋友是互助友爱等。

2. 态度具有一定的结构。态度作为一种心理反应倾向,不仅由多种成分组成,而且呈现出一定的结构。态度是由认知、情感和意向三个因素构成的,具有其独特的心理功能,对人的内隐心理和外显行为起着动力作用。

3. 态度是相对稳定的心理反应倾向。态度是一种持续的心理状态,带有一贯性和稳定性。态度总是针对一定对象,对象不同,态度不同。对父母的态度不同于对兄弟姐妹的态度;对同学的态度,不同于对陌生人的态度;对工作的态度不同于对聊天的态度等。

(二)什么是罪犯服刑态度

罪犯服刑态度是指罪犯对服刑改造这一特定活动所持有的相对稳定的、持久的、内隐的评价和心理反应倾向。

1. 罪犯服刑态度是罪犯对服刑活动的一种特殊心理反应。服刑态度的主体是罪犯。主体所指向的客体则是服刑这一特定活动。服刑活动具有明确的限定，它包括了与服刑有关的监狱环境、制度、改造理念和监狱警察等。服刑态度就是罪犯对服刑活动这一刺激对象产生反应时的一种心理状态。它表现为罪犯作为主体与服刑活动这一客体间的关系。罪犯对服刑这一特定活动的反应就是罪犯的服刑态度。

2. 罪犯服刑态度具有一定的结构。罪犯服刑态度由罪犯对服刑改造的认知、情感和服刑改造意向等多种成分组成，各种成分相互联系、相互制约，形成一定的结构。

3. 罪犯服刑态度是一种相对稳定的、较为持久的评价和心理反应倾向。服刑态度首先是一种评价，是主观的反映。罪犯服刑态度一旦形成便会持续一段时间而不改变，具有相对的稳定性和持久性。例如，罪犯如果对劳动改造持积极的态度，就会在相当长的时间里表现得劳动积极，不会今天积极劳动，而明天就消极怠工。

4. 罪犯服刑态度是一种内隐的特殊心理过程。罪犯服刑态度不能被直接观察到，具有内隐性，它是在其心理过程的基础上对认识、情感、动机等过程的配置，相互间存在着制约关系，并由经验组合而成的。服刑态度作为一种心理反应倾向，含有不同的内容，其中有以认知和情感为主要内容的动机倾向。

二、罪犯服刑态度的功能

（一）认知与唤醒功能

罪犯服刑态度可以使罪犯对自己所处的服刑环境产生新的认知，使罪犯认识、理解发生在自己身边的各种监狱改造活动。罪犯对监狱改造活动进行分析和评价，纳入自己的认知系统。监狱最根本的任务就是将罪犯改造成为合格的守法公民。守法公民的构建基础离不开罪犯对自己犯罪行为的正确认识和评价，以及清醒地意识到服刑生活的必然性和不可避免性等。这些认知和评价就是服刑态度。在罪犯认知和评价的基础上，通过服刑态度可以使罪犯在服刑环境这一特殊刺激下，唤起对"罪犯"这一角色的自然或强迫的理性思考或认识，产生负罪感、羞耻感、内疚感和悔罪感等积极情感，并转化为自己如何面对服刑生活，对改造施以何种行为准备，进而影响实际改造行为的产生。所以，服刑态度起到唤醒、激活服刑改造意识和行为的作用。

（二）激励功能

服刑态度作为一种内隐的、潜在的动机，具有动力作用，它始终推动着罪犯的改造行为。积极、正确的态度会推动罪犯弃恶向善、服从改造。罪犯的服刑态度一旦形成，便会使罪犯对服刑生活的方方面面产生一整套或强或弱的认识和看法以及情绪情感体验和意向、意图，并纳入其认知系统，影响罪犯的选择和判断，它支配着罪犯的认知、思维、情感和行为，决定着罪犯会看到什么、听到什么、想到什么，又做些什么。

积极正确的服刑态度意味着罪犯的选择与改造有积极意义，并激励、推动其产生出符合罪犯改造需要的思想和行为。尽管罪犯的服刑态度尤其在入监的初始阶段会带有明显的功利性，如具有避害趋利、获奖免罚的倾向，他们表面上表现得较为积极，内心却并不端正，常有动机不纯之嫌，但是持久的积极准备状态及实际行为仍会对罪犯的改造认知和情感起到潜移默化的影响作用，最终激励其改造意识和行为的发展。

（三）预测功能

罪犯服刑态度作为改造行为的一种心理准备状态，潜在决定着罪犯对服刑生活作出何种反应、何种行为以及运用何种方式对待与服刑生活相关的各种人和事。罪犯服刑态度不仅对罪犯服刑行为具有这种指导作用，而且对罪犯行为方式及人际交往方式也起着积极的影响作用。积极服刑态度会推动罪犯积极改造，激发其潜力，提高改造效果。所以，对于罪犯服刑态度的认识和评价可以成为监狱警察对罪犯改造的一种分析途径，并从一个方面或一个角度对罪犯的改造表现做出评估和预测。罪犯服刑态度可以作为一类相关指标，为全面认识和评价罪犯改造质量的高低提供预测和参考。

（四）适应和自我保护功能

服刑态度对罪犯具有适应功能和自我保护功能。罪犯为了适应监狱服刑环境，在这一特殊的环境中求生存，获得接受和承认，寻求奖赏与赞许，就必须考虑自己应如何接受改造，用什么样的行为对待服刑活动，并预先做好行动准备。服刑态度可以保证罪犯在一定程度上适应服刑生活。

例如，罪犯对监狱警察的态度就是适应功能的最好体现。罪犯的自我保护功能是指罪犯个体在监狱生活中会遇到来自监狱内外的各种压力，当压力过大时，会造成心理上的不安、困惑、紧张和焦虑等。服刑态度则可以帮助罪犯应对和缓解压力与不适，维持内部协调，起到自我保护的作用。

正是由于适应及自我保护的功能，使得罪犯通过拥有积极的正确的服刑态度来获得心理健康，避免心理问题或心理疾病的产生。这些既是罪犯改造的前提和基础，也是罪犯改造的内容和目标，同时也是罪犯适应监狱服刑生活、顺利回归社会并适应社会生活的有力保障。

三、罪犯服刑态度的结构

罪犯服刑态度由罪犯对服刑改造的认知、情绪情感和行为倾向三种因素构成。

（一）认知因素

认知因素是罪犯对在监狱服刑活动中所有现实的心理认识，包括与服刑活动有关的监狱环境、监规纪律、改造活动、所接受的知识和信念，以及在此基础上形成起来的带有倾向性的思维方式，是对服刑活动的认识、理解和评价。例如，"我认罪服法""我是罪有应得""我要用积极改造洗刷我的罪恶"等。

（二）情绪情感因素

情绪情感因素是罪犯对服刑活动肯定或否定的评价基础上引发的接纳或拒绝、喜爱或厌恶、热情或冷漠、敬重或轻视等情绪情感体验。例如，"我厌恶劳动""我尊重监狱警察""我喜欢监狱开展的文体活动"等。

（三）行为倾向因素

行为倾向因素是指罪犯对服刑活动所准备采取的反应，具有预备性质，是改造行为的直接准备状态。它引导罪犯对服刑活动作出反应。主要表现为"服从或不服从""遵章守纪""抗拒改造""积极改造"等指令。它不等同于外显行为，是一种意向、倾向和偏好，例如，"我想早日恢复自由""我想要成为守法公民""我想拥有一技之长""我想学习法律知识"等。

以上三种因素之间相互影响、相互作用。其中认知因素是基础，情绪情感因素是核心，它调节着态度的表现。但认知与情绪情感因素总是要通过外显的方式影响行为表现，这就必须通过行为倾向因素的作用。行为倾向制约着罪犯对服刑活动的行为方式。

一般而言，服刑态度的三种因素之间是相互协调一致的。例如，罪犯认为判刑是罪有应得，且罪刑相适应，就会为积极适应服刑生活作好相应的心理准备，而不会对改造持厌恶或抵触的情绪。但这三者之间也会产生不一致的情况，例如，某罪犯虽然知道学习法律知识对于认识自己的犯罪行为和法律对自己的量刑适当与否很有帮助，但他可能不喜欢学习，一上法制教育课就昏昏欲睡。在这三种成分中，情感成分起主导作用，对认知和行为倾向具有重要的影响。实践中，常常会听到罪犯这样讲："我知道自己应当做个好人，也应遵守纪律，可就是喜欢我行我素"，或者"我知道自己理应好好劳动，完成指标，才有减刑假释的可能性，可就是讨厌劳动"，等等。因此，只有认知正确了，情感增强了，做好行为准备才是件较容易的事。

四、影响罪犯服刑态度形成的因素

罪犯服刑态度是在罪犯服刑改造中形成的。影响罪犯服刑态度形成的因素主要有以下方面。

（一）监狱环境

监狱环境对罪犯的影响主要是指通过监狱硬件环境和软件环境的相互作用来影响罪犯服刑态度的形成。

1. 监狱的硬件环境。主要包括监狱的监舍环境、劳动环境、监管环境、改造（学习、禁闭）实施设备、武装警戒等，这些因素会对罪犯产生极强的威慑作用，使罪犯服刑态度趋于肯定或积极。

2. 监狱的软件环境。主要包括监狱法律法规、监狱警察的素质及教育管理水平与能力、监狱的规章制度和行为规范、监狱文化、改造手段等，其中监狱警察的素质及教育管理水平与能力，对罪犯服刑态度的形成起着决定性的作用。

监狱环境既有强制力的影响，又有宣传说服教育等潜移默化式的影响。监狱环境作为一种强刺激，直接作用于罪犯的认知和行为倾向，并对罪犯的外在行为具有重要的约束力，迫使罪犯在巨大的压力和威慑力作用下，不得不服从于监狱改造活动，对服刑活动持肯定的或接受的态度。尤其是在罪犯入监的初期阶段，这种影响更为重要。

监狱环境对罪犯的影响是持久的、不间断的。监狱环境的优劣对罪犯服刑态度的影响具有直接性作用。罪犯在良好的监狱环境中改造，更多地接受有利于积极改造的正能量刺激，迫使罪犯产生正性的、积极的服刑态度；如果罪犯在不良的监狱环境中改造，更多地接受不利于服刑改造的负能量刺激，罪犯就会产生否定的、消极的服刑态度。所以，必须重视监狱环境建设，不断优化监狱环境。

与监狱环境密切相关的社会环境也会对罪犯的服刑态度的形成产生一定的影响作用。例如，国家针对监狱和罪犯制定的一系列政策和法律法规，对罪犯改造的要求及对刑满释放人员的帮扶政策，社会对犯罪及罪犯所持的态度，社会及公民对罪犯刑满释放回归社会后的认识和评价等。这类影响作用虽然是间接的、次要的，但却不容忽视。

（二）监区罪犯群体

监区罪犯群体对服刑活动持有何种态度会对罪犯个体的服刑态度形成起到一定的影响。一方面，监区罪犯群体成员间相近的犯罪经历和经验、刑罚处罚、价值观和人生观以及人格缺陷等使得罪犯个体的服刑态度更容易和群体成员接近。另一方面，监区罪犯群体共同的服刑生活，相同的监狱环境和刺激，相同的改造内容，相类似的问题和想法等，也使得罪犯个体的服刑态度更易与监区罪犯群体保持一致。罪犯个体通过观察、模仿学习等方式来习得罪犯群体成员的态度。

罪犯参照群体是罪犯在价值取向上认同的群体。一般情况下，罪犯服刑态度的参照群体就是罪犯自身所属监区的罪犯，但有时罪犯所属的监区也并非是其参照群体，而可能是一个与自己密切相关的、熟悉的、认可的一个群体（学习群体、文体活动群体等）。罪犯参照群体会为罪犯提供评判标准。

罪犯在群体中的身份、地位和关系程度对其自我价值会产生重要的影响。一是所在监区罪犯的行为规范、服刑态度会形成群体压力，迫使罪犯屈从于压力而产生与监区其他罪犯相一致的态度。二是可通过观察、模仿学习监区其他罪犯的态度来满足自己内心的种种需要，使服刑态度与本监区罪犯群体的服刑态度相同或相近似。

（三）罪犯自身

1. 罪犯原有的犯罪经历和态度。罪犯原有的犯罪经历和态度会影响罪犯服刑态度的形成。首先，罪犯原有的犯罪经历和犯罪经验的多少会影响罪犯的服刑态度。其次，初次或多次受到法律惩罚的罪犯，以往在看守所或监狱服刑的经验，特别是由经验所引起的各种情绪后果会直接影响罪犯服刑态度的形成。再次，罪犯原有对法律法规、对自身的犯罪行为、对刑罚处罚及相关机关和人员的态度对罪犯服刑态度起到一定的影响作用。最后，罪犯的经验还会通过泛化等方式影响罪犯服刑态度的形成。例如，一名罪犯在看守所中形成的对公安机关或公安警察的看法和评价，会直接影响其对监狱机关以及监狱警察的态度。

2. 罪犯对刑罚的认知和评价。罪犯，尤其是在入监伊始，对自身受到的刑罚处罚的认识和评价，特别是对法院量刑的看法和评价会对罪犯服刑态度的形成起到极为重要的影响。倘若罪犯认为自己应受到法律制裁，罪不可恕，法院对自己使用刑罚及量刑公正、合理、适当、罪刑相符，就会对服刑持接受、认可和配合的积极态度；相反，如若罪犯认为法律不公、罪刑不符、量刑不当，就会形成对服刑生活的拒绝、排斥、抵触或假服从的消极抗拒态度。

3. 罪犯对改造活动的认知、信念和目标。如果罪犯认为监狱就是使自己成为合格守法公民的场所，并认为通过改造活动可以成为一个新人，对回归社会后的生活也抱有信心，就会形成较为积极的服刑态度。相反，如果罪犯认为监狱就是单纯惩罚罪犯的地方，自己只能慢慢地"熬刑期"，就会形成消极的服刑态度。

（四）奖惩制度

监狱及司法机关对罪犯的奖励（假释、减刑、表扬、物质奖励等）与惩罚（扣分、批评、记过、禁闭、加刑等）制度会直接影响罪犯需要的满足与否，且与罪犯的切身利益密切相关，具有导向性和功利性的特点，所以会直接影响罪犯服刑态度的形成。监狱的奖惩制度及监狱警察对罪犯适用奖惩的公正性、合理性和适时性会对罪犯服刑态度的形成具有极大的影响。同时，对于罪犯服刑态度本身的正、负强化，也会直接作用于罪犯，使其趋向增强积极、正向的服刑态度，减弱消极、负性的服刑态度。

（五）罪犯家庭

罪犯家庭对其服刑态度也有较大的影响。对于身在监狱的罪犯而言，罪从物质到精神对家庭的依赖感和依恋感都很强烈。家庭成员对罪犯的态度，尤其是罪犯入监后的态度会直接或间接地影响罪犯的服刑态度。例如，有的罪犯家庭对罪犯不嫌弃、不抛弃、不放弃，经常到监狱看望罪犯，关心、帮助和鼓励罪犯好好改造，重新做人，从而大大增强了罪犯服刑改造的决心和信心，对罪犯形成积极的服刑态度起到重要的影响作用。相反，有的家庭对罪犯怨恨嫌弃，感到羞耻，采取不问、不管和不要的态度，罪犯则可能会产生相反的消极服刑态度。

五、罪犯积极改造服刑态度的形成阶段

罪犯积极改造服刑态度的形成较为复杂，往往需要经历较长的时间，一般分为以下三个阶段。

（一）表面服从阶段

表面服从阶段是指罪犯迫于某种外在压力，为了获得某种奖励（如表扬、减刑）或是避免受到惩罚（如扣分、批评），按照监狱规范、纪律或监狱警察的意志，形成表面顺从的态度。表面服从阶段是罪犯积极服刑态度形成的起始阶段，也是最为表层的转变。

表面服从阶段主要表现：罪犯的服从表现是被迫的、表面的、权宜性的，多为口是心非，不是发自内心、心甘情愿的服从。当外在压力、监狱规范和行为奖惩消失时，这种服从行为也就立刻终止。例如，罪犯王某为了获得监狱警察的好评，争取加分和减刑，在生产劳动时，当监狱警察在劳动现场，就会表现出遵守监规纪律，爱护工具，

积极劳动。但当监狱警察离开劳动现场，就会停止劳动，与其他罪犯嬉笑打闹，其劳动态度和行为表现与之前判若两人。

由于罪犯心理上具有保持认知一致性的需要，长期的被迫服从形成习惯后，就会逐步转变为自愿服从，并最终导致整个服刑态度发生结构性的变化。

（二）同化阶段

同化阶段是指罪犯在思想或情感上认同监狱的规范或监狱警察管教，从而接受监狱或民警的观念、态度及行为方式或是规范要求，并希望采取一种与之要求相一致的服刑态度或改造行为。

同化阶段的表现：罪犯的服刑态度不再是表面的改变，即不是被迫，而是自愿接受监狱或监狱警察的观点、信念、行为或新的信息，使自己的态度与所要形成的态度相接近。罪犯服刑态度在这一阶段已比服从阶段更进一步，已经从被迫转入自觉接受、自愿进行。这一阶段，罪犯服刑态度形成的动机不再像服从阶段那样，是为了获得奖励或免于惩罚，而是监狱机关或监狱警察希望自己成为什么样的人。

同化能否实现主要取决于罪犯个体所认同的团体或个人是否具有较强的吸引力。在这一阶段，罪犯由于在同化过程中满意地确定了自己与所要认同的监狱或民警的关系，因而采取一种与他人相同的态度和行为。可见，同化能否实现，监狱或民警的吸引力是很重要的因素。但在这时，新的态度还没有同自己原有的全部态度体系相融合。

例如，罪犯张某因认同于自己所在监区的改造集体及监规纪律和行为规范，认同自己的"罪犯"角色，服刑态度与监狱警察对其希望的服刑态度相一致，将自己融入改造集体中。不过此时张某新的服刑态度还没有同自身全部的服刑态度相融合。但长期的认同也终将导致罪犯张某整个服刑态度发生根本性的变化。

（三）内化阶段

内化阶段是罪犯服刑态度形成的最后阶段。罪犯的内心已真正发生了变化，接受了积极改造的观点，对服刑产生正向的、积极的情感，对服刑生活有了新的规划和目标，真正相信并接受监狱及监狱警察或其他矫正者的观点和思想，并将这些观点和思想完全纳入自己的思想体系中，成为自己服刑态度的有机组成成分，即彻底形成了新的服刑态度。

如果说在同化阶段罪犯还需要有意无意地把他人作为榜样的话，那么到了内化阶段，罪犯就不再需要具体的、外在的榜样来学习了，而他的举手投足又无不中规中矩，达到了"行之于心、应之于手"的境界。罪犯的服刑态度进入这个阶段之后，就比较稳固，不易改变。其特征主要表现为深层次的、独立的、稳定的和持久的积极服刑态度。

例如，罪犯李某的服刑态度达到内化阶段时，就会从内心深处知罪、认罪并悔罪，无论什么时候、何种地点，无论监狱警察是否在场，都会自觉自愿地服从管教、积极改造。

罪犯服刑态度的形成从表面服从到同化再到内化，是一个复杂的过程，并非所有罪犯的服刑态度都完成了这一全部过程。有些罪犯的服刑态度可能完成了整个过程，但有些罪犯的服刑态度可能只停留在服从或同化的阶段。有的时候，罪犯服刑态度到了同化阶段也还要经过多次反复，才有可能进入内化阶段，也有可能一直停止在同化阶段而徘徊不前。所以，罪犯服刑态度的形成，是一个十分复杂的过程。

六、促进罪犯服刑态度转变的条件

罪犯服刑态度的转变是指罪犯已形成的态度，在接受某些信息或教育说服等改造刺激后，所引起的相应变化和不同程度改变。罪犯服刑态度的转变过程实质上也就是罪犯的再社会化过程。这里主要是指罪犯服刑态度从消极态度向积极态度的转变。促进罪犯服刑态度转变的条件包括以下几个方面。

（一）监狱警察的素养

作为管理者、教育者的监狱警察，其素养的高低直接影响着罪犯服刑态度转变的效果。监狱警察的素养高则罪犯的服刑态度容易转变，反之则不易转变。监狱警察的素养主要有政治素养、专业素养、道德素养和内在魅力四个部分。

1. 政治素养。政治素养是通过监狱警察在参与政治生活时的理论信仰、价值取向和活动能力来体现的，包括政治立场、政治观点、政治觉悟、政治鉴别力、世界观、人生观、价值观等内容。监狱警察的政治素养主要包括：认真贯彻执行党和国家及本行业的基本政策和方针；遵守国家法律、党纪、政纪和公务员纪律的有关规定，特别是廉政、勤政方面的要求，了解监狱工作的发展方向和工作重心，特别是懂得做好监狱工作改革的内容和要求。

监狱警察担负惩罚和改造罪犯的重任，面对着具有各种不正确、不健康的世界观、人生观、价值观的犯罪分子，必须具有坚定的信念和理想，坚定"两个维护"，坚持"四个自信"，坚持改造第一，坚持社会主义的罪犯改造方向，坚持科学改造观，坚守法治观念。

2. 专业素养。专业素养是指监狱警察所具有的专业知识、专业能力和创新开拓精神。监狱警察的专业素养具有使罪犯信服的权威性。这种权威性除法律赋予的权威外，更重要的是取决于监狱警察的受教育程度、专业训练、社会地位和社会经验以及年龄等因素。这些因素使得监狱警察在罪犯面前成为矫正专家或某一方面的权威形象。一般而言，监狱警察的专业素养越高，罪犯转变服刑态度的可能性也就越大。

3. 道德素养。监狱警察的道德素养主要包括监狱警察的伦理知识、道德的内化程度、气节、风格、境界、作风、正气、责任感等因素，反映着监狱警察对他人和对社会的认识、态度和行为规范。监狱警察良好的道德素养，是其公正客观、不偏不倚、大公无私执法的保障。监狱警察道德素养越高，对罪犯服刑态度的影响力就越大。

4. 内在魅力。这是指监狱警察是否具有一些令罪犯喜欢的特征，这种特征既可以是外在的，如外表、仪态、容貌等，也可以是内在的，如人格特质等。通常情况下，监狱警察的内在魅力越大，罪犯喜欢监狱警察的程度就越高，其服刑态度转变的可能性也越大。例如，一名讲话结结巴巴、吞吞吐吐、犹犹豫豫的监狱警察，显然不如讲话铿锵有力、信心十足、流畅动听的监狱警察更让罪犯感到信服。

（二）教育说服的方式

监狱改造手段与措施的科学性和规范性会较为深远地影响罪犯的服刑态度；教育改造的内容、方式和方法的艺术性与合理性也会影响罪犯服刑态度的转变。特别是监狱警察的教育内容越是科学适当，教育组织的方式方法越是合理合规，那么，罪犯的消极服刑态度转变的可能性也就越大越快。

教育说服罪犯的方式，如个别教育、集体教育、分类教育等，都有助于罪犯改变错误的观念、偏见并促其转变服刑态度，但教育方式怎样运用，传递何种教育信息，又如何有效地呈现信息等因素却直接影响着服刑态度转变的效果。

（三）罪犯群体积极改造的氛围

罪犯群体的改造氛围对罪犯服刑态度的转变起着重要的影响，群体的改造氛围会直接作用于罪犯的服刑态度。罪犯总是生活在监狱的某个罪犯群体中，并与群体间存在着密不可分的关系。罪犯群体规范会在罪犯身上产生有形或无形的压力并发生明显的参照效应，罪犯群体会对罪犯个体起到榜样作用或产生替代强化效应，这些均使得罪犯在内外因素的作用下，在潜移默化之中，趋向于选择与罪犯群体规范相一致的态度。因此，罪犯群体改造氛围的好坏会直接影响罪犯服刑态度转变的难易。罪犯群体的改造氛围积极、健康、向上，充满正能量，罪犯的服刑态度转变就越容易，转变的速度就越快。反之，罪犯服刑态度的转变也就会比较困难，转变的速度也比较缓慢。

（四）监狱改造活动与规范

罪犯服刑态度转变离不开监狱的改造活动和改造规范。除监狱的生产劳动、"三课教育"等正规活动外，监狱警察还应开展有益于罪犯服刑态度转变的各种针对性活动，如报告会、专题讲演、现身说法、社会帮教等活动，使罪犯在参与活动中，逐渐转变原有的服刑态度。特别是罪犯全身心地投入改造活动之中，并能提出与原有服刑态度相对立的各类问题，通过反复的思考和体验，最终解决各种问题，这样就能促使罪犯形成新的服刑态度。罪犯认识的转变会使其服刑态度的转变趋于容易，速度也会明显加快。在罪犯矫正过程中，单凭说服教育并不能完全解决罪犯服刑态度的转变问题，还必须通过监规纪律等规范罪犯的改造行为，通过规范强制性地限制罪犯的各种违规违纪行为，迫使罪犯改变其不良行为，最终促使罪犯服刑态度发生转变。

（五）罪犯的自我认知

罪犯服刑态度的转变与罪犯自我认知存在着密切的关系。要想从根本上转变罪犯的服刑态度，就必须使罪犯自己愿意转变自己的态度。罪犯若能在外部服刑环境的刺激下，形成对监狱服刑的客观认知，尤其是对自己犯罪行为的正确认知和评价，并在积极情感的基础上，对自己的行为进行控制和约束，按照改造需求去认识和体验服刑生活，就能对服刑生活形成积极的态度。相反，罪犯倘若对监狱服刑持不正确的认知，对自我的评价过高或过低，缺乏自制力，就会对服刑生活持一种消极的态度。

例如，罪犯赵某认为法院对自己判刑过重，不认罪服判。到监狱服刑后，对周围罪犯不屑一顾，对监狱警察怀恨在心，抗拒改造，服刑态度极其恶劣。这种情况下，监狱的教育内容和罪犯群体的压力在他身上的效用便会大打折扣，其服刑态度的转变也就相对比较困难。罪犯赵某的自尊心过强，"面子"心理严重，自我价值的保护意识过强时，产生自我价值保护逆反，从而拒绝转变。所以，只有罪犯具有正确的自我认知，才能感知和了解到自身原有态度的不足与错误，并加以改变。

七、分析罪犯服刑态度的方法

罪犯服刑态度是一种无法直接观察到的内在心理活动，监狱警察需要通过各种间接的方法对其进行推断和分析。下面介绍几种主要的罪犯服刑态度的分析方法。

（一）总加量表法

总加量表法是由美国心理学家李克特所创立。每个态度量表都是针对某一态度对象而设计的，它由若干个问题组成，根据被测者对各个问题所做的反应给予分数，以代表该人对某个事物所持态度的方向与强弱。

测定方法与步骤：

第一，设计测定态度的问题。总加量表通常由20个问题组成，这些问题从不同的角度对罪犯服刑态度的实质进行具体剖析、测量，每个问题的价值相等，被测罪犯需要对所提的问题表示同意或不同意。问题选项通常分为两等（同意和不同意）、三等（同意、无所谓、不同意）、五等（非常赞同、赞同、无所谓、不赞同、非常不赞同），也可以分得更细，如七等、十一等。

第二，被测罪犯进行自我评价。罪犯根据自己的观点在相应项目上打上记号，从中可以反映出罪犯服刑态度是积极的还是消极的。

第三，整理结果。监狱施测者对每个项目给予相应的分数。如果有5个等级，则非常赞同的为5分，赞同者为4分，无所谓的为3分，不赞同的为2分，非常不赞同的为1分。当然，如果问题是负向的，则所给分数恰好相反（有时为了计算的方便，也可以正负分来表示）。最后，将罪犯在调查量表上所得的分数加在一起，可以代表该罪犯对服刑的态度及其强弱。

例如，为了测量罪犯对监狱思想改造的态度，拟订20个适当的问题。某罪犯的回答是：

（1）监狱开展思想改造：

非常赞同（　）　赞同（　）　无所谓（　）　不赞同（　）　非常不赞同（　）

（2）罪犯应该参加思想教育活动：

非常赞同（　）　赞同（　）　无所谓（　）　不赞同（　）　非常不赞同（　）

（二）语义分析法

语义分析法又称双极形容词分析，由心理学家奥斯古德和苏西创制。其基本方法是：用成对的两极形容词，如好/坏、聪明/愚笨等来评价态度对象。每对两极形容词中间，从肯定的一极到否定的一极，一般平均分为 7 个等级，分别以 +3、+2、+1、0、-1、-2、-3 数字表示。其中，+3 指最肯定评价，-3 指最否定评价，0 则表示没有明确倾向的中性态度。被测者只需根据自己的看法在尺度上选择出能够代表或表明自己观点的这一点，圈划出标记即可。施测者将被测罪犯在所有回答上的得分累加，就可以得到有关服刑态度的测量。

语义分析法的优点主要表现在两个方面。其一，它考虑到了对罪犯服刑态度的评价，不是简单化的是与否那样完全肯定或完全否定，因此在每一方面都对罪犯服刑态度的强度进行了分化。其二，该量表编制简单，不需要过多的专门知识，一切涉及对罪犯服刑态度评价的两极性评定都可以引入量表。

（三）自由反应法

自由反应法是提出与罪犯服刑态度相关的开放性的问题，让罪犯自由回答，监狱警察不提供任何可能的答案，最后从这些资料结果中去分析、判断罪犯服刑态度的方法。它多运用于了解罪犯服刑态度中的认知成分。例如，要测试罪犯对劳动改造的态度，可以设置一个"你对监狱开展劳动生产怎么认识"的题目，让罪犯在无任何限制的情况下作答。

（四）投射法

投射法是指为罪犯提供一些情境，给予罪犯一定的刺激，并让罪犯据此展开联想，通过对其联想内容的分析来推测罪犯服刑态度的方法。它是一种在罪犯不知不觉、毫无警觉的状态下，把内心深处的态度通过其他对象投射出来的方法。投射法可以是让罪犯补充完整一个句子，也可以是让其叙述完一个没有结局的故事等。例如，可通过让罪犯讲述某一事件（如减刑大会召开）发生后的故事，以此来了解罪犯的服刑态度。

（五）情境分析法

情境分析法是指在某种活动情境或专门设置的情境下，测试罪犯在此情境中表现出的行为倾向，据此判断和分析其服刑态度的方法。它是人们在某一类情境中所持有的态度，在另一类似情境中也将有类似态度的原则来加以设计和推定的。例如，可以设计这样一种情境："监狱警察因故离开了学习现场，让罪犯自学，一些罪犯开始停止学习甚至打架斗殴，这时有人怂恿某罪犯伺机闹事……"在此情境中观察该罪犯的行为倾向，并由此判断分析其真实的服刑态度。

（六）行为观察法

行为观察法是指通过观察罪犯的外显行为来推测罪犯服刑态度的方法。这种方法的运用原理是"一个人的态度决定了行为"。态度和行为具有一致性。对罪犯在日常服刑活动中的种种行为进行细心的观察，特别要注意的是，应在自然的生活情境下，在罪犯未觉察时对其实施系统的观察，以便获得准确可靠的材料。要注意，罪犯的行为与其服刑态度不是完全一对一的简单关系，不能单凭外在表现的好坏来评判其服刑态度的积极与否。因此，此种方法不应单独使用，要结合其他方法配套使用，以免得出错误的推断。

思考题

1. 举例说明罪犯改造动机，它有何特点？
2. 罪犯服刑态度对罪犯改造有何作用？
3. 影响罪犯服刑态度的因素有哪些？
4. 试结合案例对罪犯的服刑态度作分析。

专题七　罪犯类型心理分析

> 服刑中的罪犯，在生理、心理或者犯罪的性质上存在着某些相同或相似的特征，通过分类把罪犯划分成不同类型，并研究每类罪犯在服刑期间典型的心理特征，不仅有助于深刻理解罪犯心理的特殊性与共同性，而且有利于对罪犯实施分管、分教，并有针对性地进行心理矫正，从而大大提高教育矫治的质量。

罪犯分类是一个既有理论意义又有实践意义的概念，对其含义的界定往往体现了人们对罪犯分析的范围、作用、目的、方式等问题的认识。遗憾的是，到目前为止，学界对于罪犯分类的界定还没有统一的标准，但总的来讲都认为，罪犯分类是把具有相同特点、性质的罪犯归类成群，并根据其特点进行管理和矫正。

所谓罪犯分类，是指根据特定的目的、按照一定的原则或标准，对同质罪犯进行归类的过程。把罪犯划分成不同的类别，是为了更好地认识、管理和矫正罪犯。总之，罪犯分类是一种认识罪犯的方式，通过分类对罪犯进行归类，其实就是一个对罪犯特点、特征的集合确认。

中华人民共和国成立初期，我国监狱是按照性别、年龄、罪刑轻重（即刑期和刑罚种类）对罪犯进行类型划分。这种对罪犯的分类只是初级分层，而且按照这种分类方法分类后的罪犯，不同犯罪类型混合关押在一起，可能会产生严重的交叉感染，因此这种罪犯分类在实践过程中暴露出很大的缺陷。在1991年由司法部监狱管理局印发的《对罪犯实施分押、分管、分教工作的实施意见》中提出：在原有的按性别、年龄、刑罚种类、刑期实施初级层次分押的基础上，进一步以犯罪性质为主进行分押。这种对罪犯的分类在监狱的工作实践中一直沿用至今。虽然这种分类可以在一定程度上避免罪犯间的交叉感染，但同一类型的罪犯关押在一起，又不可避免地带来深度感染的问题，因此有人提出应在此基础上对罪犯进行二次分类或三次分类。

目前，对罪犯的分类标准多种多样，所划分的罪犯类型也很难统一。主要的分类标准如下：

第一，根据性别标准，分为男犯和女犯。

第二，根据年龄标准，分为未成年犯与成年犯。在一般意义上讲罪犯心理时，主要是指占罪犯群体大多数的青年、中年罪犯，而罪犯群体中人数相对较少的未成年犯和老年犯，又有其独特的心理特征。

第三，根据刑期标准，将罪犯分为短刑犯、长刑犯、限制减刑犯和终身监禁罪犯。

第四，根据犯罪经历标准，将罪犯分为初犯、偶犯与惯犯、累犯。

第五，根据犯罪性质标准，将罪犯分为物欲型罪犯、暴力型罪犯、性欲型罪犯和其他类型罪犯（如毒品型罪犯、邪教罪犯、职务犯罪罪犯等）。值得注意的是，有些犯罪类型的划分并不是唯一确定的，如抢劫罪，由于它兼具物欲和暴力的特点，因此既可以归为物欲型，也可以归为暴力型。

学习任务一　不同犯罪类型罪犯的心理分析

根据犯罪性质标准对罪犯进行类型划分，实际上就是按照犯罪手段和犯罪目的对罪犯进行划分。不同犯罪类型的罪犯，其心理存在一定的差异性，因此了解掌握不同犯罪类型罪犯的心理特征，有助于我们更好地进行教育矫治工作。另外，分析罪犯的类型心理，也存在一定的困难性，因为类型与类型之间存在一定的重叠交叉之处，而有的犯罪人会同时或先后实施多种类型的犯罪行为，会存在各自相对应的心理特征。

罪犯心理与一般人的心理一样，既有积极的一面，也有消极的一面。我们对罪犯进行矫正，主要是变消极为积极，因此本节主要阐述不同犯罪类型罪犯的消极心理。下面主要分析物欲型罪犯、暴力型罪犯和性欲型罪犯的心理特征。

一、物欲型罪犯心理

物欲型罪犯是指以敛财为目的实施犯罪行为的罪犯，主要包括因实施盗窃、诈骗、抢劫、敲诈勒索、挪用公司财物、挪用特定款物、贪污受贿等犯罪行为而被判刑入狱的罪犯。

（一）主要心理特征

物欲型罪犯的心理特征主要有：

1. 享乐。改革开放以来，中国居民已解决了温饱问题，其中一部分人还达到了富裕水平。实际情况表明，中国目前大量的财物犯罪并不是因为罪犯生活困难，而是为了享乐。有的人认为有了金钱就有了一切，为了金钱也就不顾一切。

2. 贪婪。近几年来，中国经济领域犯罪剧增。少数身居政府部门要职的官员和某些企业领导人，利用改革开放、活络经济之机，利用某些环节存在漏洞，经济法规尚不健全等空隙，进行"权钱交易"，行贿受贿，贪污索贿，走私贩私，从而坠入罪恶深渊。

3. 虚荣。物欲型罪犯还受主体虚荣心的影响。有的犯罪人追求物质利益，不单是为了自己享用，更主要的是为了满足自己的虚荣心，达到炫耀的目的。有的是为了在吃、用、穿带方面胜过他人，有的则是嫉妒他人富有，为了与他人攀比，通过非法手段贪占、掠夺财物。

4. 意志薄弱。主体意志薄弱，就容易受外部消极因素的影响。有的人过去艰苦朴素，经得起艰苦环境的考验，但在市场经济的负面影响下，却难以自控，从小贪到大贪，步步坠入深渊。青少年盗窃犯，也往往是受犯罪团伙的引诱、教唆、因意志薄弱而走上犯罪道路的。还有一些刑满释放人员，改造期间曾下决心洗手不干，后来在"哥们儿"引诱下，经不住财物的诱惑，重新犯罪，再陷法网。

5. 不良习惯。物欲型罪犯中，不少人在少年时就染上不良习惯，如贪小便宜，拿别人东西不还，小偷小摸等，此后进一步发展，走上物欲型犯罪道路。一些有长期犯罪生涯的惯窃、惯骗，他们的犯罪行为，虽然与严重的犯罪意识有关，但也受到已经形成的犯罪习惯的影响。

6. 错误认知。物欲型罪犯，往往错误地估计形势，迷信"关系网"和金钱的力量，认为只要自己用金钱"开道"，就会打通一切"闸门"，通行无阻，并得到"保护"，不致坠入法网。贪污、盗窃、诈骗犯罪者，还自恃手段高明，以为无人知晓，神不知鬼不觉。

（二）主要行为特征

1. 作案方式多样性。物欲动机犯罪，有智力的与非智力的，凭借职权的与凭借技巧的等多种作案方式。智力的作案方式如贪污、诈骗、计算机犯罪等；非智力的作案方式如持械抢劫、暴力劫夺等；凭借职权的作案方式如索贿、受贿、监守自盗等；凭借技巧的作案方式如掏包、入室盗窃等。作案方式的多样性，是由行为人不同的主观条件和获取财物的不同渠道、机遇所造成的。

2. 作案手段技能性。物欲动机犯罪的作案手段日趋智能化、技巧化，如诈骗犯善于伪装，利用人们对某些社会角色的崇敬心理和一部分人的虚荣心、同情心、求助心，诱人上钩；盗窃犯作案前窥视、选择作案地点，作案时撬门、开锁、割包、拆除警报器电源、搬运传递赃物、消除犯罪痕迹等，都具有相当技巧；贪污犯伪造账目、涂改单据、多报开支，利用财务管理制度上的漏洞，借机提取现金或相互勾结、鲸吞财物；受贿犯表面上装得廉洁奉公、生活俭朴，实际上步步紧逼，迫使对方就范，受贿后多处窝藏，甚至在境外银行秘密存款，也具有相当的智能性。现在出现较多的电话诈骗犯、网络诈骗犯，更是熟知人们的心理弱点，多人合作，步步为营，环环相扣，诱人受骗。即使是那些传统的以暴力实施抢劫的罪犯，也采取了麻醉抢劫、冒充军警抢劫等智能方式。

3. 作案习惯顽固性。尽管物欲动机犯罪有多种罪名，作案手段各异，但一旦坠入犯罪深渊，就很难自拔。这是因为犯罪人通过犯罪尝到甜头，金钱欲望越来越强，以致欲罢不能，一再作案，逐渐形成顽固的犯罪习惯，悔改十分困难。

（三）入狱后的心理特征

1. 物质需要强烈。物欲型罪犯的犯罪与其物质需要强烈有关，他们被判刑后，其强烈的物质需要并不会马上消失，仍然会表现出强烈的物质占有欲，一旦外界出现不良诱因，如不良同伴的引诱、生活的贫困等，很有可能导致他们旧病复发。

2. 思想表现隐蔽。大多数物欲型罪犯有一定的社会经验，善于克制自己的情绪和思想，很少感情冲动，不轻易吐露自己内心的真实想法。他们表面上装得很坦率诚挚，实际上没有几句真心话。在接受教育时，善于做表面文章，内心却仍然坚持原来的观点。

3. 功利心理突出。物欲型罪犯为人处事总是以利己主义为出发点，功利心较重。他们在服刑中，总是以是否对自己有利为标准决定行为的取舍，对自己有利的事抢着去做，对自己没有实惠的事决不去做。

二、暴力型罪犯心理

暴力型罪犯是指以暴力或暴力胁迫为手段实施犯罪行为的罪犯，主要包括因实施故意杀人、故意伤害、抢劫、绑架、敲诈勒索、放火、爆炸、投毒、暴力妨害公务、聚众斗殴等犯罪行为而被判刑入狱的罪犯。暴力型罪犯往往因其犯罪造成了严重的后果，应加强对其的教育矫治工作。

（一）主要心理特征

1. 认知片面狭隘。暴力型罪犯认识问题片面、狭隘，容易以偏概全，得出错误结论。遇到问题，不能做出客观公正、一分为二的分析，往往以自我为中心，将原因归咎于他人和社会；同时在认知上喜欢钻牛角尖，思维的灵活性差，往往自以为是，固执己见，听不进不同意见，心胸狭窄，为了发泄自己的不满情绪，常常置他人和社会的利益于不顾。

2. 情绪情感消极。由于认知的片面、狭隘及不良个性的影响，暴力型罪犯容易形成诸如不满、怨恨、仇视、愤怒、绝望等消极的情感体验。这些消极情绪情感的积累、压抑是导致其再次犯罪的巨大隐患。一旦发作，便会带有极强的破坏性和冲击力，他们会因为被激怒而失去理智，疯狂攻击，不计后果。

3. 意志薄弱。暴力型罪犯大多意志薄弱，对挫折的心理承受力差，不善于管理自己的消极情感。他们容易受环境感染和他人暗示，盲目冲动，行为失控，而导致犯罪。

4. 个性品质不良。大多数暴力型罪犯之所以采取了违法的犯罪行为，与其社会化过程中形成的消极个性品质有很大关系。如有的人自私自利、心胸狭窄、敏感多疑、喜欢猜忌；有的人则脾气暴躁，喜欢显摆、炫耀自我，争强好胜，爱慕虚荣，攻击性强。当他们的需要由于种种原因得不到满足时，这些个性中的消极品质往往会导致其挫折感增强，陷入不良的情绪状态中不能自拔，最后走上违法犯罪的道路。

（二）主要行为特征

暴力型罪犯，按其心理状态的不同，可分为激情型犯罪和非激情型（预谋型）犯罪两种，这两类罪犯的行为具有显著的差异。

激情型犯罪事先无准备，行为直接与情景刺激相联系，与刺激的性质和强度、个体的认知和个性心理直接相关，犯罪行为发生快，手段简单，行为疯狂，行为隐蔽性较差。

非激情型犯罪即预谋型犯罪，作案前有准备，与引发不良情绪的情境不直接发生联系，但因果关系明显。由于环境和个性等原因，犯罪人等待相应的时机和条件出现后才做出行为反应。犯罪计划周密，手段阴险狠毒，成功率较高。

（三）入狱后的心理特征

1. 情绪不稳定，自我控制力差。暴力型罪犯，特别是激情型罪犯的情绪很不稳定，遇事易激动，自我控制力差，极易感情用事。他们的行为常常受到情绪的影响，而不是受理智控制，因而一旦遇到外界刺激便会产生强烈的情绪反应，并在这种情绪支配下不计后果，鲁莽行事。如某故意伤害罪犯在服刑期间发现牙膏不见了，受其他犯人挑拨，认定是某犯故意为之，一怒之下把他打成轻伤。因此暴力型罪犯在监狱期间表现可能会时好时坏，极易出现反复现象。

2. 是非不清。暴力型罪犯由于受不良思想影响，是非颠倒，好坏不分，美丑不辨，形成了"不信一切唯信钱"的价值观、"唯我独尊"的人生观、"哥们儿义气"的友谊观、"亡命称霸"的英雄观……这些观念既是他们过去犯罪的原因，也是他们入狱后抗拒改造的根源，所以他们极易被某些工于心计的人利用，再次犯罪。

3. 情感冷酷，攻击性强。暴力型罪犯的个性相对比较凶狠、行为不惧安危，争强好胜，敢作敢为，遇到不如意时，敢于公开对抗。因此，在与他人相处时，会因话不投机或鸡毛蒜皮的小事大打出手，对监狱警察的批评，其心情好时还可以接受，心情不好时，轻则顶撞对抗，重则发生冲突。

4. 逞强好胜。暴力型罪犯大多爱慕虚荣，非常注重自己的"面子"，因而经常有逞强好胜的表现。他们不仅通过拳头来赢得"声誉"，而且喜欢通过吹嘘自己的过去来博得他人的"赞誉"。他们最怕丢面子，对监狱警察的当面批评会表现出强烈的不满，为了自己的面子，他们总能很好地完成交办的事情，如受到表扬，就会表现得更加出色。但正因为他们太爱面子，所以有时候为了维护面子不惜犯法。

三、性欲型罪犯心理

性欲型罪犯是指以满足性欲为目的或通过性行为手段达到其他目的的罪犯。性欲型动机犯罪是一种侵害性权利、妨碍家庭和社会秩序的犯罪行为。其主要犯罪类型包括强奸罪、轮奸罪、奸淫幼女罪，以及侮辱、猥亵妇女罪和聚众淫乱罪等。

（一）主要心理特点

1. 性心理躁动。对我国青少年性犯罪者的案例调查表明，他们在青春期感受到无名的强大内在冲动，烦躁不安，当接触到黄色书刊、色情网站之后，这种压力和不安加重，于是寻找机会和对象，匆忙地对黄色媒体中显示的性行为进行模仿，犯下罪行。至于后果问题、道德问题，多数青少年性犯罪者说当时急于释放内在冲动，一时顾不了那么多；有些青少年性犯罪者说虽想控制自己，但在强大冲动之下，也控制不住，感到自身控制力太弱了。

2. 错误的性观念。成年性犯罪者，由于受到西方"性解放"和"一杯水主义"等思潮的影响，往往存在着错误的性观念：一是过分夸大性的意义，把性视为人生中最重要的事。二是无视性爱的社会意义和美学价值，把性爱降低到生理欲求的水平，等同于性欲的满足。三是认为"一夫一妻"制已经过时,"性自由"最新潮,以追求淫乐为目的。

3. 腐朽的生活情趣。许多性犯罪者,主要受到黄色书刊和网站的毒害,他们精神空虚、追求感官刺激、沉醉于淫秽腐朽的文化之中,恣意模仿淫乱的生活方式。有的群奸群宿,参与流氓团伙活动,奸淫或侮辱妇女。有的以摧残、凌辱妇女为乐事,以满足自己的性暴虐或性报复心理。还有的伴随着金钱欲和赌博、吸毒等动机,实施性犯罪活动。

(二) 主要行为特征

1. 作案方式的差异性。性犯罪者以什么样的方式实施犯罪,因其年龄、性别、体力、犯罪习惯、社会地位等条件的不同,有明显差异。

(1) 强奸。强奸是性欲型动机犯罪中,性质最严重的犯罪。其特点是以暴力或胁迫手段,违背妇女意志,强行与妇女发生性关系。暴力强奸案中,作案人多为青壮年男性。老年男性犯罪人,多以诱骗等非暴力方式奸淫幼女或精神发育迟滞的妇女。也有人利用权力之便或女性的身心弱点,采取威胁、利诱手段,实施犯罪行为。

(2) 聚众进行流氓淫乱活动。是指多名男女在流氓淫乐思想的支配下,聚集在一起相互之间杂乱发生性关系的犯罪行为。也有人在街头、闹市、酒店、舞厅等公共场所,流氓闹事、调戏侮辱妇女。

2. 作案手段的复杂性。性犯罪的主要手段是暴力。其一,运用体力与使用武器、凶器施暴。其二,采用精神上的胁迫与强制,如以行凶报复、揭发隐私、加害亲友等相威胁;利用封建迷信,进行恐吓欺骗;利用教养关系、从属关系以及对方孤立无援的环境条件,进行胁迫。其三,采取诱骗手段,如利用谈恋爱、征婚、找职业、冒充某种身份,以及灌输淫乱思想、腐朽生活方式等诱骗和奸污女性。少数性犯罪者,以春药、药物麻醉为手段,使被害人产生性兴奋或处于精神恍惚甚至昏迷不醒状态,违背其意志进行奸淫。

3. 犯罪行为的残忍性。由于性犯罪行为违背妇女意志,必然遭到被害者不同程度的反抗,加之性犯罪的冲动性与反常性,往往使得被害妇女在性犯罪过程中遭到种种虐待与残害,甚至被杀害。与暴力并行并与暴力性后果相联系,是性犯罪行为的一个重要特征。尤其是在一些团伙性的轮奸案件、聚众滋扰侮辱猥亵妇女案件中,被害妇女遭到的摧残更是令人发指。

(三) 入狱后的心理特征

由于认知的不同,性欲型罪犯的心理显示出明显的两极性。

1. 自卑心理严重。在中国传统文化的影响下,性欲型罪犯所实施的犯罪被认为是最下流、最卑鄙无耻的罪行,他们在服刑中往往被其他罪犯看不起,甚至受到他人的歧视,因而性欲型罪犯一般害怕别人问自己的罪名,不得不回答时,也以"生活作风问题""不正当男女关系"等比较隐晦的语句代替,其自卑心理较重。这些罪犯若得不到家人的谅解,就会更加自卑。在这种自卑心理的驱使下,他们在监狱里小心谨慎,夹着尾巴做人。

2. 大肆渲染洋洋得意。某些性欲罪犯受西方的性自由、性解放思想的影响，形成错误的性观念，认为自己的犯罪行为是"时代发展的趋势"，是很前卫的，只不过不被世人理解罢了。某些罪犯认为固守传统的性观念太落伍了，因而把能"玩女人"，能过糜烂的生活看成是"有本事"的象征，对自己的丑恶行径不以为耻，反以为荣。正是这种歪曲的自我评价，使得他们对自己的罪行缺乏羞耻感。

学习任务二　不同年龄阶段罪犯的心理分析

按照年龄标准，可以把罪犯划分为未成年罪犯和成年罪犯（青年罪犯、中年罪犯和老年罪犯）。其中青年罪犯、中年罪犯占罪犯中的大多数，而未成年罪犯和老年罪犯虽然所占比例较少，但其心理特征独特，需要特别关注。下面主要分析未成年罪犯和老年罪犯的心理特征。

一、未成年罪犯心理

未成年人犯罪是指未成年人实施的犯罪行为。我国《刑法修正案（十一）》第17条规定："已满十六周岁的人犯罪，应当负刑事责任。已满十四周岁不满十六周岁的人，犯故意杀人、故意伤害致人重伤或者死亡、强奸、抢劫、贩卖毒品、放火、爆炸、投放危险物质罪的，应当负刑事责任。已满十二周岁不满十四周岁的人，犯故意杀人、故意伤害罪，致人死亡或者以特别残忍手段致人重伤造成严重残疾，情节恶劣，经最高人民检察院核准追诉的，应当负刑事责任。对依照前三款规定追究刑事责任的不满十八周岁的人，应当从轻或者减轻处罚。因不满十六周岁不予刑事处罚的，责令其父母或者其他监护人加以管教；在必要的时候，依法进行专门矫治教育。"据此，在我国，未满12周岁的未成年人犯罪不承担刑事责任；已满12周岁未满14周岁的未成年人，只对两种严重犯罪承担刑事责任；已满14周岁未满16周岁的未成年只对八种较为严重的犯罪承担刑事责任。已满16周岁的人对所犯的所有罪行承担刑事责任，但可以从轻处罚。由此可见，未成年罪犯是指已满12周岁而不满18周岁，因违反《刑法》规定应当受到刑罚惩处的人，一般关押于未成年犯管教所。

青少年时期是人生中一个重要而又特殊的阶段。青少年既不是儿童，也还不是成人，身心处于发育、发展而又尚不成熟、稳定的时期。故未成年罪犯有其明显而独特的心理及行为特征。

（一）主要心理特点

1. 经常性的内心冲突。12至18周岁是个体身心迅速发展的时期，这一时期的青少年，在生理和心理、心理过程诸因素乃至心理与客观现实之间，都存在着许多矛盾。这些矛盾解决不好，往往会给他们以后的发展带来隐患，产生行为偏差，严重的会导致一部分青少年以身试法，从此走上犯罪道路。这些矛盾主要表现在以下几个方面：

（1）旺盛的精力与调节能力低的矛盾。青少年生理机能的迅速发育，使他们的活动量增大，日常的生活、学习之余仍有大量的剩余精力、体力，而大脑对其活动的调节、控制能力又相对薄弱，因而旺盛的精力常常用之不当，当受到外界不良因素影响时就可能用于暴力性的犯罪之中。

（2）兴奋性高与自控能力差的矛盾。青少年时期，内分泌系统的迅速发育对青少年的生理和心理都会产生重大影响，特别是对情绪的影响更大。这是由于青少年的腺体发育还未成熟，尤其是脑垂下腺还不成熟，内分泌旺盛，大脑常常处于兴奋状态，情绪波动大，自我控制力欠缺。因此未成年犯往往不能控制自己的激情与冲动，容易导致不良行为的发生。

（3）性机能发育成熟与性道德观念形成较晚的矛盾。随着第二性征的出现、性功能的成熟和青少年性意识的萌发，青少年对性机能产生好奇心和探究心理。但是，他们还不能以法律所许可的方式满足这种欲求，自我控制能力和自我调节能力还较差，因而极易接受外部性刺激的诱惑而导致犯罪。

（4）好奇心强与辨别能力相对较低的矛盾。青少年对一切都感到新奇，对自己不了解的现象、不理解的问题都表现出强烈的好奇心和求知欲，但由于他们的社会经验不足，认知能力差，对许多社会现象和科学的准则还没有自己定型的见解和观点，容易受暗示而模仿，自觉或不自觉地受一些不良因素的影响，看问题时以偏概全、固执己见，自己认为正确、符合自己兴趣爱好的知识就瑕瑜不分地吸取，以致受到不良的社会风气和一些宣扬暴力、色情的不良文化的影响而走上犯罪道路。

（5）追求理想与客观条件之间的矛盾。青少年时期是人生中美丽的春天，他们对未来充满了希望，因此青少年的愿望非常多，理想很远大。他们希望社会能给他们提供实现理想的条件。当客观条件不能满足其实现理想的愿望时，或在实现理想的过程中遇到困难和挫折时，不满情绪即随之产生。在此情况下，如缺乏正确教育和引导，有些青少年就可能形成对现实的不满、与社会对立的反社会心理。

2. 认知能力不足。青少年认知存在偏颇，不能很好地将自己所遇到的问题和实际情况联系在一起；认知狭窄，只能对眼前的情况作出分析，而且受眼前的事物影响较大，不能对事物的长远趋势作出客观、公正的分析，预见性较差；对于遇到的突发事情很难处理，不能正确地权衡利弊和得失。

3. 情绪稳定性较差，易冲动。青少年的情感很不稳定，极容易受到外界的刺激而产生突发的情绪体验，内心的情感世界丰富而脆弱，情感外露。他们的理智感欠缺，对于是非的辨别能力较差，有些青少年缺乏社会责任感，对社会、集体、他人的情感淡薄，有时还过分地追求低级情趣。同时，有些青少年的自尊心很强，但又非常容易受挫折。青少年时期，情绪反应比较激烈，因而在情绪冲动时，意志行为也表现得很坚决，对自己行为的控制力很差，这些不良的情绪情感特征都容易导致其在外界不良诱因的影响下走上违法犯罪的道路。

4. 不良个性特征。青少年时期是个性形成和发展，并最终趋于稳定的时期，因此他们的个性心理品质与成年人相比，稳定性较差。青少年时期，自我意识得到迅速发展，表现在自我评价、自尊心、自信心、自制力等方面。青少年的自尊心极强，不容伤害，一旦自尊心受挫，就容易导致情绪的变化而产生犯罪行为。

未成年罪犯的性格特征从很多研究中都有明确的结果。一般表现为外倾特征明显，或者是极度的内倾；缺乏崇高的理想和目标，精神空虚甚至是反动；社会责任感欠缺；缺乏羞耻心、同情心，对人冷漠、怀有敌意；攻击性强、自控能力差，易受外界环境和他人的影响。

（二）主要行为特征

青少年特殊的心理特点，导致其在行为上也具有一定的特征。具体表现为：

1. 模仿性。心智水平都相对较低的未成年罪犯，对他人言行的模仿性特别强。有研究表明，目前很多未成年罪犯作案目标、方法和手段的选择乃至反侦查能力的培养，大多受影视作品、书刊杂志、网络自媒体等具体情节的影响。其日常的言行举止，更是与影视作品中的反面人物极其相似。另外，未成年罪犯之间也存在着互相影响、模仿彼此的行为。

2. 冲动性。由于情绪的稳定性较差，未成年罪犯犯罪时带有一定的冲动性和情境性，常常因为受到外部因素的刺激，而导致激情犯罪，如杀人、抢劫、伤害等。如遇具体情境，又会诱发临时起意的犯罪，这就决定了青少年犯罪的偶发性、机遇性和冲动性。

3. 凶残性。未成年罪犯，由于其道德观念淡薄，社会化过程中人格存在缺陷，加上不知道怎样控制自己的不良情绪，或因为情绪冲动而导致行为失常，或由于负性情绪积累而导致恶性报复。他们作起案来十分疯狂、残忍，常常丧失人性、伤及无辜，因此重大恶性事件时有发生。

4. 戏谑性。青少年的违法犯罪表现出戏谑性。一是与这一时期青少年的思维活跃、求知欲旺盛、好奇好动有很大关系。二是与他们知识水平、道德法制观念低下、精神生活空虚有关，他们常常采取一些低级的游戏、恶作剧等方式宣泄自己的不良情绪，丝毫不考虑会产生的后果。如欺负弱小、纵火取乐、毁坏公物等，肆意妄为，有时会因此造成严重后果。

5. 反复性。处于身心发展期的青少年可塑性很大，极易受客观环境的影响，这也决定了青少年违法犯罪行为的反复性。未成年罪犯受到处罚后，经过教育，往往心有所动，甚至痛哭流涕，表示要痛改前非。但回归社会后，若接触到不良团伙或过去的朋友，就会经不住诱惑，重操旧业。所以，未成年罪犯重新犯罪的可能性较大。

（三）入狱后心理特征

1. 认罪不服判心理。青少年惯常的防御性"外归罪"模式，使得多数未成年犯对惩罚难以接受，认为自己被判得过重，从而产生挫折反应，如自暴自弃、抗拒改造等。

2. 消极性格特点时常显现。多数未成年犯存在着消极性格特点，主要表现为：随心所欲、放荡不羁、情绪易变、追求新鲜刺激、自我表现欲强、好打抱不平、自我控制能力弱等。这些性格的消极方面，虽然因受到严格的监规纪律的约束而处于压抑状态，但在特定情况下往往难以自控而不顾一切地表现出来。因此，未成年罪犯与成年犯相比违反监规纪律的次数要多一些，需要付出更多精力、更大耐心才能把他们管理好。

3. 情绪稳定性较差，易冲动。青少年常因需求得不到满足而产生消极否定情绪，但其消极情绪产生得快，消失得也快，稳定性差。他们往往缺少理智，对自己情绪的调控能力较差，容易因一点小事而兴奋激动或怒不可遏，情绪的冲动性较明显，在冲动情绪支配下易产生盲目的行动，产生对人、对己都不利的危害结果。尤其是在激情状态下，可以不顾一切。

4. 自尊心过强，爱慕虚荣。青少年往往看重自己的"面子"。他们会通过各种渠道显示自己的本领，以便博得其他未成年犯的尊重。在自身能力不够的情况下，不愿意肯定自身的不足，经常出现"死要面子"的情况，不愿触及自己的"伤疤"，更不愿意谈自己的罪错。他们中多数人惧怕批评，渴求表扬，对监狱警察的批评地点和方式反应敏感，当他们认为有损自己的面子时，就会顶撞民警。甚至有些未成年犯为了显示自己的高品位，不管自己的家庭能否承受，通过高消费来满足自己的虚荣心。

5. 依附性强，好结团伙。青少年罪犯在心理上还不完全成熟，虽然有独立性意向，但仍然具有一定的依赖性，合群愿望强烈。因此在服刑期间，仍然会以同地相聚、同案相亲等形式形成各种狱内的非正式群体。在利益与需求一致的时候，他们会不计后果采取统一行动，破坏监狱秩序。如某未成年犯管教所两名未成年犯因争抢水龙头洗脸发生争吵，结果引起两地区几十名未成年犯参与群殴。

6. 可塑性强，呈现两极发展的趋势。由于青少年罪犯的个性尚未完全定型，因而存在着进一步发展变化的可能性。他们在正确的教育和引导下，可以向好的方面发展，但在各种消极因素的影响下，也可以进一步变坏。正是由于他们的这种两极发展的可能性，再加上其意志不坚定，因而常常出现动摇反复，次数多且周期短，矫正成果不易巩固。

二、老年罪犯心理

我国已经进入老龄化社会，一般来讲，60岁是进入老年的标志。因而老年犯一般是指服刑期间年龄在60岁以上的罪犯。老年人不仅生理机能减退，心理机能也出现衰退，这种生理、心理上的变化使老年犯在服刑期间呈现出与这一年龄阶段相匹配的特殊心理特征。

（一）心理及行为特征

1. 感知觉和记忆能力衰退。随着老化过程的进行，老年人的视觉、听觉、味觉、嗅觉、皮肤感觉等能力，以及知觉、记忆能力等都会出现不同程度的衰退或降低。反应迟钝，兴趣范围狭小，旧经历记忆比较鲜明，新感知的事物容易遗忘，身心活动能力差。理解能力下降，接受教育很难。

2. 容易产生消极的情绪和情感。许多老年犯具有冷落感、孤独感、疑惑感、忧郁感、老朽感以及其他消极的感情体验，情感需要经常得不到满足。老年犯由于社会地位、社会角色、生活环境及心理的变化，在感情方面的需要远大于一般犯人。如害怕被人抛弃，希望子女经常来监狱探望，害怕老死于监狱等。

3. 意识状态凝固而少变化。老年人毕生的经验所形成的相对稳定的社会意识和价值观念不易发生变化，而且随着活动量与活动范围的减小，他们很难也不愿意接受新事物。其处世哲学并不因被判刑入狱而有所变化。

（二）入狱后心理特征

1. 改造态度具有相对稳定性。虽然老年犯对自己罪行的认识不一定深刻，但他们中绝大多数都抱着"既来之，则安之"的想法，尽管有时是被动、机械地接受矫正，但改造态度仍具有相对稳定性。一方面，他们深知，如果自己在改造中出现这样或那样的问题，既不利于自己，也会给家庭带来负面影响，还会给自己所在的监区制造麻烦；另一方面，面对高墙电网和严格的管理，他们也会产生通过脱逃或抗拒改造等方式来逃避或对抗的想法，但由于其年老体弱，这种想法只是一闪而过而已，一般不会付诸行动。因此，老年犯的改造态度一般很少发生变化，在"平平淡淡混下去"的心理支配下平稳地进行改造。

2. 思想隐蔽不外露。老年犯深知言多必失的道理，在改造中不会轻易暴露自己的思想，一般不主动找监狱警察谈心，如监狱警察找其谈话，也大多用一些冠冕堂皇的话来搪塞。另外老年犯常以弱者自居，生活上因循守旧，安于现状，平和服刑，度此余生，他们对监狱警察的教育、引导表面上接受、顺从，但实际上依然如故。

3. 处事世故。老年犯由于阅历丰富，往往处世智多于冲动，遇事权衡利害关系，追求实惠而又明哲保身。他们有较强的自律性，做事自觉、踏实，多数被分到比较清闲的岗位，他们一般不参与罪犯中的纷争，表现出与世无争的心态。靠拢监狱警察以期得到照顾。当他们做了违纪事情时，总要想方设法逃避责任，企图蒙混过关。有少部分老年犯遇事会暗中煽风点火，制造事端，为己谋利。

4. 负性情绪居多。老年期是人生历程接近尾声的时期，老年犯因自己在接近人生终点时入狱服刑而悲观失望，产生强烈的自卑心理。老年犯对亲人的依恋心理很强，他们常常因未得到亲人的原谅而被抛弃，看到其他罪犯的亲属来接见，易触景生情，产生伤感。某些因家庭破碎而缺少亲人关爱、支持的老年犯，会产生强烈的被抛弃感，他们心灰意冷、情绪低落，对未来失去信心，甚至产生自杀的念头。当老年犯身患疾病时，负性情绪尤为明显。

另外，在罪犯群体中，老年犯是少数，因为体力、精力不济，再加上兴趣狭窄、为人刻板、因循守旧，容易被其他罪犯轻视和欺侮，这使得他们的心理负担加重，情绪消极而无助，从而自我封闭。

学习任务三　　不同刑期罪犯的心理分析

不同刑期的罪犯常常会具有不同的犯罪特征、犯罪情节，以及不同的个性特征、行为特征和心理状况，在押期间的改造表现差异也很大。有研究表明，不同刑期的罪犯在个性特征上总体呈倒 U 型趋势，即短刑期罪犯和长刑期罪犯表现出更多不良的个性特征，中刑期罪犯表现出情绪更稳定和成熟、更自信、较低的焦虑、犯罪思维程度更轻等较良好的个性。不同刑期罪犯的心理健康水平也表现出相同的规律，呈两头低中间高的趋势，即中刑期罪犯心理最健康，长刑期罪犯心理健康水平最低，其次是短刑期罪犯。[1] 为此监狱管理者应注意根据罪犯个性特征和心理发展变化的规律来实施相应的监管措施，并特别重视对短刑期罪犯和长刑期罪犯的教育和引导。

下面主要针对超短刑期罪犯、长刑期罪犯和限制减刑罪犯进行研究，分析其心理特征，为有针对性地教育矫治提供帮助。

一、超短刑期罪犯心理

超短刑期罪犯没有正式的法律定义，根据《刑事诉讼法》和《监狱法》的有关规定，对于被判处死缓、无期徒刑、有期徒刑的罪犯，公安机关应当根据人民法院的执行通知书等法律文书依法在 1 个月以内将罪犯送交监狱执行刑罚，监狱应当将罪犯及时收押。对被判处有期徒刑，在被交付执行刑罚前余刑在 3 个月以上的罪犯，都交监狱执行刑罚。这里所讨论的超短刑期罪犯就是指余刑在 3 个月以上 1 年以下交由监狱执行刑罚的罪犯。

（一）超短刑期罪犯的基本特征

根据有关调查显示，超短刑期罪犯受教育程度低，初中以下（含）文化程度的约占 65%；无业人员约占到收押总数的 46.4%；犯罪主体以青壮年为主，年龄 40 周岁以下的约占 93.63%；在押的超短刑期罪犯中，暴力型、财产型、涉毒型罪犯约占总数的 95.5%；"二进宫"以上的约占 35.7%。[2]

超短刑期罪犯一般来说主观恶性相对较小，社会危害和社会功能受损害程度相对较轻，以冲动型犯罪居多。暴力犯罪中被害人多数为轻伤、轻微伤，涉毒犯罪中涉案毒品的数量很少，所造成的社会危害相对较小，总体危害程度不大。

从犯罪类型看，第一类以盗窃、抢劫、抢夺、寻衅滋事、聚众斗殴为主，其中具有较高社会危害性的，往往有前科或为累犯；第二类以容留吸毒、贩毒、赌博和非法拘禁为主，为社会危害性较小但恶性较深的群体，往往是在社会上游手好闲无固定收入的人；第三类以交通肇事、妨碍公务、非法持枪等为主，基本上为偶然性犯罪和初

---

〔1〕 吴红顺等："福州市某监狱不同刑期罪犯个性特征和心理健康状况研究"，载《医学与社会》2012 年。
〔2〕 徐万富等："超短刑期罪犯社会适应教育体系的构建"，载《犯罪与改造研究》2013 年第 8 期。

犯，为主观恶性较小的群体。

（二）超短刑期罪犯的心理特征

超短刑期罪犯在监狱服刑时间少于1年，因此其获得刑事奖励的概率较小，从而产生很多负面心理，如身份意识不强、焦虑不安分、自律性差、消极懈怠等，因此，超短刑期罪犯一直是监管工作"抓两头"的关键一端，呈现难管、难教、难转化等特点。

1. 犯罪原因外归因，身份意识差。从日常管理上看，大部分超短刑期罪犯存在"外因论"心理，较为典型的有以下几种：一是盗窃犯的"没办法"心理，几乎所有的盗窃犯都认为自己犯罪是因社会太残酷而无法养活自己，"没办法"才去实施盗窃行为。二是交通肇事罪犯的"赔了钱还坐牢"心理和"撞车不是犯罪"心理。大部分交通肇事犯入监服刑，都有附带民事赔偿，因此他们认为"赔了钱就不应该再坐牢"，而且交通肇事不存在故意犯罪心理，因此不认罪。三是赌博和妨害公务罪犯的"判得过重"心理。这些罪犯认为以前法院判决案例中刑期较短，而且服刑地点为看守所，管理严格程度低于监狱，而根据新的法律需要投监服刑，因而存在心理"不平衡"。

根据有关调查，在某监狱1000名超短刑期犯中，有37%的人认为自己是"运气不好，触了霉头"才被判入狱；有36%的人认为自己是有错无罪或轻罪重判，还有10%的人认为犯罪是"没办法的事"。[1]在这种心理驱使下，超短刑期罪犯在日常改造中常常表现为：认罪悔罪意识不明确，态度不明朗，认为服刑改造、弃恶从善是他人的事，与己无关，对自己改造生活有利的就遵从，对自己无关或有碍轻松改造的就漠不关心或避而远之，趋利避害心理十分严重。

2. 心情压抑，负面情绪较多。前程无望，心存焦虑。据调查，大多数超短刑期犯对即将到来的刑释回归存在不同程度的担忧，主要表现为"三个没底"：一是面对快速发展的社会形势，对自己刑释后究竟能干什么、会干什么心中没底；二是对工作和生活中是否受社会歧视心中没底；三是对家庭是否接纳、原谅自己心中没底，部分家境较差、鳏寡孤独罪犯甚至不愿出狱，担心出狱后生活无着落。主要原因在于：其一，社保覆盖不够，不少犯人刑满释放后连起码的低保都没有；其二，受传统文化影响，罪犯为一般社会观念所不耻；其三，受害人未得到真正意义补偿，与被害人关系未得到修复。[2]

3. 价值取向偏激，攀比心理突出。在对超短刑期犯的调查中还发现，大多数罪犯盲目崇拜金钱和势力，为追求"一时之快"和"一时风光"，宁可自毁前程，锒铛入狱。而入狱后，往往拿自己刑期短、对社会危害性小来与长刑期犯进行比较，从而为自己谋求较好或较轻松的改造环境与条件寻找借口；或炫耀自己在社会上的放荡不羁与花天酒地，以示其风光与荣耀，获取同类服刑罪犯的尊崇和服从，从而在罪犯中占

---

[1] 刘新克："关于短刑犯心理行为特征及矫治改造对策的思考"，载《法制与社会》2011年第1期。
[2] 王梓红等："短刑犯现状分析及矫正对策"，载《犯罪与改造研究》2019年第2期。

有"一席之地",为自己轻松改造开创条件。

4. 存在较多不良个性特征,心理健康水平较低。国内某监狱采用中国罪犯心理个性分测验量表(COPA - PI)对不同刑期罪犯进行了测试,结果表明:超短刑期罪犯在戒备、自卑、犯罪思维3个因子上显著低于常模,这说明他们在个性特征上总体呈倒"U"型趋势,即超短刑期罪犯表现出更多不良的个性特征。运用SCL - 90测试该类罪犯,结果显示他们在躯体化、强迫、敌对、精神病性、总分、阳性项目上显著高于常模,这可能是由于这类罪犯在服刑期间正处于适应期,他们经历着从自由人到罪犯的转变,要面临着监狱生活的适应、社会支持的下降、艰苦的劳动和训练、对亲人和家庭的伤害、出狱后将面临的问题等原因造成的。因此,超短刑期罪犯在适应环境、角色认同的过程中表现出较多不良的个性特征和心理状态。[1]

5. 服刑态度不端正。无缘减刑,混刑度日。对监狱服刑罪犯来说,争取减刑假释早日回归社会是其核心利益。对于超短刑期犯来说,其在监狱服刑的时间不超过1年,这常常造成他们无减刑假释的机会。这种核心利益的缺失,往往会打击超短刑期犯的改造积极性,导致其改造动力不足、得过且过、混刑度日。他们往往认为,长刑期犯罪重刑长,反而能减刑,超短刑期犯罪轻刑短,却没有减刑机会,凭什么要跟长刑犯一样改造?既然干好干坏一个样、积极不积极改造一个样,为什么要委屈自己?因而他们在学习上只求过关,没有主动追求;在劳动上只求完成任务,能偷懒的就偷懒,宁愿不要奖励也要少干活;生活上只求过得去,自我改造意识差,在思想、行为上放松要求。

6. 无惧考核,违规抗改。大多数超短刑期犯认为,只要不再重新犯罪,改造表现无论好坏最终结果都一样。日常言行表现为"三不怕",即不怕批评、不怕扣分、不怕行政处分,对监狱警察管理要求存有抵触情绪,敢于违规违纪、抗拒改造。主要原因在于:其一,功利思想严重。对超短刑犯来说,既然不能减刑假释,最有效的激励制约因素也就不存在了,易产生懈怠思想,希望约束更少、任务更轻、处遇更宽。加之目前文化娱乐、物质精神奖励等处遇级差较小,激励效果自然较弱。其二,成本思维驱使。目前监狱对罪犯违规违纪处理手段、方式较为单一,基本以批评教育、规劝引导、考核扣分、从严管理、行政处分为主,对罪犯缺乏足够的威慑力,而对超短刑期罪犯来说,因其违规所需付出的成本或代价极其微小,易漠视监规监纪,放纵自我。其三,懒政思维诱导。由于警力不足,部分监狱警察思想上对超短刑期罪犯管理存在有意无意的忽视轻视,认为他们脱逃、行凶概率小,监管安全压力相对较小,对其违规言行往往不予计较,睁一只眼闭一只眼,能放过就放过,这就会给一些超短刑期罪犯消极混改、违规违纪提供机会。[2]

---

[1] 吴红顺等:"福州市某监狱不同刑期罪犯个性特征和心理健康状况研究",载《医学与社会》2012年第12期。

[2] 王梓红等:"短刑犯现状分析及矫正对策",载《犯罪与改造研究》2019年第2期。

二、长刑期罪犯心理

长刑期罪犯,在法律上也没有明确的定义,为了区别短刑期罪犯和限制减刑罪犯,把长刑期罪犯定义为刑期15年以上、有减刑机会的罪犯。

(一) 长刑期罪犯的基本特征

长刑期罪犯一般都是犯罪性质恶劣、情节严重以及社会危害性很大的罪犯,这些罪犯罪行重、刑期长,并且暴力倾向突出,发生心理异常的可能性也更大,因此对他们的心理矫治工作难度更大,任务更艰巨。

(二) 长刑期罪犯的心理特征[1]

1. 认知偏执。对于长刑期罪犯而言,由于他们长期生活在封闭的环境里,每天的生活起居、劳动学习等活动都必须严格按规定进行,刺激相对贫乏,这一方面将导致罪犯有很多时间进行反省和思考,另一方面也可能导致思考的内容过于单一,使其对某个问题纠缠不清,最后导致认知偏执,严重影响对自己的改造。例如某长刑期罪犯服刑十多年了,一直认为自己是轻罪重判,许多年来这一问题一直缠绕着他的思维,形成一个心结,严重影响了他的改造。又如,有的罪犯认为自己有许多立功表现,完全符合假释条件,但没有得到假释;有的罪犯认为自己是无罪轻判或轻罪重判;有的罪犯认为周围没有一个好人,不值得与他人交流;等等。诸如此类的问题在罪犯头脑中反复呈现,令其百思不得其解,长此以往就会越来越偏执,轻者造成情绪不稳定,重者导致敌视、报复心理的增强,进而出现对抗行为。

2. 负性情绪明显。在长刑期罪犯中,负性情绪,如焦虑、抑郁、烦躁不安、冷漠等经常占据主导地位。有的罪犯坐立不安,惶惶然若祸事降临,并且还伴有胸闷、心悸、胃肠功能紊乱等植物性神经系统症状;有的罪犯在服刑中一遍又一遍地计算自己的刑期,在墙上对自己的刑期、入狱时间做记号;有的罪犯表情冷漠、长时间少言寡语等,这些行为都是负性情绪的外部表现。在这些负性情绪中最典型的就是悲观绝望,这种负性情绪往往会诱发一些极端行为的出现,应引起高度重视。

罪犯悲观绝望情绪的产生往往与下列一些因素有关:首先,漫长的刑期。罪行重、刑期长是长刑期罪犯独有的特点,正是这一特点使许多长刑期罪犯产生巨大的心理压力,进而导致悲观绝望心理的产生。尤其对初入监的长刑期罪犯来说,他们从昔日社会上自由自在的人甚至是放荡不羁的人,猛然间变成了失去自由而且是长期失去自由的人,变成了被严加看管的罪犯,渴望自由的心理受到重压,无法宣泄,因而转化为巨大的心理压力,出现悲观绝望的心理。其次,前途未卜。尽管罪犯生活在封闭的监狱中,但他们仍然能从电视、报纸等媒体中发现整个世界的快速变化,这使他们对未来的担忧油然而生。面对迅速变化的世界,自己将如何面对,自己的前途何在?有的罪犯谈到,现在许多大学生都找不到工作,自己刑期满时,既无年龄优势,又没有文

---

[1] 刘邦惠:"重型犯常见的心理问题及应对策略",载《河南司法警官职业学院学报》2006年第6期。

化和技能上的优势,如何在社会上立足,如何面对等待自己多年的妻子儿女,由此而忧心忡忡失去希望,进而产生忧郁、焦虑等负性情绪,严重的就会导致悲观绝望心理。最后,亲情的变故。失去亲情又特别渴望亲情是长刑期罪犯的一个心结,所以,亲人的变故对他们是重大的打击,父母重病或者死亡、离异、子女问题往往会引起他们心理上强烈的震动,导致悲观绝望心理的产生,进而出现极端的行为,如脱逃、自杀等。例如某罪犯从家中来信得知父亲病重,不惜一切越狱脱逃。

3. 人格变异。对罪犯的许多人格测试都发现,他们的人格有缺陷或有人格障碍的人为数不少。罪犯的人格缺陷或障碍有些是入狱前就已存在的,也有些是入狱后产生的。罪犯入狱后最突出的人格变异莫过于"监狱人格"的产生。监狱人格是罪犯适应监狱环境的特殊情况,主要表现为以下一些特点:其一,缺乏主动性,唯命是从,依赖他人,惰性增强。由于长期被强制改造,被动地按照刑罚执行机关限定的生活环境、生活内容和生活方式来约束自己的行为,逐渐形成卑躬屈膝、唯唯诺诺、完全听命于人,对任何事情没有主见、机械被动的行为模式。其二,阳奉阴违,人格具有多重性。长刑期罪犯在其服刑过程中,一方面,重判对他们产生了深刻的法律效应,他们必须面对现实,屈从于监狱警察的管教,以达到缩短刑期的目的,所以他们在监狱警察面前唯唯诺诺,唯命是从,察言观色,投其所好;另一方面,在内心深处,有些罪犯对改造生活和监狱警察十分厌恶、反感,在背后说监狱警察的长短,甚至凌辱、欺负比自己更弱小或处于困境中的其他犯人,有时甚至假借监狱警察的名义,在狱中横行霸道,充当牢头狱霸。在媒体面前或其他公开场合又表现出一副弱者的姿态,以此来获得他人的同情和谅解,这些截然不同的人格特点集于一身,尤其是在服刑时间长的罪犯中表现得极为明显。其三,过度自制,唯恐出错。长刑期罪犯面对漫长的刑期内心十分渴望减刑,因此,他们不得不加倍小心,注意控制个人的行为,久而久之使其人格发生变异。长期的过度自制,小心翼翼有可能使长刑期罪犯精神处于持续紧张状态,这种持续紧张积累到一定程度,有可能导致两种问题出现:一是当罪犯在服刑期遇到一些负性生活事件,如监狱警察的批评、其他罪犯的挑衅、亲人的抛弃等,甚至一点小刺激,都有可能导致罪犯负性情绪的爆发,出现强烈的攻击行为;二是导致罪犯严重抑郁,甚至出现自杀行为。

三、限制减刑罪犯心理

《中华人民共和国刑法修正案(八)》及最高人民法院《关于死刑缓期执行限制减刑案件审理程序若干问题的规定》已相继公布,并自2011年5月1日起施行。其中规定:对被判处死刑缓期执行的累犯以及因故意杀人、强奸、抢劫、绑架、放火、爆炸、投放危险物质或者有组织的暴力性犯罪被判处死刑缓期执行的犯罪分子,人民法院根据犯罪情节、人身危险性等情况,可以在作出裁判的同时决定对其限制减刑。《中华人民共和国刑法修正案(八)》第78条第2款第3项规定:"人民法院依照本法第五十条第二款规定限制减刑的死刑缓期执行的犯罪分子,缓期执行期满后依法减为无期徒刑的，不能少于二十五年，缓期执行期满后依法减为二十五年有期徒刑的，不能少于二十年。"从以上的规定可以看出，被判限制减刑的死缓罪犯实际在监狱至少要服满22年（确有重大立功表现），一般情况要在监狱服刑27年以上。限制减刑罪犯罪行重、在监狱服刑时间长，危害性大，是监管工作"抓两头"的另一关键端。

（一）限制减刑罪犯的基本特征[1]

1. 以中青年罪犯为主。通过对某监狱限制减刑罪犯的调查，结果显示，从年龄上看，20至30岁的约占限制减刑男性罪犯总数的38%，31至40岁的约占29%，41至50岁的约占25%，50岁以上的约占8%，可见，中青年罪犯居多。另有监狱的调查也得出了同样的结果：青壮年罪犯占绝对多数，占所有限制减刑罪犯的78.4%。

2. 文化程度及社会地位较低。从文化程度构成状况看，限制减刑罪犯的文化程度呈现低文化的特征，以小学和初中为主，文盲（半文盲）比例为10%左右，小学以下文化程度的比例超过46%；从职业状况来看，无业人员或失业人员的比例超过28%，有正当职业的仅占23%。

3. 暴力类犯罪为主，主观恶意强。在犯罪类型上，某监狱限制减刑罪犯中，故意杀人罪约占65%，抢劫罪约占20%，涉毒罪约占4%，故意伤害罪约占15%，强奸罪约占5%；两次及以上犯罪的约占总数36%。另外的调查也显示，限制减刑罪犯中故意杀人罪、抢劫罪、故意伤害罪、强奸罪占90.2%；数罪并罚者30.1%，两次以上犯罪者占27.7%。可见限制减刑罪犯的犯罪主观恶意强，改造经验丰富，熟悉监狱管理模式，具有较强的适应性和顽固性。

4. 人身危险性相对较大。就人身危险性而言，某监狱的调查显示，具有行凶危险的占50%，有自杀危险的占24%，有脱逃危险的占16%。

（二）限制减刑罪犯的心理特征

1. 对犯罪行为存在认知偏差。限制减刑罪犯由于文化程度相对较低，因此对于自己的犯罪行为存在较多的认知偏差。对此，某监狱曾对限制减刑罪犯进行了调查，[2]具体结果如下：

犯罪归因外化较为明显。只有31%的人认为犯罪主要是由个人原因造成的，有69%的人认为自己是"社会的受害者"。不可否认，客观因素也会导致犯罪行为的产生，外因需要通过内因发挥作用，内因起决定性作用。一味的外归因就是罪犯推卸责任的表现，对改造是十分不利的。

对犯罪行为的认知存在偏差。严厉的惩罚，漫长的刑期，让大部分（85%）限制减刑罪犯感到非常后悔，并对受害人有愧疚感，这对监狱今后开展心理矫治是很有帮助的。但另一方面，有62%的人在愧疚的同时也认为被害人有错。

---

[1] 邵晓顺、薛珮琳主编："矫正机构中期教育理论与实务"，群众出版社2015年版；唐斌，王成伟："新形势下限减犯的改造特点及对策研究"，载《经贸实践》2017年。

[2] 北京市监狱管理局潮白监狱课题组："限制减刑罪犯的心理矫正对策研究"，载《犯罪与改造研究》2014年第7期。

对犯罪危害的认知以自我为主。限制减刑罪犯关注的是对自己和家人带来的伤害，他们对犯罪危害的认知首要的着眼点是自己，尽管深刻感受到刑罚给自身带来的痛苦，但对犯罪给社会和被害人带来的伤害缺乏深刻的认知（具体数据见表7.1）。这种认知偏差会直接影响限制减刑罪犯在监狱期间的表现。

表7.1 限制减刑罪犯对犯罪危害性认知的调查结果表

项目	单选人数比（%）	多选人数比（%）
让自己的家庭蒙羞、痛苦	8	92
让自己失去人身自由	8	92
严重影响到自己的将来	15	92
危害了社会	0	92
给被害人造成了无法挽回的严重后果	0	85
给家人造成了无法挽回的严重后果	15	92
给自己带来了终身的悔恨	54	92
其他	0	0

入监初期，鉴于监狱的监管手段及高压态势，绝大多数限制减刑罪犯能遵守监规纪律，服从管理，较少发生违纪行为，服刑一段时间后，了解到法律对限制减刑罪犯的相关规定后，绝大多数罪犯会感觉服刑压力大，对漫长刑期产生悲观失望情绪。

2. 改造信心不足，认罪悔罪态度反复。有的限制减刑罪犯入监后对限制减刑的政策不甚了解，思想准备不足，得知无法减刑后，改造信心明显不足，改造言行消极，行为表现相对偏执，日常表现得过且过，对其他罪犯的改造产生负面影响。少数罪犯为寻求内心平衡，不断申诉，期待改判奇迹的发生。

现行的罪犯奖惩考核方法是以促进罪犯积极改造从而早日回归社会为导向的，因此对于限制减刑罪犯而言，刺激激励作用非常弱化。减刑假释、缩短刑期是所有罪犯的希望，而限制减刑罪犯看不到希望。限制减刑罪犯在日常生活中表现出精神面貌不佳，对自身要求不高，放松约束，规范意识较差，不太愿意与其他罪犯交往，对大多事物抱无所谓态度，缺乏热情，提不起兴趣。对于文化和技术教育，总有破罐破摔的思想，认为学了也没用，反正出不去，学多了只会加重负担，对自己没有任何好处。对心理矫治也有明显的排斥心理，在进行《罪犯个性分测验》等心理测验时，说谎因子偏高。对心理咨询不配合，认为自己虽是重犯，但不是精神病犯，没有什么不正常的。喜欢监狱警察对自己进行个别教育，但不是真心愿意接受教育，而是向监狱警察诉苦或炫耀自己的犯罪，以宣泄不快，获得慰藉和支持。

3. 情绪低落，稳定性差。减刑受到限制，刑期被延长，使得限制减刑罪犯对前途不抱希望，悲观失望，有的罪犯甚至担心自己是否能够活着出去，他们往往把自己看成是监狱内最不幸的人，过多地从自己的感受和需求出发，对监狱的正常管理多有不满，提出各种要求，希望监狱区别对待，给予宽松的环境。

限制减刑罪犯的卡特尔 16 种个性测验结果显示，他们的敢为性指标都较高，都体现出敢作敢为，大胆冲动。另外有 85% 的人兴奋性指标明显偏高，62% 的人稳定性指标明显偏低。这与限制减刑罪犯的罪犯类型构成是一致的，限制减刑罪犯绝大部分都是暴力罪犯，冲动，情绪稳定性较差。限制减刑罪犯敢为性高的特点，造成他们多数情绪稳定性较差，自我调控能力差，通常心情暴躁，易生烦恼，而对困难和挫折欠沉着冷静，易受环境影响，心神摇摆不定，喜悲情绪骤变明显，且不容易恢复平静。如罪犯王某因看病效果欠佳，在监舍内摔打个人物品进行发泄。

4. 心理压力大，易轻生。限制减刑罪犯自称为"活死人"，普遍认为"刑期比命长"，看不到未来和希望；因为刑期长，大部分限制减刑罪犯担心家人难以付出长时间的关心关爱，早晚会被亲人遗弃；有的认为就算熬到出狱时也是一个被社会淘汰的废人了。心理压力大，破罐破摔、自暴自弃的想法在限制减刑罪犯中比较普遍，有的甚至产生要求法院重新从严从重判处死刑的极端念头，有的则存在自伤自残等冲动。部分限制减刑罪犯随年龄增长将面临家庭破碎，妻离子散、无人关心等变数，悲观情绪较大，易走极端。

思考题

1. 我国监狱对罪犯是如何分类的？具体有哪些分类标准？
2. 物欲型、暴力型、性欲型罪犯的心理特征主要有哪些？
3. 未成年犯入狱后的心理和行为特征有哪些？
4. 长刑期罪犯和限制减刑罪犯的心理特征有什么异同？

专题八 罪犯异常心理分析

> 罪犯处于特殊的监禁环境中,由于环境适应不良、自身性格缺陷等原因,多数罪犯都存在不同程度的心理失调,监狱警察必须在日常管理中注意观察和交流,避免罪犯心理恶性发展和行为失控。因此,研究罪犯异常心理,对罪犯心理分析具有重要的意义。
>
> 本专题主要介绍心理正常与心理异常的区分,心理健康与心理不健康的区分;罪犯异常心理的概念、识别以及罪犯群体中常见的异常心理。

学习任务一 心理正常与心理异常的区分

异常心理属于变态心理学的研究范畴,变态心理学是以心理行为异常表现为研究对象的心理学分支学科。它研究各种形式的变态心理,侧重研究和说明异常心理的基本性质与特点,个体心理差异以及生存环境对异常心理发生、发展的影响作用。[1]变态心理学的研究可以帮助人们从异常与正常的对照中更加清楚地揭示人的心理本质,即揭示心理现象对于大脑的依赖关系,以及对于客观现实的依赖关系。

一、心理正常的概念

"心理正常"就是具备正常功能的心理活动或者说是不包含有精神病症状的心理活动。正常心理是一个完整的统一体,各个心理过程及心理特征之间互相联系、相互影响,协调一致地在实践活动中发挥作用。

正常的心理活动,具有适应环境、正常人际交往、认识客观世界三大功能。

第一,保障人顺利地适应环境,健康地生存发展。

第二,保障人正常地进行人际交往,在家庭、社会团体、机构中正常地肩负责任,使社会组织正常运行。

第三,保障人正常地反映、认识客观世界的本质及其规律性。

二、心理异常的概念

变态心理学把丧失了正常功能的心理活动称为异常。心理异常是指丧失了正常功能的心理活动。其一,有行为和人格偏离以及不良适应性反应;其二,有心身障碍或

---

[1] 邵晓顺:《服刑人员心理矫治:理论与实务》,群众出版社2012年版,第89页。

称心理生理障碍；其三，有异常行为表现。

世界上的事物，都有正和反两个方面，人的心理活动也是如此。[1]通常，人们总是把在群体中出现频率高的心理现象称为常态，反之则称为变态。

变态心理有多种表现形式，可根据不同的标准或其严重程度分类。按心理过程或症状可分为：感觉障碍、知觉障碍、注意障碍、记忆障碍、思维障碍、情感障碍、意志障碍、行为障碍、意识障碍、智力障碍、人格障碍等；按临床精神疾病的表现或症状可分为：精神病性障碍、人格障碍、药物和酒精依赖、性变态、心理生理障碍、适应障碍、儿童行为障碍、智力落后等。

三、区分心理正常与心理异常的判别标准

要准确地区别心理正常与心理异常并不是一件容易的事情。首先，心理的正常与异常之间的界限往往只是相对而言，不十分清晰，有时甚至互相重叠，两者之间在某些情况下可能有本质的差别，但在更多的情况下可能只有程度的不同。其次，异常心理的表现受多种因素的影响，诸如生物因素、心理状态、社会环境等，研究者所选取的角度不同，判断的标准也就不同。区分心理正常与心理异常的方法有许多，如常识性的区分、非标准化的区分、标准化的区分、心理学的区分等，但至今没有公认的心理正常与心理异常区分的统一判断标准。

李心天对区分正常心理与异常心理提出如下四类判别标准：

（一）医学标准

在这种标准下，精神障碍是躯体疾病。如果一个人的某种心理或行为被疑为有病，就必须找到它的病理解剖或病理生理变化的根据，在此基础上认定此人有精神障碍；其心理或行为的表现，则被视为疾病的症状，其产生原因则归结为脑功能失调。

这一标准为临床医师广泛采用。他们深信，有精神障碍的人的脑部，应当有病理过程存在。有些目前未能发现明显病理改变的精神障碍，可能在将来会发现病人的大脑中，已发生了精细的分子水平上的变化。这种病理变化，才是区分心理正常与心理异常的可靠根据。医学标准使心理障碍纳入了医学范畴，这种做法对精神障碍的研究，曾经作出过重大贡献。

（二）统计学标准

在普通人群中，人们的心理特征，在统计学上服从正态分布。这样，一个人的心理正常或异常，就可根据其偏离平均值的程度来决定。以统计数据为依据，确定正常与异常的界限，多以心理测验为工具。

统计学标准提供了心理特征的量化资料，其操作简便易行，便于比较，因此，受到很多人欢迎。但这种标准也存在一些明显的缺陷，例如，智力超常或有非凡创造力的人在人群中是极少数，但很少被人认为是病态；此外，有些心理特征和行为也不一

---

[1] 郭念锋：《心理咨询师（基础知识）》，民族出版社2015年版，第300页。

定服从正态分布,而且心理测量的内容同样受社会文化制约。所以,统计学标准的普遍性也只是相对的。

(三) 内省经验标准

内省经验涵盖两个方面:一是病人的内省经验,如病人自己觉得有焦虑、抑郁或说不出明显原因的不舒适感,自己觉得不能控制自己的行为,等等。二是观察者的内省经验,如观察者把被观察者的行为与自己以往的经验相比较,从而对被观察者做出心理正常或异常的判断。

这种判断具有很大的主观性,不同的观察者有各自的经验,所以评定行为的标准也就各不相同。当然,如果观察者接受的是同一种专业训练,那么,对同一种行为,观察者们也能形成大致相近的看法,甚至对许多精神障碍仍可取得共识,但对某些少见的行为,仍可能有分歧,甚至意见截然相反。

(四) 社会适应标准

在正常情况下,人能够维持生理和心理活动的稳定状态,能依照社会生活的需要,适应环境和改造环境。因此,正常人的行为符合社会的准则,能根据社会要求和道德规范行事,这时,我们说他的行为是一种社会适应性行为。如果由于器质的或功能的缺陷,使得某个人的社会行为能力受损,不能按照社会认可的方式行事,那么,我们就认为此人有精神障碍。这一判断,是将此人的行为与社会行为相比较之后得出的。

四、心理学的区分原则

郭念锋认为,区分心理的正常与异常,应该从心理学角度切入,以心理学对人类心理活动的一般性定义为依据,只有这样,才能使该问题明朗化。

根据心理学对心理活动的定义,即"心理是脑对客观事物的主观反映",提出如下三条原则,作为确定心理正常与异常的依据。

(一) 主观世界与客观世界的统一性原则

因为心理是客观现实的反映,所以任何正常心理活动或行为,在形式和内容上必须与客观环境保持一致。如果一个人坚信他看到或听到了在客观世界中并不存在的刺激物,那么,这个人的精神活动就不正常了,因为他产生了幻觉。如果一个人的思维内容脱离现实,或思维逻辑背离客观事物的规律性,这时,这个人就是产生了妄想。如果一个人的心理冲突与实际处境不相符合,并且长期持续,无法自拔,这个人的精神活动就不正常了,他产生了神经症性问题。这些都是我们观察和评价人的精神与行为的关键,称之为统一性(或同一性)标准。人的精神或行为只要与外界环境失去同一性,必然不能被人理解。

在精神科临床上,常把有无"自知力"作为判断精神障碍的指标,其实,这一指标已涵盖在上述标准之中。所谓无"自知力"或"自知力不完整",是指患者对自身状态的错误反映,或者说是他的"自我认知"与"自我现实"的统一性的丧失,如精神分裂症的幻觉、妄想等症状。在精神科临床上,还把有无"现实检验能力"作为鉴别心理正常与异常的指标,其实,这一点也包含在上述标准之中。因为若要以客观现实来检验自己的感知和观念，必须以认知与客观现实的一致性为前提。

（二）心理活动的内在协调性原则

人的心理活动被分为认知、情绪情感、意志行为等部分，是一个完整的统一体，各种心理过程之间是协调一致的。这种协调一致性，使人在反映客观世界过程中具有高度的准确性和有效性。

如一个人用低沉的语调述说令人愉快的事，对痛苦的事做出快乐的表情，说明他的心理过程失去了协调一致性，认知与行为不协调，称为异常状态。

（三）人格的相对稳定性原则

一个人在长期的人生道路上，会逐步形成自己独特的人格心理特征，这种人格心理特征一旦形成，便具有相对的稳定性，在没有重大外界变革的情况下，一般是不易改变的。如果在没有明显的外部重大原因的情况下，一个人的人格相对稳定性出现问题，我们也要怀疑这个人的心理活动出现了异常。所以，可以把人格的相对稳定性作为区分心理活动正常与异常的标准之一。

上述三条标准是并列关系，只要一个人违反了其中的一条原则，就可以判定其心理出现了异常状态。

学习任务二　　心理健康与心理不健康的区分

心理正常、心理不正常，心理健康、心理不健康，这是在学习和讨论心理咨询问题时常常使用的概念。只有将这些概念区分清楚，把它们之间的联系梳理通顺，才可以排除监狱心理矫治工作者交流意见时的障碍。

一、心理健康的含义

心理健康是指各类心理活动正常、关系协调、内容与现实一致和人格处在相对稳定的状态。

"心理健康"和"心理不健康"属于"心理正常"范围内的，"心理正常"这一概念之中包含着"心理健康"和"心理不健康"这两个概念，如图8.1。

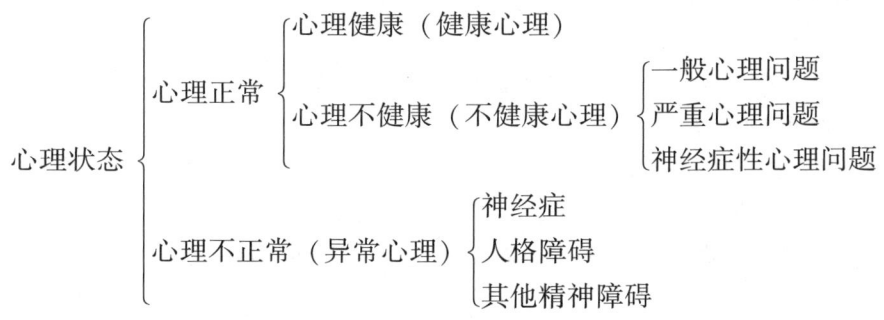

图8.1　心理状态分类图

心理健康有过许多标准，如许又新的三标准、郭念锋的十标准等，但其内容大同小异。心理健康的标志主要有：①身体、智力、情绪十分协调；②能适应环境，人际关系中能彼此谦让；③有幸福感；④在职业工作中，能充分发挥自己的能力，过着有效率的生活。

区分和鉴别有无心理问题，依据四个维度来判定：刺激的性质、反应的持续时间、反应的强度和反应是否泛化。

二、心理不健康的含义

心理不健康是指心理活动在非常规条件下变得相对失衡，并对个体生存发展和稳定生活质量起着负面作用时的状态。心理不健康状态包括：一般心理问题、严重心理问题、神经症性心理问题（可疑神经症）。

三、心理不健康的表现类型

（一）一般心理问题

诊断某人为一般心理问题，必须满足如下四个条件：

1. 由于现实生活、工作压力、处事失误等因素而产生内心冲突，并因此体验到不良的情绪（如厌烦、后悔、懊丧、自责等）。

2. 不良的情绪不间断地持续一个月，或不良情绪间断地持续两个月仍不能自行化解。

3. 仍能理智地控制自己不良情绪的反应，始终保持行为不失常态，基本上能维持正常生活、学习、社会交往，但效率有所下降。

4. 自始至终，不良情绪的激发因素仅仅只局限于最初的事件，即便是与最初事件有联系的其他事件，也不引起此类不良情绪。

综合描述，可给出如下定义：一般心理问题是由现实因素激发、持续时间较短、情绪反应能在理智控制之下、不严重破坏社会功能、情绪反应尚未泛化的心理不健康状态。

案例 1

罪犯沈某，男，53岁，大专文化，已婚，犯非国家公务人员受贿、职务侵占罪，被判处有期徒刑7年。

案例介绍：沈某出生于工人之家，家庭条件较好，从小受到父母的宠爱。高中毕业后进工厂，后考上大学，大学毕业后在企业担任过团支书、技术科长、工会主席等职务。后从企业调入某区政府科技咨询中心工作，担任主任，对自己的工作岗位比较满意。沈某有一个幸福美满的三口之家，有一个很贤惠的妻子和一个大学快毕业的女儿。

沈某目前患有强直性脊柱炎，睡眠质量下降。不愿意参加集体活动，回避与其他服刑罪犯交往，做事情兴趣下降。

SCI-90心理测试，抑郁3.1，焦虑2.3，人际关系2.0；COPA-PI（中国罪犯心理测试个性分测验测评）测评结果，PD2情绪稳定性68，PD4冲动性65，PD7信任感63，PD10心理变态倾向67等因子分偏高，其余因子分与常模比较为正常。

监区管教警察反映：沈某感知觉尚好，情绪稳定，逻辑思维清晰，情感表达自如一致，自控能力较好，但存在认知偏差。

沈某自从一个多月前妻子会见时得知弟弟被捅死，其妻子自己身患红斑狼疮等事件后，就出现情绪低落、闷闷不乐，经常唉声叹气或独自发呆等情况。最近一个月情况加重，出现失眠、头痛等，感觉心情很烦躁。在监区警察对其个别谈话教育过程中，沈某曾流露出怕自己在计量员岗位上出现差错（但没有请求为其调换工种）。虽然沈某在车间计量员岗位上没有出现差错，但劳动积极性没有以前高，自己也为此感到十分苦恼，在监区警察的建议下，沈某主动要求咨询。

同监区的其他服刑罪犯反映：沈某爱一个人待着，也不喜欢搭理人，有时半夜偷偷哭泣。

沈某主诉：最近感觉很失落、压抑、空虚，总之很郁闷。情绪一直起伏不定，做事情不感兴趣，白天老是分神，晚上睡眠质量很差。

沈某陈述：我原来有一个美满的家庭，有一个很贤惠的妻子和一个大学快毕业的女儿，还有一份满意的工作。由于我的一念之差坐了牢，现在我的人生全完了。我的身体也一直不好（患有强直性脊柱炎，比较严重），现在感觉病变在加速，这段时间右手2个手指很僵硬；会见时得知自己亲弟弟因停车问题，被人不小心捅死，而这个弟弟身体最健康（家中另一弟弟因强直性脊柱炎致下身瘫痪），80多岁（经查档是74、75岁）的爸妈都要靠他照顾；上个月又得知妻子身患红斑狼疮，而这病很难治好；今年女儿又面临大学毕业工作难找的问题（要是以前还可以找找门路，帮帮忙）……我怎么这么倒霉，老天爷怎么这么不公平，所有不好的事情都摊到我的头上，你说我该如何面对这一连串的事情？我感觉我现在的生活糟糕透了，不知道如何是好。特别是在晚上，脑子经常想这些问题，失眠现象比较严重。白天感觉很疲劳，有时会头痛，食欲也下降。我曾怀疑自己是不是又得了神经衰弱。最糟糕的是现在我对什么事都提不起兴致来，改造一点希望都没有了（年纪大，刑期又这么长）。有些事情也不多跟人家讲，毕竟我曾是一个具有20年党龄的党员，怕影响不好。

本案例中，罪犯沈某入狱前有一个幸福美满的家庭，被捕前是某单位的负责人，构成了一个相对较高的社会地位，受贿、犯职务侵占罪入狱后，生活环境发生巨大变化，生活质量急剧下降，新的身份、新的环境，再加上家里接二连三发生的事情作为"催化剂"，使得他失去了精神支柱，内心无法承受。沈某从家庭的砥柱、社会的佼佼者沦落为囚犯，在适应新的环境过程中，内心的冲突在所难免。沈某表面上是在入监改造环境的不适应、身体不好、弟弟被害、妻子的突然生病、女儿工作无着落等生活事件诱发下产生了抑郁情绪，但实质是其内在不合理信念对上述诱发事件的解释最终导致其心理问题的产生并加重。

从观察和了解中知道，沈某有好面子、好胜的性格，有些事情不愿与人沟通交流，自我抬高、自我封闭。加上沈某从小生活在环境较优越的家庭，从读书到工作一帆风顺，心理承受挫折能力低，再加上认知上的偏差等导致负性情绪郁积。

所以，根据判断心理正常与异常的三原则，可排除沈某精神病。因为沈某的主客观世界是统一的，表现在出现问题时都有一定的诱因，对自己的症状能自知，并因内心冲突感到痛苦压抑，能主动寻求帮助；精神互动的内在协调一致，提及家人时表现出悲伤、内疚、思念等情绪，即对负性生活事件表现出情绪低落、悲伤等情绪；个性也相对稳定。从病程、精神痛苦程度、社会功能受损程度评定，沈某病程（从症状加重时起算：一个月）可评1分，精神痛苦程度（自己摆脱不了，需别人帮助引导）可评1分，社会功能受损程度（人际关系有轻微妨碍）可评1分，合计总分为3分，故此排除神经症性心理问题。此外，由于沈某的情绪问题持续时间较短（一个多月），没泛化现象，问题出现影响小，社会功能受损程度轻，所以可以排除严重心理问题。

依据沈某的心理问题是由现实刺激引发；时程较短，只有一个多月；不良情绪体验在控制范围内；内容没有泛化，可以判断，沈某属于一般心理问题。[1]

（二）严重心理问题

诊断为严重心理问题，必须满足如下四个条件：

1. 引起"严重心理问题"的原因，是较为强烈的、对自己威胁较大的现实事件所刺激，内心冲突是常形的，并体验着不同痛苦的情绪（如悔恨、冤屈、失落、恼怒、悲哀等）。

2. 从产生痛苦情绪开始，痛苦的情绪间断或不间断地持续在两个月以上，半年以下。

3. 遭受的刺激强度大，反应强烈，大多数情况下，会短暂地失去理性的控制，在后来的持续时间里，痛苦程度可能逐渐减弱，但是，单纯地依靠"自然发展"或"非专业性的干预"难以解脱，对生活、工作和社会交往有一定程度的影响。

4. 痛苦情绪不但能被最初的刺激引起，而且与最初事件刺激相类似、相关联的事件刺激，也能引起此类的情绪痛苦，即反应对象被泛化。

综合描述，可给出如下定义：严重心理问题是由相对强烈的现实因素激发，初始情绪反应强烈、持续时间较长、内容充分泛化的心理不健康状态。"严重心理问题"有时伴有某一方面的人格缺陷。

---

[1] 案例引自邵晓顺主编：《服刑人员心理矫治：理论与实务》，群众出版社2012年版，第95~98页。

案例 2

罪犯苏某，男性，26岁，文盲，未婚。苏某家庭经济状况不好，从小受到继母虐待，小学二年级辍学，14岁离开家以后，一直未与家人联系。入狱前有一女友，感情很好，女友曾教他识字写字，所以具备最基本的阅读写作能力。苏某个性偏内向，喜欢音乐，学习和劳动基本能维持正常，但常与他人发生争执，一旦产生矛盾就会有一些过激表现。

SCL-90心理测验总分234分，偏执2.3，躯体化2.0，强迫2.9，人际2.7，抑郁3.0，敌对3.5，焦虑2.3。

苏某主述：多种不良情绪已有四个多月，睡眠质量下降，入睡困难、早醒、噩梦，曾在梦中尖叫惊醒，情绪不稳定，自控能力差，与其他罪犯交流较难。

苏某陈述：幼年丧母，因为继母的缘故，小学二年级辍学。家庭经济状况不好，14岁离家打工，一直未与家人联系，自己两次犯罪都是因为讲义气，帮朋友。

半年前在劳动时与其他罪犯发生争执后，又被组长冤枉是他的错，因为不想把事情搞大了，自己也就忍气吞声没有报告警官，但心里一直感到很委屈。最近几个月脾气变坏，很容易与他人发生争执，特别是被别人批评时，一激动就扇自己巴掌，觉得只有这样才能控制自己的情绪。这样的事情发生过几次后大家都躲着自己，为此感到很苦恼，但也没有别的方法来控制自己的情绪。

几个月来睡眠不好，入睡困难，容易早醒。两个礼拜前做了一个噩梦，在半夜里大叫起来，自己也不知道，是其他罪犯说的。面对目前的状况，觉得自己无法摆脱困境，也希望能改掉自己的毛病，重新认识自己，所以前来咨询。

监区警察反映：苏某情绪控制能力较差，常常钻牛角尖，找其谈话时，常流泪哭泣，怀疑该犯患有癔症。

咨询师观察和了解：苏某初诊时略有些紧张，但在叙述过程中，条理清楚，感知觉、记忆、思维和语言能力正常。苏某填写的咨询预约表，虽然字迹难看，但语言组织能力尚可。苏某存在着焦虑、抑郁、敌对、偏执等多种负性情绪，且情绪波动性较大，但自制力完整，有求治欲，态度诚恳。

根据苏某主客观世界统一，认知、情绪情感、意志行为内在协调，人格相对稳定，无幻觉、妄想，自知力完整等情况，排除苏某重性精神病。此外，苏某情绪波动大，已持续四个多月，但社会功能基本完整，无其他明显癔症症状，可排除神经症。另外，苏某情绪和心理问题出现的影响相对严重、持续时间长，所以也排除一般心理问题。

苏某的不良情绪持续四个月，病程相对较长；痛苦体验较深，自己无法排解，需要向外界求助；社会功能基本完整，情绪波动大，容易失控，据此，苏某属于严重心理问题。[1]

---

[1] 案例引自邵晓顺主编：《服刑人员心理矫治：理论与实务》，群众出版社2012年版，第99~101页。

(三) 神经症性的心理问题 (即"可疑神经症")

在第三种类型的心理不健康状态下，内心冲突是变形的，已接近神经症，或者它本身就是神经症的早期阶段。

案例 3

罪犯田某，男性，25岁，未婚，初中文化程度，贩毒罪，判处有期徒刑6年。

案例介绍：田某自入监以来，改造决心较大，力争早日回家。为此，在服刑期间，劳动积极，学习认真，取得较好的成绩，多次获年度表扬和记功。田某计划当上生产或学习组长，再评上年度劳积，争取多减刑或假释回家。田某在改造中表现积极，并取得了一些成绩，得到了周围其他罪犯的认可，为此他有些沾沾自喜。

春节前，田某所在小组的组长减刑释放，田某以为组长的位置非他莫属，但令他感到非常意外的是，另一名入监才一年六个多月的罪犯当上了组长，这件事对他打击很大。他觉得那名罪犯一定是找了关系，走了后门才当上组长的。田某感觉警官不重视自己，觉得自己在这里改造没有希望了，非常沮丧。十个多月来，田某经常晚上睡不着觉，白天精神恍惚，注意力不集中，劳动和学习的效率明显下降，食欲减退，体重明显下降，不愿参加娱乐活动，无心学习，也不与其他罪犯来往和交谈，最终主动寻求心理咨询。

心理咨询师观察了解到的情况：田某在叙述过程中条理清楚，十分健谈，倾诉欲望强烈。田某家庭经济状况不好，与家人关系一般。田某个性外向，喜欢运动，争强好胜，追求完美。

本案例中，田某的心理问题并非由躯体疾病引起，根据病与非病的三原则可排除是精神病。而田某的内心冲突有现实意义，并有泛化和回避出现，社会功能受损，这种严重的心理问题已持续了十个多月。所以与监区沟通后，希望能安排田某接受相关的检查和会诊。

综述：如果在出现"严重心理问题"后的一年之内，求助者在社会功能方面出现了严重缺损，那么，应该作为可疑神经症患者或其他精神疾病患者提出会诊和转诊精神科。[1]

三、神经症与正常心理的区分

在精神科工作中，神经症与正常心理的分界线并不成为一个问题。因为到精神科就诊的病人，几乎都是症状比较重且患病时间比较长的。但是，在监狱、看守所、社区矫正办的工作中，神经症与正常心理的区分就成为一个问题，其关键在于深入了解该罪犯的心理，弄清楚其心理冲突的性质。从现象或事实的角度来说，心理冲突有常

---

[1] 案例引自邵晓顺主编：《服刑人员心理矫治：理论与实务》，群众出版社2012年版，第101~102页。

形与变形之分。心理冲突的常形有两个特点：一是它与现实处境直接相联系，涉及大家公认的重要生活事件。例如，某罪犯因受刑事处罚，造成夫妻关系不和，配偶提出离婚，而该罪犯不想离婚，为此感到十分苦恼；二是带有明显的道德性质，无论持什么道德观点，总是可以将冲突的一方视为道德的，而将另一方视为不道德的，上述的例子便是如此。心理冲突的变形也有相应的两个特点：一是与现实处境没有什么关系，或者涉及的是生活中的鸡毛蒜皮，一般人认为简直不值得为这些事操心，没有学习过精神病学的人感到难以理解，很容易解决的问题为什么该罪犯却解决不了。例如，某罪犯因患失眠症，每天晚饭后就陷于吃安眠药还是不吃安眠药的痛苦冲突之中：吃药怕肝硬化和上瘾；不吃药怕睡不着，影响第二天的学习和劳动。这对没有学习过精神病学的人来说并不是很大或解决不了的问题，认为想吃就吃，不想吃就不吃，实在决定不了可以去问医生；二是不带明显的道德色彩。如上例，不能说吃安眠药和不吃安眠药，哪个是道德的，哪个是不道德的。心理冲突的变形是神经症性的，而心理冲突的常型则是大家都有的经验。显然，如果陷于心理冲突的常型，甚至并没有什么痛苦的心理冲突，那么，充其量只是心理生理障碍，而不是神经症。要注意的是，一旦出现头痛、失眠、记忆差或内脏功能障碍，原来不明显的心理冲突便会尖锐化，也很容易出现变形，例如明显的疑病症状。

心理冲突的解释和分析需要精神病学的知识和技巧，一般可以用比较容易掌握的方法来进行评定。

表8.1 神经症与正常的分界线

评分 项目	1	2	3
病程	<3月	3~12月	>1年
精神痛苦	主动设法摆脱	别人帮助或改变处境	完全无法摆脱
社会功能	轻微受损	中度受损	严重受损

评分标准：

<3分：非神经症

3~5分：可疑神经症

>6分：确诊神经症

对神经症的诊断评定包括三方面：

病程：不到三个月为短程，评1分；三个月到一年为中程，评2分；一年以上为长程，评3分。

精神痛苦的程度：轻度病人自己可以主动设法摆脱，评1分；中度病人自己摆脱不了，须靠别人的帮助或处境的改变才能摆脱，评2分；重度病人几乎完全无法摆脱，评3分。

社会功能：能照常工作学习或者工作学习以及人际交往只受轻微妨碍者，评1分；

中度社会功能受损害者，工作学习或人际交往效率显著下降，不得不减轻工作量或改变工作或只能部分工作，或某些社交场合不得不尽量避免，评2分；重度社会功能受损害者完全不能工作学习，不得不休病假或推卸，或某些必要的社会交往完全回避，评3分。

如果总分为3分以下，可以认为不够诊断为神经症；如果总分在6分以上，神经症的诊断是可以成立的；总分在4～5分的为可疑病例，需进一步观察确诊。

要补充说明的是，对精神痛苦和社会功能的评定，至少要考虑近三个月的情况，评定涉及的时间太短是不可靠的。

案例 4

罪犯郑某，男性，22岁，初中文化程度，被捕前在家待业，未婚，因犯抢劫罪被某县人民法院判处有期徒刑8年。

郑某5岁时，父亲因有外遇和母亲离婚。母亲再次结婚后，跟母亲和继父一起生活，家庭基本和睦。自投入监狱服刑以来改造很积极，多次受到警官的表扬。在一次节日卫生大扫除中，因宿舍门后的灰尘未扫掉，警官错怪是他的责任批评了他，郑某当时觉得很委屈，认为这不是他包干的卫生区域，但郑某没有将此事和任何人讲，只是闷在心里。不久后，郑某总觉得警官对他有看法，小组里的其他罪犯也躲着自己。后来他突然闻到自己身上有一种怪味。郑某心想，可能是警官和小组里的罪犯感觉到其身体有怪味而对自己有看法并不愿意与自己接近。为此郑某要求去医院看病治疗。经监内卫生所和监狱医院检查后，医生告诉郑某是心理作用，身体没有任何病，也没有发现其身上有任何气味，但郑某自己还是能闻到自己身上的那股怪味。现在郑某也不敢去人多的地方，也不愿参加监内组织的集体和娱乐活动等，因为怕自己身上的怪味招致他人的讨厌。

本案例中，郑某的感觉是异常的，在经过若干年的发展之后，其他症状也会充分表现出来，但事实上至今已有三年多，郑某并未出现其他症状。所以，在临床心理学范围内只能认为是一种边缘状态。同样，在对郑某进行心理治疗的同时应警惕其转化为精神病的可能。

在心理咨询临床上，对"严重心理问题"的诊断并不困难，但诊断困难的关键是与神经症进行鉴别。神经症的鉴别要点是"内心冲突的性质"和"病程"，而社会功能的破坏程度，也应作为参考因子予以考虑。

总之，边缘状态的精神症状与精神病的症状类似，这类人是精神病的易感者，在人群的精神健康水平的分布中，他们处在正常与异常的边缘状态。[1]

---

[1] 案例引自邵晓顺主编：《服刑人员心理矫治：理论与实务》，群众出版社2012年版，第104～105页。

学习任务三　罪犯异常心理

一、罪犯异常心理的含义

罪犯异常心理是指偏离正常心理的负面的心理活动和行为,如罪犯的各种心理活动内部(知、情、意)发生了紊乱或者与其外部环境之间出现了不协调,罪犯的某些心理特征的连续性和稳定性在较短的时间内发生了较明显的变化和破坏等。

从本质上看,罪犯的心理障碍与普通公民的心理障碍没有任何不同,但在具体的表现形式和表现内容等方面,在很大程度上存在着差异,常带着浓厚的犯罪痕迹和监狱环境的色彩,反映出监狱和被监禁的社会环境特点。

在判断罪犯心理是否正常时,不能仅凭某一个或者某几个症状就作出判断,一定要从整体上把握,并将罪犯放在他所生活的大环境中进行全方位的比较和对照。同时,也要综合考虑组成罪犯心理现象的几个方面的内容:常态心理、犯罪心理、刑罚心理和改造心理。因为罪犯的这些心理活动既是并存的,又是互相矛盾、相互作用和影响的。要把罪犯的心理活动放在监狱这个特殊的刑罚环境中来观察,从纵向与其入监前的常态心理和犯罪心理相联系,并且应该考虑到其犯罪前正常的个性心理特征等多种社会心理因素的影响;从横向与其他罪犯的"正常"表现相比较,与其刑罚心理相比较。

二、罪犯群体中常见的异常心理

异常心理是对许多不同种类的心理和行为失常的统称。根据中华医学会精神科分会制定公布的《中国精神障碍分类与诊断标准(第3版)》(CCMD-3),心理异常共分为10类:脑器质性精神障碍与躯体疾病所致的精神障碍;精神活动性物质与非依赖性精神物质的精神障碍;精神分裂症及其他非器质性精神病性障碍;与心理社会因素相关的生理和行为障碍;人格障碍,冲动控制障碍与性行为障碍;精神发育迟滞;儿童青少年精神障碍;其他精神障碍及与心理卫生密切相关的几种情况。

在分析罪犯异常心理时,除了要掌握和了解普通人心理障碍的一般性特点外,还要注意监狱和罪犯这两个基本特点。下面介绍与罪犯心理矫治临床工作密切相关的内容,罪犯群体中常见的异常心理主要有以下几类:

(一)精神分裂症及其他妄想性障碍

此类精神障碍最重要的临床症状是精神病性的,需要监狱心理咨询师特别注意加以鉴别,并及时转诊。

1. 精神分裂症。本症是一组病因未明的精神病,多起病于青壮年,常缓慢起病,具有思维、情感、行为等多方面障碍,以及精神活动不协调。病人通常意识清晰,智能尚好,有的病人在疾病过程中可出现认知功能损害,自然病程多迁延,呈反复加重或恶化，但部分病人可保持痊愈或基本状态。

[症状标准] 至少有下列2项并非继发于意识障碍、智能障碍、情感高涨或低落，单纯型精神分裂症加规定：

（1）反复出现的言语性幻听；

（2）明显的思维松弛、思维破裂、言语不连贯，或思维贫乏或思维内容贫乏；

（3）思想被插入、被撤走、被播散、思维中断，或强制性思维；

（4）被动、被控制，或被洞悉体验；

（5）原发性妄想（包括妄想知觉，妄想心境）或其他荒谬的妄想；

（6）思维逻辑倒错、病理性象征性思维，或语词新作；

（7）情感倒错，或明显的情感淡漠；

（8）紧张综合征、怪异行为，或愚蠢行为；

（9）明显的意志减退或缺乏。

[严重标准] 自知力障碍，并有社会功能严重受损或无法进行有效交谈。

[病程标准]

（1）符合病症标准和严重标准至少已持续1个月，单纯型另有规定。

（2）若同时符合分裂症和情感性精神障碍的症状标准，当情感症状减轻到不能满足情感性精神障碍症状标准时，分裂症状需继续满足分裂症的症状标准至少2周以上，方可诊断为分裂症。

[排除标准] 排除器质性精神障碍，及精神活性物质和非成瘾物质所致精神障碍。尚未缓解的分裂症病人，若又罹患本项中前述两类疾病，应并列诊断。

2. 偏执性精神障碍（妄想型精神障碍）。偏执性精神障碍指一组以系统妄想为主要症状，而病因未明的精神障碍，若有幻觉则历时短暂且不突出。在不涉及妄想的情况下，无明显的其他心理方面异常。30岁以后起病者较多。

[症状标准] 以系统妄想为主要症状，内容较固定，并有一定的现实性，不经了解，难辨真伪。主要表现为被害、嫉妒、夸大、疑病，或钟情等内容。

[严重标准] 社会功能严重受损和自知力障碍。

[病程标准] 符合症状标准和严重标准至少已持续3个月。

[排除标准] 排除器质性精神障碍、精神活性物质和非成瘾物质所致精神障碍、分裂症，或情感性精神障碍。

3. 急性短暂精神障碍。急性短暂精神障碍指一组起病急骤，以精神病性症状为主的短暂精神障碍，起病前有相应的心因，多数病人能缓解或基本缓解。

[症状标准] 精神病性症状，至少需符合下列1项：

（1）片断妄想，或多种妄想；

（2）片断幻觉，或多种幻觉；

（3）言语紊乱；

（4）行为紧张或紧张症。

[严重标准] 日常生活、社会功能严重受损或给别人造成危险或不良后果。

[病程标准] 符合症状标准和严重标准至少已数小时至1个月，或另有规定。

[排除标准] 排除器质性精神障碍、精神活性物质和非成瘾物质所致精神障碍、分裂症，或情感性精神障碍。

（二）心境障碍

心境障碍（情感性精神障碍）是以明显而持久的心境高涨或低落为主的一组精神障碍，并有相应的思维和行为改变。可有精神病性症状，如幻觉、妄想。大多数病人有反复发作的倾向，每次发作多可缓解，部分可有残留症状或转为慢性。心境障碍主要包括躁狂发作、抑郁发作、双相障碍和持续性心境障碍。

1. 躁狂发作。以心境高涨为主，与其处境不相称，可以从高兴愉快到欣喜若狂，某些病例仅以易激惹为主。病性轻者社会功能无损害或仅有轻度损害，严重者可出现幻觉、妄想等精神病性症状。

[症状标准] 以情绪高涨或易激惹为主，并至少有下列3项（若仅为易激惹，至少需4项）：

（1）注意力不集中或随境转移；

（2）语量增多；

（3）思维奔逸（语速增快、言语迫促等）、联想加快或意念飘忽的体验；

（4）自我评价过高或夸大；

（5）精力充沛、不感疲乏、活动增多、难以安静，或不断改变计划和活动；

（6）鲁莽行为（如挥霍、不负责任，或不计后果的行为等）；

（7）睡眠需要减少；

（8）性欲亢进。

[严重标准] 严重损害社会功能，或给别人造成危险或不良后果。

[病程标准]

（1）符合症状标准和严重标准至少已持续1周；

（2）可存在某些分裂性症状，但不符合分裂症的诊断标准。若同时符合分裂症的症状标准，在分裂症状缓解后，满足躁狂发作标准至少1周。

[排除标准] 排除器质性精神障碍或精神活性物质和非成瘾物质所致躁狂。

[说明] 本躁狂发作标准仅适用于单次发作的诊断。

2. 抑郁发作。抑郁发作以心境低落为主，与其处境不相称，可以从闷闷不乐到悲痛欲绝，甚至发生木僵。严重者可出现幻觉、妄想等精神病性症状。某些病例的焦虑与运动性激越很显著。

[症状标准] 以心境低落为主，并至少有下列4项：

（1）兴趣丧失、无愉快感；

（2）精力减退或疲乏感；

（3）精神运动性迟滞或激越；

（4）自我评价过低、自责，或有内疚感；
（5）联想困难或自觉思考能力下降；
（6）反复出现想死的念头或有自杀、自伤行为；
（7）睡眠障碍，如失眠、早醒，或睡眠过多；
（8）食欲降低或体重明显减轻；
（9）性欲减退。

［严重标准］社会功能受损，给本人造成痛苦或不良后果。

［病程标准］

（1）符合症状标准和严重标准至少已持续2周。

（2）可存在某些分裂性症状，但不符合分裂症的诊断。若同时符合分裂症的症状标准，在分裂症状缓解后，满足抑郁发作标准至少2周。

［排除标准］排除器质性精神障碍或精神活性物质和非成瘾物质所致抑郁。

［说明］本抑郁发作标准仅适用于单次发作的诊断。

3. 双相障碍。双相障碍主要表现为情绪高涨与情绪低落交错发作。

4. 持续性心境障碍。持续性心境障碍的特点主要有：持续性并常有起伏的心境障碍，每次发作极少严重到足以描述为轻躁狂，甚至不足以达到轻度抑郁。因为这种障碍可以持续多年，有时甚至占据生命的大部分时间，因而造成相当大的痛苦和功能缺陷。

持续性心境障碍的发作形式主要有：环性心境障碍（反复出现心境高涨或低落）、恶劣心境（持续出现心境低落）。

（三）神经症

神经症是一组主要表现为焦虑、抑郁、恐惧、强迫、疑病症状，或神经衰弱症状的精神障碍。本障碍有一定人格基础，起病常受心理社会（环境）因素影响。症状没有可证实的器质性病变作基础，与病人的现实处境不相称，但病人对存在的症状感到痛苦和无能为力，自知力完整或基本完整，病程多迁延。各种神经症性症状或其组合可见于感染、中毒、内脏、内分泌或代谢和脑器质性疾病，称神经症样综合征。

［症状标准］至少有下列1项：

（1）恐惧；
（2）强迫症状；
（3）惊恐发作；
（4）焦虑；
（5）躯体形式症状；
（6）躯体化症状；
（7）疑病症状；
（8）神经衰弱症状。

［严重标准］社会功能受损或无法摆脱的精神痛苦，促使其主动求医。

[病程标准] 符合症状标准至少已3个月，惊恐障碍另有规定。

[排除标准] 排除器质性精神障碍、精神活性物质与非成瘾物质所致精神障碍、各种精神病性障碍，如精神分裂症、偏执性精神病及心境障碍等。

神经症，亦称"神经官能症"。罪犯的神经症是指罪犯在监禁环境中，因心因性原因产生的精神障碍。主要表现：情绪紧张焦虑，行为具有防御性，人际关系不协调和躯体不适。不同于重度精神障碍，无知觉和思维障碍，不像精神病那样有幻觉、妄想而脱离现实，而主要是有较多的情绪困扰。

一般包括神经衰弱、焦虑性神经症、癔症、强迫性神经症、疑病性神经症等。罪犯中较常见的是因对时间的病态恐惧而出现焦虑、不安、失眠、疑病及不能很好适应周围环境。其病因是罪犯在原有不良心理的基础上，伴随长期、消极的心理体验，精神过度紧张，使大脑活动功能紊乱。经教育和治疗，可得到缓解与消除。

（四）应激相关障碍

应激相关障碍又称反应性精神障碍或心因性精神障碍，指一组主要由心理、社会（环境）因素引起的异常心理反应而导致的精神障碍。决定本组精神障碍的发生、发展、病程及临床表现的因素有：

（1）生活事件和生活处境，如剧烈的超强精神创伤或生活事件，或持续困难处境，均可成为直接病因；

（2）社会文化背景；

（3）人格特点、教育程度、智力水平及生活态度和信念等；

（4）不包括癔症、神经症、心理因素所致生理障碍及各种非心因性精神病性障碍。

1. 急性应激障碍。以急剧、严重的精神打击作为直接原因，受刺激后立刻（1小时之内）发病，病程为数小时至数天。表现有强烈恐惧体验的精神运动性兴奋。行为有一定的盲目性；或者为精神运动性抑制，甚至木僵。如果应激源被消除，症状往往历时短暂，预后良好，缓解完全。

[症状标准] 以异乎寻常的、严重的精神刺激为原因，并至少有下列1项：

（1）有强烈恐惧体验的精神运动性兴奋，行为有一定盲目性；

（2）有情感迟钝的精神运动性抑制（如反应性木僵），可有轻度意识模糊。

[严重标准] 社会功能严重受损。

[病程标准] 在受刺激后若干分钟至若干小时内发病，病程短暂，一般持续数小时至1周，通常在1月内缓解。

[排除标准] 排除癔症、器质性精神障碍、非成瘾物质所致精神障碍，及抑郁症。

2. 创伤后应激障碍。创伤后应激障碍又称延迟性心因性反应，是指患者在遭受强烈的或灾难性精神创伤事件后，延迟出现、长期持续的精神障碍。主要表现：

（1）反复发生闯入性的创伤性体验重现（病理性重现）、梦境，或因面临与刺激相似或有关的境遇，而感到痛苦和不由自主地反复回想；

（2）持续的警觉性增高；

（3）持续的回避；

（4）对创伤性经历的选择性遗忘；

（5）对未来失去信心。少数病人可有人格改变或有神经症病史等附加因素，从而降低了对应激源的应对能力或加重疾病过程。精神障碍延迟发生，在遭受创伤后数日甚至数月后才出现，病程可长达数年。

［症状标准］

（1）遭受对每个人来说都是异乎寻常的创伤性事件或处境（如天灾人祸）；

（2）反复重现创伤性体验（病理性重现），并至少有下列1项：① 不由自主地回想受打击的经历；② 反复出现有创伤性内容的噩梦；③ 反复发生错觉、幻觉；④ 反复发生触景生情的精神痛苦，如目睹死者遗物、旧地重游，或周年日等情况下会感到异常痛苦和产生明显的生理反应，如心悸、出汗、面色苍白等；

（3）持续的警觉性增高，至少有下列1项：① 入睡困难或睡眠不深；② 易激惹；③ 集中注意困难；④ 过分地担惊受怕；

（4）对与刺激相似或有关的情境的回避，至少有下列2项：① 极力不想有关创伤经历的人与事；② 避免参加会引起痛苦回忆的活动，或避免到会引起痛苦回忆的地方；③ 不愿与人交往、对亲人变得冷淡；④ 兴趣爱好范围变窄，但对与创伤经历无关的某些活动仍有兴趣；⑤ 选择性遗忘；⑥ 对未来失去希望和信心。

［严重标准］ 社会功能受损。

［病程标准］ 精神障碍延迟发生（即在遭受创伤后数日至数月后发生，罕见延迟半年以上才发生），符合症状标准至少已3个月。

［排除标准］ 排除情感性精神障碍、其他应激障碍、神经症、躯体形式障碍等。

3. 适应障碍。因长期存在应激源或困难处境，加上病人有一定的人格缺陷，产生以烦恼、抑郁等情感障碍为主，同时有适应不良的行为障碍或生理功能障碍，并使社会功能受损。病程往往较长，但一般不超过6个月。通常在应激性事件或生活改变发生后1个月内起病。随着时过境迁，刺激的消除或者经过调整形成了新的适度，精神障碍随之缓解。

［症状标准］

（1）有明显的生活事件为诱因，尤其是生活环境或社会地位的改变（如移民、出国、入伍、退休等）；

（2）有理由推断生活事件和人格基础对导致精神障碍均起着重要的作用；

（3）以抑郁、焦虑、害怕等情感症状为主，并至少有下列1项：① 适应不良的行为障碍，如退缩、不注意卫生、生活无规律等；② 生理功能障碍，如睡眠不好、食欲不振等；

（4）存在见于情感性精神障碍（不包括妄想和幻觉）、神经症、应激障碍、躯体形式障碍，或品行障碍和各种症状，但不符合上述障碍的诊断标准。

［严重标准］ 社会功能受损。

[病程标准] 精神障碍开始于心理社会刺激（但不是灾难性的或异乎寻常的）发生后1个月内，符合症状标准至少已1个月。应激因素消除后，症状持续一般不超过6个月。

[排除标准] 排除情感性精神障碍、应激障碍、神经症、躯体形式障碍，以及品行障碍等。

（五）人格障碍

人格障碍指人格特征明显偏离正常，使人形成了一贯的反映个人生活风格和人际关系的异常行为模式。这种模式显著偏离特定的文化背景和一般认知方式（尤其在待人接物方面），明显影响其社会功能与职业功能，造成对社会环境的适应不良。病人为此感到痛苦并已具有临床意义。病人虽然无智能障碍，但适应不良的行为模式难以矫正。仅少数病人在成年后可有改善。人格障碍通常开始于童年期或青少年期，并长期持续发展至成年或终生。如果人格偏离正常系由躯体疾病（如脑病、脑外伤、慢性酒中毒等）所致，或继发于各种精神障碍，则应称为人格改变。

[症状标准] 个人的内心体验与行为特征（不限于精神障碍发作期）在整体上与其文化所期望和所接受的范围明显偏离，这种偏离是广泛、稳定和长期的，并至少有下列1项：

（1）认知（感知，及解释人和事物，由此形成对自我及他人的态度和形象的方式）的异常偏离；

（2）情感（范围、强度，及适切的情感唤起和反应）的异常偏离；

（3）控制冲动及对满足个人需要的异常偏离；

（4）人际关系的异常偏离。

[严重标准] 特殊行为模式的异常偏离，使病人或其他人（如家属）感到痛苦或社会适应不良。

[病程标准] 开始于童年、青少年期，现年18岁以上，至少已持续2年。

[排除标准] 人格特征的异常偏离并非躯体疾病或精神障碍的表现或后果。

心理咨询和治疗对人格障碍的作用有限，可以进行一些辅助性的工作。临床常见的人格障碍主要有：

1. 偏执型人格障碍。表现为对他人的不信任，不理性地怀疑他人想要欺骗、伤害或利用自己，甚至错误地知觉每日发生的事件或他人谈话中有隐含的内容，导致其抱怨行为，或频繁地用愤怒或实物攻击进行反应。

2. 分裂样人格障碍。表现为脱离正常的社会人际交往、孤僻。喜欢独自完成活动，不想要或者不享受亲密关系。情绪冷漠、有明显的人际关系缺陷，不喜欢与他人产生连结，也不在意他人对自己的看法或评价。

3. 分裂型人格障碍。表现为对亲密关系的不适感，有严重的社交焦虑，通常没有亲密的朋友。有偏执或多疑的想法或其他古怪信念，外表看起来古怪，情感是不恰当或受限的，言语可能是模糊的、贫乏的或过度抽象的，可能会报告有奇怪的知觉或躯体感觉。

4. 反社会型人格障碍。表现为反复犯罪活动，打架或撒谎，冲动性行为倾向，不负责任，缺乏计划，不考虑后果，不会感到任何悔恨或内疚。有破坏财产、严重破坏规则或攻击他人或动物的既往史。

5. 边缘型人格障碍。表现为关系、情绪和行为不稳定，强烈的、快速的情绪波动可能会导致不恰当的和无法控制的愤怒，长期处于心境或行为的危机之中，通常会感到空虚和无聊。身份紊乱（不安全的自我形象）使得他们对他人可能的拒绝和遗弃表现出过分敏感。

6. 表演型人格障碍。表现为过分感情用事或夸张言行以吸引他人注意。需要持续成为关注的中心，会使用不恰当的诱惑或挑衅方式，非常戏剧性地表现自己。

7. 自恋型人格障碍。表现为感觉优越，需要赞美、缺乏同理心。经常高估自己的能力，夸大自己的成就，并倾向于低估他人，利用他人，相信其他人会妒忌自己。

8. 回避型人格障碍。表现为社交抑制的，对批评过度敏感，并感到能力不足。他们觉得自己是卑微的、没有吸引力的或笨拙的，倾向于回避与他人的亲近或形成新的关系，并过度担心他人的负面评价。

9. 依赖型人格障碍。表现为对支持性关系的过度需求和依赖，导致依附性的、服从性的行为，并害怕分离和独处，不能独立解决问题，认为自己不能照顾自己，怕被人遗弃，需要许多的建议和保证，会以屈从的方式行事避免损害关系。

10. 强迫型人格障碍。表现为十分关注控制、秩序和完美，并会因此无法正常生活和工作。太专注于规则、细节、程序、时间安排等，过于僵化和固执，以至于会阻碍任务的完成。

（六）心理因素相关生理障碍

心理因素相关生理障碍是指一组与心理社会因素有关的、以生理活动异常为表现形式的精神障碍。

第一，进食障碍。包括神经性厌食、神经性贪食及神经性呕吐。

第二，睡眠障碍。包括失眠症、嗜睡症和某些发作性睡眠异常情况（如睡行症、夜惊、梦魇等）。

（七）癔症

癔症指一种以解离症状（部分或完全丧失对自我身份的识别和对过去的记忆，CCMD-3 称为癔症性精神症状）和转换症状（在遭遇无法解决的问题和冲突时产生的不快心情，以转化成躯体症状的方式出现，CCMD-3 称为癔症性躯体症状）为主的精神障碍，这些症状没有可证实的器质性病变基础。本障碍有癔症性人格基础，起病常受心理社会（环境）因素影响，除癔症性精神病或癔症性意识障碍有自知力障碍外，自知力基本完整，病程多反复迁延。常见于青春期和更年期，女性较多。

［症状标准］

（1）有心理社会因素作为诱因，并至少有下列 1 项：① 癔症性遗忘；② 癔症性漫游；

③ 癔症性多重人格；④ 癔症性精神病；⑤ 癔症性运动和感觉障碍；⑥ 其他癔症形式；

（2）没有可解释上述症状的躯体疾病。

[严重标准] 社会功能受损。

[病程标准] 起病与应激事件之间有明确联系，病程多反复迁延。

[排除标准] 排除器质性精神障碍（如癫痫所致精神障碍）、诈病。

[说明]

（1）癫痫可合并有癔症表现，此时应并列诊断；

（2）癔症性症状可见于分裂症和情感性精神障碍，假如有分裂症状或情感症状存在，应分别对后两者作出相应的诊断。

（八）诈病

诈病是指为了逃避外界某种不利于个人的情境，摆脱某种责任或获得某种个人利益，故意模拟或夸大躯体、精神障碍或伤残的行为。具有下述特点：

（1）有明显的装病动机的目的；

（2）症状表现不符合任何一种疾病的临床表现，躯体症状或精神症状中的幻觉、妄想，及思维障碍，情感与行为障碍等均不符合疾病的症状表现规律；

（3）对躯体或精神状况检查通常采取回避、不合作、造假行为或敌视态度，回答问题时，反应时间常延长，对治疗不合作，暗示治疗无效；

（4）病程不定；

（5）社会功能与躯体功能障碍的严重程度比真实疾病重，主诉比实际检查所见重；

（6）有伪造病史或疾病证明，或明显夸大自身症状的证据。

（7）病人一旦承认伪装，随即伪装症状的消失，是建立可靠诊断的必要条件。

表 8.2　一般心理问题、严重心理问题、神经症的比较

	一般心理问题	严重心理问题	神经症
产生原因	生物的、心理的、社会的原因，如：工作的、人际的、发展的、情绪的、婚姻的、家庭的、环境变化等一些生活事件与琐事，产生内心冲突。	生物的、心理的、社会的原因，如：工作的、人际的、发展的、情绪的、婚姻的、家庭的、环境变化等一些生活事件与琐事，产生内心冲突。	生物、心理、社会的诱因；往往还与素质因素有关。
与事件关系	密切相关，紧接事件后发生。	密切相关，紧接事件后发生。	与现实处境无关，可能有一定诱因。
心理冲突的性质	常形心理冲突 （1）冲突与现实处境相连。 （2）冲突有明显道德性质。	常形心理冲突 （1）冲突与现实处境相连。 （2）冲突有明显道德性质。	变形心理冲突 （1）冲突与现实处境无关、一般人认为不值得操心的事。 （2）冲突无道德性质。
刺激强度	现实刺激强度较小。	对个体威胁较大，较为强烈的现实刺激。	一般人认为不值得操心的事，或与现实处境无关。

续表

症状特点（反应强度）	1. 以不良情绪为主，如厌烦、后悔、懊丧、自责等，初始情绪反应相对较小；随着时间延长，多可以自行解脱。 2. 情绪反应相当程度在理智控制之下。 3. 行为不失常态。	1. 不同原因产生不同的痛苦情绪，如悔恨、冤屈、失落、恼怒、悲哀等。初始情绪反应强烈，随着时间延长，多半难以自行解脱。 2. 多有短暂失去理智控制。 3. 多伴有一定行为异常。	各神经症有相对应症状，有明显情绪行为受损。
持续时间	不间断持续一个月，间断持续二个月。	不间断或间断持续二个月以上，半年以下。	三个月以上。
症状或反应是否泛化	情绪反应或症状围绕刺激本身，未泛化。	情绪反应或症状不仅与最初刺激有关，而且与最初刺激相似、相关联刺激也可引起，反应对象泛化，如一朝被蛇咬，十年怕井绳。	症状广泛，有明显泛化。
社会功能	1. 能维持正常生活、学习、社会交往或轻微受损，但效率有所下降。 2. 能自行摆脱。	1. 生活、学习、社会交往有一定程度影响，工作、社交效率明显下降。 2. 多难以摆脱，劝说后可以摆脱。	1. 生活、学习、社会交往明显受损，工作、社交效率严重下降，严重的不能工作，回避社交。 2. 无法摆脱，需用药物治疗。
是否心理咨询范畴，效果如何	是，效果一般较确切。	是，效果一般较好。	不是，是心理治疗对象，需配合药物治疗。

 思考题

1. 心理学区分异常心理的三原则是什么？
2. 心理正常、心理异常和心理健康、心理不健康之间的关系是怎样的？
3. 常见的人格障碍主要有哪几种？
4. 抑郁症和抑郁发作有什么区别？

专题九　罪犯人身危险性分析

　　人身危险性分析的基本价值是"标定危险",即标定罪犯的危险程度,从而为监狱的危险控制奠定科学基础,为维护监狱良好的教育矫治环境和社会安全提供保障。

　　有的监狱在罪犯入监初期即开展罪犯人身危险性分析与评估,而有的监狱在罪犯入监数个月后再开展此项工作。对于那些刑期很短的罪犯或者社区矫正服刑人员,人身危险性分析评估与矫正需求分析评估可以合二为一,也可以两者都做,但建议以矫正需求分析评估作为主要的工作内容。

学习任务一　罪犯人身危险性分析解读

一、罪犯人身危险性分析含义

　　罪犯人身危险性分析是指在服刑期间可能给监狱等矫正机构的教育管理或社会安全造成潜在威胁,或者给罪犯自身带来影响其教育改造的不确定状态的评价和鉴定过程。

　　罪犯在服刑期间的脱逃、行凶、暴乱、劫持人质、自杀、自伤、自残等,都是对监狱等矫正机构及其工作人员、社会人员以及罪犯自身与其他罪犯安全的威胁,需要矫正机构对此作出分析、评估与预测,以保证监狱等矫正机构、服刑罪犯与社会各类人员及物品的安全,防范狱内案件和突发事件的发生。

　　一般而言,人身危险性分析可分为再犯危险评估、伤害危险评估和致命危险评估三种。罪犯人身危险性分析评估通常围绕罪犯的暴力危险性、自杀危险性、脱逃危险性以及出狱后重新犯罪危险性四个方面进行。[1]

　　我国多年来罪犯人身危险性的分析评估常常以"犯情分析"或"狱情分析"来代替。早期是"敌情分析",后来是"狱内动态"分析,再发展为"犯情分析",我国监狱持之以恒地开展了此项工作以维护监狱的安全稳定和罪犯的人身安全,也取得了应有的成效。总结我国多年来在罪犯人身危险性分析评估中的成功做法与有益经验,是

---

[1] 屈建伟:"影响危险性评估准确性的因素及危险性评估对法律机构的影响",载《江苏警官学院学报》2011年第4期。

需要的，也是有价值的。不过，我国监狱的"犯情分析"，更多地表现为经验型，缺乏理论性，以科学标准来衡量，常常表现为不可重复性。近年来，我国监狱在这一领域取得了积极进展。多个省份的监狱系统研制了罪犯人身危险性分析评估系统，并积极应用于实践，取得了一定的成效。

二、罪犯人身危险性分析的内容

国内外许多学者对罪犯人身危险性分析评估作了诸多探索，提出了多种版本的分析评估体系。[1]这些分析评估体系在我国监狱开展人身危险性分析时可资参考。一些用于罪犯分类的变量可以作为人身危险性分析评估的内容。美国监狱的分类标准主要有[2]：①年龄，研究表明年龄与狱内的越轨及不适当行为有线性关系，年轻的服刑罪犯比年老的更常发生违反监规纪律的问题。②种族，在美国，这一因素与其他因素交织在一起可能会引发服刑罪犯的危险性行为。③婚姻状况，未婚的服刑罪犯比已婚的危险系数高。④就业稳定状况，被捕前失业或无业的，狱内问题多，人身危险性大。⑤使用毒品或酒精情况，有使用的特别是年轻的罪犯，人身危险性更高。⑥居住稳定状况，与监禁刑服刑罪犯的人身危险性及狱内行为问题相关性很少，但可能与非监禁刑服刑罪犯人身危险性的相关性大。⑦犯罪记录，一般犯罪记录多者人身危险性高，并且首次犯罪年龄越小人身危险性越大，但有时年龄因素又会共同起作用，需要综合起来作分析。⑧过去的暴力行为，常常作为评估服刑罪犯人身危险性的重要指标，但应具体问题具体分析。⑨过去的监禁记录，这也是人身危险性评估常常考虑的因素。⑩刑期与服刑期，罪犯在监狱中的越轨行为呈一种 U 型发展，服刑初期人身危险性大，对一些长刑期犯来说，服刑后期人身危险性会增高，但要与犯罪性质、年龄等因素结合起来评估。⑪心理因素，这个因素很复杂，要区分不同的人格特征并结合罪犯的其他因素综合评判其人身危险性。

目前国外监狱使用较为广泛的人身危险性评估量表是暴力风险评估量表 HCR – 20。它从 20 个因素来评估罪犯的人身危险性，其中 10 个项目是评价罪犯的"过去"，分别是：以前有过的暴力行为，第一次出现暴力事件时年纪很小的情况，家庭关系不稳定，就业问题，药物使用问题，有较严重的心理疾病，精神病，早年行为失调，人格障碍，以前有过假释监护失败的经历；5 个关于目前的临床表现，分别是：缺乏洞察力，态度消极，心理疾病症状明显，冲动，对治疗反应迟钝；5 个关于未来导向的危险性项目，分别是：计划缺乏可行性，暴露在不稳定人物前如曾犯罪的同伙，不能自食其力，不服从矫治尝试，压力或紧张。[3]

一般认为，人身危险性分析评估的预测因子包括犯罪性需要，犯罪史/反社会史，

---

〔1〕 陈伟：《人身危险性研究》，法律出版社 2010 年第 197～202 页。
〔2〕 孙晓雳：《美国矫正体系中的罪犯分类》，中国人民公安大学出版社 1992 年版，第 57～59 页。
〔3〕 [英] Clive R. Hollin 主编：《罪犯评估和治疗必备手册》，郑红丽译，中国轻工业出版社 2006 年版，第 30 页。

社会业绩，年龄/性别/种族，家庭因素，知识情况，个人情绪因素，就业情况等。预测因子有静态和动态之分。静态因子包括：年龄，犯罪史包括反社会的行为，家庭因素，犯罪情况等；动态因子包括：反社会人格，同情心，犯罪性需要，人际关系，社会成就，滥用毒品等。[1]

学习任务二　分析途径与方法

一、我国监狱目前人身危险性分析途径与方法

目前我国监狱所做的"犯情分析"，工作过程与工作途径各省监狱有其自身特色。比如有的监狱管理局制定了犯情分析的制度：在省监狱管理局层面，省局每季度召开一次监狱犯情分析会议，监狱管理局局长主持，监狱管理局党委成员、机关处室负责人全部参加，各监狱、未成年犯管教所党委书记、监狱长（所长）、分管领导、狱侦科长参加；在监狱层面，监狱每月召开一次犯情分析会议，监狱长主持，监狱党委成员、机关科室、特警大队、医院、驻监狱武警部队和检察院负责人参加，各监区长（教导员）、分管副监区长（副教导员）、各分监区长（指导员）参加；在监区层面，每半月召开一次犯情分析会议，监区长主持，监区领导和各分监区长（指导员）全部参加；在分监区层面，每周召开一次犯情分析会议，分监区长主持，分监区全体人员参加等。

另外，有人认为获取"犯情"的方法有：首先，全方位了解罪犯投入改造前的情况。其次，认真开展心理测量工作。最后，准确判断罪犯的危险等级。通过前面的心理测量，科学判断罪犯的心理状况，结合他们在日常改造中的表现以及改造的期望值，综合其刑期、年龄、罪名、家庭等情况，对罪犯在今后改造中的危险等级予以确定。[2]

上述分析途径与方法，曾经是我国大多数监狱在罪犯人身危险性分析上通行的做法。近年来，我国监狱在罪犯人身危险性分析上积极创新，有了长足进步。

二、我国监狱罪犯人身危险性分析途径与方法的科学发展

罪犯人身危险性分析途径有两种类型，一类是临床的分析评估途径，另外一类是统计的分析评估方式。临床分析评估主要是在通过收集各种临床资料的基础上所进行的评估，更为准确的评估途径是通过比如标准化的临床资料收集工具"明尼苏达多相人格量表（MMPI）"来收集罪犯的相关资料后，对其人身危险性所作出的评估与预测。统计分析评估是在收集罪犯危险因子的相关资料基础上，运用统计方法对罪犯人身危

---

[1] 翟中东：《国际视域下的重新犯罪防治政策》，北京大学出版社2010年版，第125页。
[2] 金忠扣："浅论危险分子的排查控制与转化"，载《监狱理论研究》2008年第4期。

险性作出评估与预测的过程。

两类分析途径各有其优势,应当结合使用,比如可以采用临床与统计、定性与定量相结合的方式作出综合性评估。①定性评估:监狱成立人身危险性评估小组,每周或每两周评估一次,由监狱教育改造科或狱侦支队主持,入监分监区或需要评估的分监区责任民警汇报初步的人身危险性评估结果,并由评估小组最后确定人身危险性等级。②定量评估:参照国外评估量表,制订本土化的罪犯人身危险性评估体系(量表式),对罪犯开展分层次的定量评估工作。根据定性与定量评估结果,对罪犯的人身危险性作出综合性结论。需要明确的是,两类评估统一于一个过程,而不是互相分割的,应当把它们有机地结合起来。

在罪犯人身危险性评估科学化方法上,国内已有了一些本土化的探索。有学者从罪犯的违法犯罪行为、心理状态、生理状态、家庭状况、犯罪前的表现、犯罪后的表现等方面进行量化评估,建立四级评估指标,以百分制计分来确定危险等级。[1]

另有学者提出了罪犯人身危险性评估模式,主要有:①罪犯危险性的人格评估模型:需要强烈→获得性动机增强→兴趣集中在某一兴奋点上→价值观念中又格外在意这一兴奋点→态度一时无法转化为中性→气质属于胆汁质或黏液质→性格内向或外向→生理唤醒水平上升→外形强壮或拥有特殊工具和技能→暴力行为发生。②罪犯危险性的认知评估模型:外界刺激→个体对刺激的认知→个体通过认知赋予刺激某种含义→引起情绪变化→出现某种态度→引发某种行为→行为后果强化或否定对刺激的认知。③罪犯危险性的应激评估模型:罪犯应激=来自机体内外的实际压力/罪犯自身的承受能力,当负荷过重时,引起罪犯的紧张状态,导致的结果一是宣泄或攻击,二是压抑或崩溃。④罪犯危险性的情绪评估模型:同一刺激情景→评估结果(三种:有利、有害、无关)→情绪反应(三种:肯定的情绪体验并企图接近刺激物,否定的情绪体验并企图躲避刺激物,个体予以忽视)。⑤罪犯危险性的概率评估模型:犯罪效益=财产性利益+精神性利益。该研究者指出,上述五种模型不是截然对立的,而是彼此之间有相容性,既要注意灵活运用,又要注意综合性运用。[2]应当指出,五种模型的提出有其价值性,是一种可用于人身危险性评估因子设计或思考的途径,但是缺乏量化与具体可操作性,定性成分仍然明显。

江苏省监狱管理局设计了罪犯人身危险性检测表,包括6大类25个项目。具体是:①犯罪状况,包括判刑或劳教次数、本次判刑年龄、刑种刑期、犯罪形态、犯罪类别、共同犯罪成员或黑恶势力成员等6项;②自然状况,包括犯罪前居住状况、受教育状况、婚姻状况、与家庭成员关系、家庭经济状况、犯罪前3年内就业经历、犯罪前掌握劳动技能情况等7项;③恶习状况,包括犯罪前交往状况、犯罪前在娱乐场所消费或工作经历、犯罪前赌博状况、犯罪前酗酒状况、性行为状况等5项;④涉毒情况,

---

[1] 唐新礼、陈蕊:"论罪犯危险性评估操作技术",载《河南司法警官职业学院学报》2007年第4期。
[2] 宋胜尊:《罪犯心理评估——理论、方法、工具》,群众出版社2005年版,第225~231页。

即是否曾经有过吸食或贩卖毒品经历；⑤心理和生理状态，包括情绪稳定状况、精神或心理状况、适应环境状况、身体健康状况、自杀心理产生情况等5项；⑥犯罪归因，即犯罪归因状况。对上述25个项目，根据罪犯过去的自然状况和犯罪事实与人身危险性的关联程度，分派一定的分值，并按罪犯的不同类型，即男性10年以上有期徒刑、无期徒刑和死刑缓期二年执行的罪犯，男性不满10年有期徒刑的罪犯，女犯和未成年犯等划分不同的区间分值，确实危险、比较危险和相对稳定三个等次。

有研究者认为，这一评估主要集中在对罪犯的静态因素的评估上，即对罪犯"历史的"档案式的排查，而忽略了罪犯危险评估的动态变化，具有一定的局限性。我们认为，这一罪犯人身危险性评估量表，具有原创性特征，在评估的科学性上作出了积极探索，具有其价值。不过，有两方面的工作需要进一步开展，一是对该检测表进行信度与效度检验，譬如与国外同类量表作本土化修订后进行效标效度检验，以及重测信度检验等；二是积累更多的评估资料，比如对长刑期罪犯的人身危险性作连续性检测，并与他们的服刑行为表现作效度检验；更有价值的工作是对罪犯刑满释放后的违法犯罪情况作追踪记录，从根本上来检验该量表的信度与效度。

三、罪犯人身危险评估工具介绍

国内外发展起了较多的罪犯人身危险性评估分析系统，下面介绍由英格兰与威尔士矫正机构所使用的罪犯人身危险性评估工具——"罪犯评估系统"（OASys）。[1]

罪犯评估系统（OASys）

说明：①用于在监狱中服刑超过6个月的成年人。②评估要素主要有：犯罪史；犯罪的情节；犯罪前居住情况；罪犯所受的教育情况；罪犯接受培训情况、就业情况；经济背景；社会关系；生活方式；与人的关系；是否吸毒、是否酗酒；情感状况；突出的思维方式；突出的行为特征；生活态度；罪犯在狱内的表现。③评估的内容主要包括：实施暴力犯罪的危险；自杀或者自残的危险；脱逃的危险；实施危险行为的可能。④危险度被分为低度、中度、较高与高度四个级别。⑤评估的实施主要是评估人员在阅读有关材料基础上与罪犯交谈完成。

部分A：现行犯罪

A1 这次犯罪被独立定罪的个数

犯罪的个数	1	2~3	4+
分数	0	1	2

---

〔1〕 翟中东：《国际视域下的重新犯罪防治政策》，北京大学出版社2010年版，第167~177页。

A2 犯罪涉及下列因素

打勾（一勾一分）

使用武器	
暴力威胁	
玩手段（Cunning/Manipulation）	
行为表现出一定的迷恋性	
行为表现出一定的装腔作势	
背信	
对财产造成一定损害	
长时策划	
有性的因素	

A3 现在的犯罪是否是行为模式的一部分

否　0
是　2

A4 现在的犯罪是否在以前犯罪的基础上有所发展

否　0
是　2

A5 被害人情况

被害人总数	分数
0～1	0
2	1
2 个以上	2

对同一个被害人侵害

否　0
是　2

被害人是否老弱病残

否　0
是　2

被害人是否陌生人

否　0
是　2

部分 B：犯罪史（以前定罪情况）

B1 18 岁以前被定罪次数

被定罪次数	0	1～2	3 +
分数	0	1	2

B2　成人后被定罪次数

被定罪次数	0	1~2	3 +
分数	0	1	2

B3　第一次被定罪时的年龄

年龄	18 岁以上	14~17	14 岁以下
分数	0	1	2

B4　第一次与警察打交道的年龄，包括警告

年龄	18 岁以下	14~17	14 岁以下
分数	0	1	2

B5　21 岁以下被监禁次数

监禁刑	0	1~2	3 +
分数	0	1	2

B6　21 岁以上被监禁次数

监禁刑	0	1~2	3 +
分数	0	1	2

B7　违反保外、假释规定

　　　否　0
　　　是　2

B8　是否具有脱逃史

　　　否　0
　　　是　2

B9　在监管设施内具有实施暴力、攻击与破坏的历史

　　　否　0
　　　是　2

B10　犯罪种类

故意杀人、伤害、故意杀人预备、伤害预备	
其他暴力，包括攻击、持有武器	
性犯罪	
绑架	
夜盗	
盗窃	
诈骗、伪造	
其他不诚实的行为	
投毒	

续表

进口、提供与拥有毒品	
交通犯罪	

犯 3 种罪　　　0

犯 3~4 种罪　　1

犯 4 种以上罪　2

部分 C：态度

没有问题=0　　有些问题=1　　严重问题=2

C1 接受或拒绝自己的犯罪责任

C2 犯罪的动机

C3 对被害人态度

C4 对量刑与法律程序的态度

C5 对管理人员的态度

C6 对假释等促进罪犯重返社会措施的态度

C7 对自己犯罪的态度（将来）

C8 对犯罪的一般态度（提供机会是否任何人都会犯罪）

C9 对社会的态度

C10 对自己的态度（是否有信心）

部分 D：住宿

没有问题=0　　有些问题=1　　严重问题=2

D1 罪犯住哪类房屋

D2 释放后是否有确定的住所

D3 住宿的适宜性

D4 是否经常迁移

D5 释放后所使用的住宿是否与犯罪活动或被害人比较接近

部分 E：家庭或者婚姻关系

没有问题=0　　有些问题=1　　严重问题=2

E1 与家庭、孩子的关系，如是否能够经常关心孩子

E2 在未成年时期是否受到过虐待

E3 现在与最亲近亲属的关系

E4 过去与最亲近亲属关系情况，如数量、满意程度等

E5 现在与配偶的感情情况

E6 家庭暴力情况

E7 为人父母角色下看与孩子的关系

E8 亲近的家庭成员是否有犯罪记录

没有 = 0

有 = 2

部分 F：所接受教育与训练情况

没有问题 = 0　　有些问题 = 1　　严重问题 = 2

F1 上学情况，是否逃过学、被学校逐出

F2 未获得文凭

F3 在阅读、写作与数学上存在问题

F4 在学习上有困难

F5 对学习与培训的态度

部分 G：就业情况

G1 现在的就业情况

	分数
在狱内全时劳动	0
经常劳动	0
偶尔参加劳动	1
参加政府的训练项目	0
参加全日教育	0
曾经失业（6个月以下）	1
曾经失业（6个月以上）	2
退休	0
因为能力原因未能找到工作	1
其他没有找到工作的原因	1
照顾家庭成员	0

说明：如果罪犯符合1种以上情况，以最高分计。

G2 就业史，如工作种类、数量、离职的原因

G3 与工作相关的技能，如木工

有技能 = 0　　无技能 = 2

G4 最近有多少个月没有工作

月数	0～17	18～21	22+
分数	0	1	2

G5 工作中与人的关系

G6 对就业的态度

部分 H：理财能力与收入

没有问题 = 0　　有些问题 = 1　　严重问题 = 2

H1 已经申请福利（入狱前）

        没有 = 0 有 = 2

H2 非法收入是钱物主要来源

H3 生活主要依靠别人的经济帮助

H4 理财情况，如收支关系处理

H5 存在滥用钱财问题，如赌博、滥用信用等

H6 对经济上需要帮助的人予以帮助，如自己的孩子、其他家庭成员

部分 I：生活方式与外在联系

     没有问题 = 0 有些问题 = 1 严重问题 = 2

H1 有些孤僻，很少有亲密朋友

H2 融入社会情况，是否加入诸如体育俱乐部类的社团组织

H3 与其他罪犯的关系

H4 是否与其他罪犯共度时光

H5 是否容易受到犯罪性交往的影响

H6 休闲活动是否与犯罪机会创造相关

H7 是否滥用友情，是否欺负他人，是否利用他人

H8 生活方式中的其他问题

H9 行为大意，存在对刺激的需要

部分 J：酗酒

     没有问题 = 0 有些问题 = 1 严重问题 = 2

J1 喝酒频率

J2 犯罪前 6 个月喝醉酒的情况

J3 通常酗酒频率

J4 与处方药品一起使用酒精

        否 0

        是 2

J5 因酗酒身体状况很差

        否 0

        是 2

J6 家庭成员也存在酗酒问题

        否 0

        是 2

J7 由于酗酒从事任何工作都有问题

        否 0

        是 2

J8 其他与酗酒相关的问题，如驾驶、理财
      否 0
      是 2

J9 酗酒后有使用暴力的记录
      否 0
      是 2

J10 有证据证明监禁后还使用过酒品
      否 0
      是 2

J11 在矫治中酒瘾复发

复发次数	0～1	2	3+
分数	0	1	2

J12 使用酒类的态度

部分 K：使用毒品

K1 使用毒品情况

毒品种类	没有使用	以前使用	现在偶尔使用	现在经常使用
可卡因				
兴奋性的药品				
幻觉性的药品				
鸦片				
苯丙胺类毒品				
巴比妥类				
大麻类毒品				
苯二氮类				
类固醇				
溶剂类				
其他				

说明：偶尔使用 1 分；经常使用 2 分。

K2 使用的主要毒品

K3 曾经注射过毒品
      没有 = 0 有 = 2

K4 滥用处方药品
      没有 = 0 有 = 2

K5 经常性地与酒精一起使用药品
      没有 = 0 有 = 2

K6 因使用毒品存在健康问题

        没有 = 0 有 = 2

K7 家庭成员与使用毒品有关

        没有 = 0 有 = 2

K8 因为使用毒品从事任何职业都有问题

        没有 = 0 有 = 2

K9 其他因使用毒品的问题,如个人经济问题、驾驶问题等

        没有 = 0 有 = 2

K10 与使用毒品相关的暴力行为史

        没有 = 0 有 = 2

K11 在监禁中使用过毒品

        没有 = 0 有 = 2

K12 在矫治中复发

复发次数	0～1	2	3＋
分数	0	1	2

K13 是否以毒品买卖为职业

        没有 = 0 有 = 2

K14 对使用毒品的态度

部分 L:情感或者心理问题

      没有问题 = 0 有些问题 = 1 严重问题 = 2

L1 有问题,如情绪不稳定、处于紧张中,容易焦虑

L2 存在抑郁问题

L3 儿童时存在问题,如破坏公物、残害动物、注意力不集中、不良性倾向等

L4 具有头脑被伤害的历史

        否 0
        是 2

L5 现在接受精神治疗

        否 0
        是 2

L6 曾经接受过精神治疗

        否 0
        是 2

L7 因为精神健康问题有过"静默"治疗

        否 0
        是 2

L8 在特别的医院或者地方安全机构待过

     否 0

     是 2

L9 具有自伤、自杀的想法

     否 0

     是 2

L10 现在的心理或者精神问题

部分 M：相互之间的行为

    没有问题 = 0 有些问题 = 1 严重问题 = 2

M1 交往技能水平

M2 交往中的敌对态度，是否对他人总有疑心，是否有敌对态度

M3 攻击性行为，有通过威胁或者暴力解决问题的倾向

M4 愤怒管理情况，如是否容易生气、不能管理自己的情绪、解决问题的能力差

M5 存在歧视他人问题，如种族歧视、性歧视等

部分 N：思维形式

    没有问题 = 0 有些问题 = 1 严重问题 = 2

N1 意识到问题的能力

N2 解决问题的能力

N3 对结果的判断与了解能力

N4 确定目标的能力，是否确定不具有可行性的目标

N5 解读环境，包括社会环境、人际环境，能否理解他人，体会他人的情感

N6 是否容易冲动，是否倾向于无计划前行动，倾向于刺激

N7 抽象思维能力，如以刻板的思维思考、看待问题

计算总分。

总分数：

分值与重新犯罪率（危险性）的关系是：

OASys 分值	重新犯罪可能
0 ~ 40	重新犯罪危险低
41 ~ 99	重新犯罪中度危险
100 ~ 168	重新犯罪高度危险

  上述"分值与重新犯罪率（危险性）的关系"常模仅供参考，具体地需要我国监狱等矫正机构和专家学者根据我国罪犯的特征重新建立分值与危险性的关系常模。

学习任务三　分析结果分类处置

一、分类处置

根据两类评估方法的综合评定结果，确定罪犯的危险等级。从教育矫治的角度来说，对高度危险性的罪犯，要优先开展降低其危险性的针对性工作，而对中度危险性的罪犯，也要开展降低危险性工作。

从更为广泛的角度来看，目前我国监狱等矫正机构对处于危险等级的罪犯，会采取一系列的管控措施。这些措施有的上升到制度层面，如司法部的《监狱教育改造工作规定》《顽危犯管理办法》等，以及各省监狱管理局的《严管工作规定》等。如有的省监狱管理局规定，对有脱逃、行凶危险，对监管安全构成威胁的；以自伤、自残、自杀、装病等手段公开抗拒改造的，要进行严管。

从监禁刑矫正机构管理角度分析，对罪犯人身危险性分析评定后的措施，首先可以考虑根据不同的危险等级给予不同警戒度的关押地点。区分不同警戒度监狱（监区），关押不同危险等级犯罪人，无论是从逻辑分析角度，还是从行刑成本、管理与矫正效果、矫正工作人员队伍建设等角度考虑，都有其必要性。国内有研究认为，可设置高、中、低三个等级警戒度的监狱或监区（分监区），不同危险等级的罪犯分送到相应的警戒等级监狱或监区（分监区）关押矫正。国外有设置四个或五个等级警戒等级的监狱，如美国联邦监狱系统，监狱被分为五类，关押危险程度不同的罪犯；而英国则形成了四个等级的监狱分类制度。有的国家还在监狱内设置"隔离单元"或"控制单元"，以关押最危险、最具有严重破坏力的犯罪人。[1]当然，不管是国内监狱还是国外监狱，对于关押于不同警戒等级监狱或监区的罪犯，根据其危险性程度的变化情况，要作出相应的调整。"从高到低"和"从低到高"，两种情况都是存在的。

二、应用综合矫治模式

对危险程度不同的罪犯采取针对性矫治措施，是矫正机构教育管理工作的重点之一。经分析评估为人身危险性高度危险的罪犯，是矫正机构教育管理工作的重中之重。降低罪犯人身危险性的矫正工作，需要采取综合矫治模式，即以个别化矫正策略为主、配之以分类矫治与集体教育以及社会帮教等多手段、多途径方式。突出个别化矫正策略，是确保矫正工作的有效性；强调多手段综合运用，是为了提高矫正工作的效率，节约人力资源，同时在一定程度上也有助于提高工作的效果。

个别化矫正策略，要求监狱等矫正机构工作人员为矫正对象——罪犯建立起一人一档，并善于做一人一事、细致的教育转化工作。为了降低罪犯人身危险性，个别化

---

[1] 翟中东：《国际视域下的重新犯罪防治政策》，北京大学出版社 2010 年版，第 192～193 页。

矫正时对影响罪犯人身危险性程度高的维度与因素要优先考虑,而罪犯的其他矫正需求可先放置、押后考虑。比如,因家庭重要亲人病重有脱逃意向的罪犯,如果其教育矫正内容主要是自我控制不足与"哥们义气",那么危险性因素与矫正内容就不相同,此时应当先着力解决罪犯的危险性因素,即要先开展降低罪犯人身危险性的工作,教育矫正内容押后再做。但是如果影响危险性的维度与教育矫正内容叠加,自然可以一并工作。譬如,某罪犯因承受挫折能力差而犯罪,进入监狱后又因遭受若干挫折而意图自杀,成为高自杀风险的罪犯,此时降低罪犯自杀风险的工作与教育矫正工作内容就合而为一,两者可以一并进行来开展针对性的干预及教育矫治工作。

思考题

1. 罪犯人身危险性分析的含义如何?
2. 罪犯人身危险性分析的路径与方法有哪些?
3. 罪犯人身危险性分析结果如何进行分类处置?

专题十 犯罪心理内容分析

> 对犯罪心理的矫正是监狱心理矫治工作的主体内容,也是监狱实现改造目标的核心工作内容,这基于对罪犯犯罪心理作出准确有效的分析。犯罪心理内容分析包括两部分内容:即明确犯罪心理内容构成,掌握分析犯罪心理内容的路径。

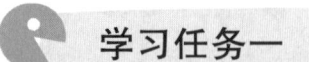 学习任务一　国内犯罪心理研究理论

犯罪人具有怎样的犯罪心理,或者说犯罪心理的存在形式怎样,国内外研究取得了诸多成果。但是到目前为止,能够被大多数犯罪心理学家接受的犯罪心理构成理论尚未出现,换言之,尚未形成关于犯罪心理内容构成的理论共识。中华人民共和国成立后关于犯罪心理构成理论主要有结构论和特征论两大类,近年来又出现了一些新的理论观点。这些理论学说与观点为建立犯罪心理内容理论提供了重要的理论基础。

一、结构论与特征论

结构论和特征论形成于20世纪80年代,是当时我国最主要的关于犯罪心理构成的理论。在20世纪80年代后期、90年代初期,国内围绕这两个理论曾经进行了激烈的争论。

(一)犯罪心理结构理论

犯罪心理结构理论简称结构论。犯罪心理结构是指行为人在犯罪行为实施前已经存在的、在犯罪行为实施时起支配作用的那些畸变心理因素有机而相对稳定的组合。它是行为人个性心理结构中社会心理缺陷的总和,是其发动犯罪行为的内部心理原因和根据。[1]

犯罪心理结构的要素包括犯罪心理的动力结构,如反社会意识、强烈的畸变的需要、犯罪动机、不良兴趣;犯罪心理的调节结构,如不成熟或歪曲的自我意识、扭曲的道德意识、错误的法律意识;犯罪心理的特征结构,如特定的气质、消极的性格特征、与犯罪活动相适应的智能、不良的行为习惯;犯罪人的心理状态,如消极的、不良的心境和实施犯罪时异常的心理状态;犯罪心理结构的潜意识状态,如动力结构的

---

[1] 罗大华:《犯罪心理学》,中国政法大学出版社2007年版,第32页。

潜意识、特征结构的潜意识和心理状态的潜意识等。[1]

犯罪心理结构的存在模式分为一般模式与特殊模式。一般模式即常见模式、典型模式，泛指隐藏在大多数犯罪者头脑中与常见犯罪行为后面的内在心理驱动力的构成状况。它包括故意犯罪心理结构、稳固的完全的犯罪心理结构和需要型犯罪心理结构。特殊模式是指不常见的、非典型的犯罪心理结构。它包括过失犯罪心理结构、不稳固不完全的犯罪心理结构和宣泄型犯罪心理结构。[2]

典型的故意犯罪心理结构构成要素运行模式如下图：[3]

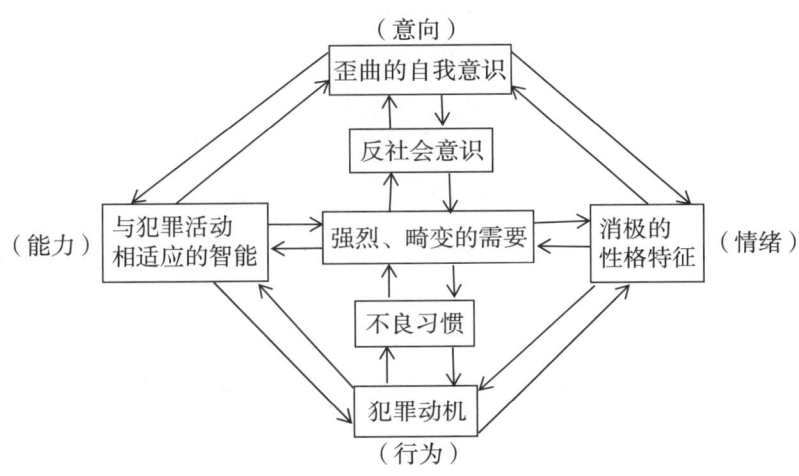

图 9.1 故意犯罪心理结构构成要素

（二）犯罪心理特征理论

犯罪心理特征理论简称特征论。该理论认为使用"不良的心理、个性倾向性"来解释人的犯罪行为更具有解释的广泛性和普遍性，[4]认为"有不良的心理、个性倾向性的人发生犯罪行为的是大多数"。[5]持特征论的学者否定犯罪心理结构论，认为该理论缺乏严格的科学定义，缺乏深刻的内涵和明确的外延。[6]

"不良的心理、个性倾向性"包括：①智力与犯罪。犯罪人与其他的人在智力上没有明显的差别；智力与犯罪类型存在一定的关系，纵火犯智力较低，其次是性犯罪，而杀人、伪造公文的犯罪大多智力较高。②气质与犯罪。当一个人接受不良因素的作用，走上犯罪道路之后，气质可能影响他们选择犯罪行为类型、犯罪手段和方法。了解犯罪人气质差异对于侦破、审讯及改造罪犯工作具有十分重要的意义。③性格与犯罪。犯罪行为与不良性格特征有密切的关系，不良性格是造成行为人违法犯罪的因素

---

[1] 罗大华：《犯罪心理学》，中国政法大学出版社 2007 年版，第 39~43 页。
[2] 罗大华：《犯罪心理学》，中国政法大学出版社 2007 年版，第 44~47 页。
[3] 罗大华：《犯罪心理学》，中国政法大学出版社 2007 年版，第 45 页。
[4] 邵道生，吴宗宪："犯罪心理学在我国的发展"，载《心理学动态》1989 年第 2 期。
[5] 武伯钦："试论犯罪心理学若干概念的科学性"，载《心理科学进展》1987 年第 4 期。
[6] 邵道生，吴宗宪："犯罪心理学在我国的发展"，载《心理学动态》1989 年第 2 期。

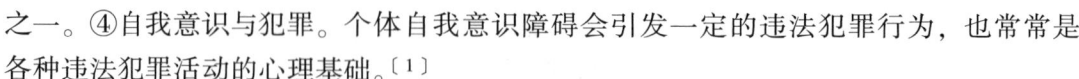

之一。④自我意识与犯罪。个体自我意识障碍会引发一定的违法犯罪行为，也常常是各种违法犯罪活动的心理基础。[1]

二、近年来关于犯罪心理构成理论与观点

进入21世纪之后，有学者基于实证研究以及个案研究成果，或者在综合国内关于犯罪心理构成理论的研究成果之后，提出了区别于结构论和特征论的新理论。

（一）犯罪人类型理论

犯罪人类型理论简称类型论。该理论将犯罪人分为两大类：有危险人格的犯罪人与有危险心结的犯罪人。危险人格是指因人格问题而导致其对他人或社会具有重复威胁或持续危害的一种人格心理现象。危险心结是指因心理创伤而致的心结使其出现了令人意外的犯罪行为现象。

危险人格又分两种：具有遗传或生理背景以及后天社会化缺陷而出现的人格危险倾向，即先天禀赋为主的危险人格与后天养成为主的危险人格。而社会化缺陷又可分为两类：乏爱型与溺过型。乏爱型是指人在基本社会化进程中因缺乏情感抚养而造成其终身的人格问题，以情感缺陷为核心的危险人格者在犯罪时表现出更多的无情与暴力特点。溺过型是指人在基本社会化过程中因缺乏性格培养而造成其终身的人格缺陷问题，以性格缺陷为核心的危险人格者在犯罪中表现出更多的肆意和无耻的特点。[2]

危险心结分为意结、知结、情结与瘾结。意结是指人在有意识状态下出现的部分意识活动的自我抑制和阻结现象。知结是指个人因感觉狭窄和思维偏差而出现的认识扭曲和偏执现象。情结是指个人因心理创伤和情感困扰而出现的一种心理纠缠与淤结现象。瘾结是指一种成瘾性的心结或痴迷性的心结。[3]

---

[1] 梅传强，王敏：《犯罪心理学》，中国法制出版社2002年版，第88~101页。

[2] 李玫瑾：《犯罪心理研究——在犯罪防控中的作用》，中国人民公安大学出版社2010年版，第16~17页。

[3] 李玫瑾：《犯罪心理研究——在犯罪防控中的作用》，中国人民公安大学出版社2010年版，第127~133页。

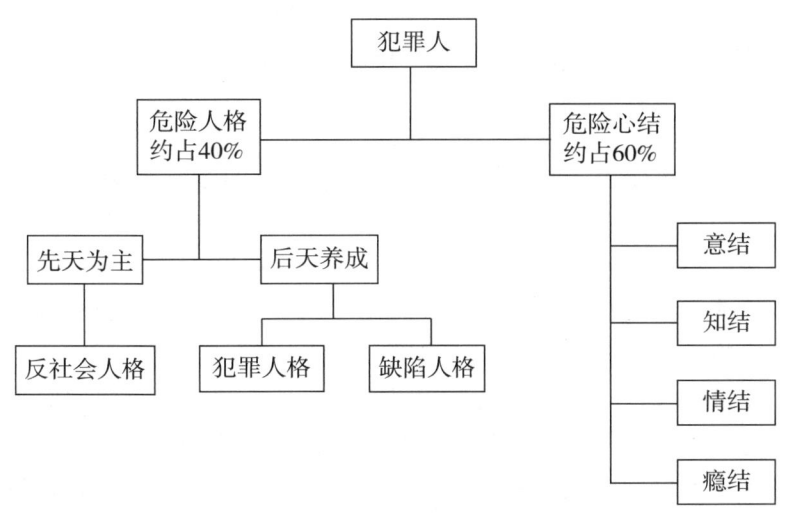

图 9.2 犯罪人分类示意图[1]

(二) 犯罪心理不同形态理论

犯罪心理不同形态理论简称形态论。有研究者认为,犯罪心理结构理论存在较大争议,而不良个性倾向性这个概念普通心理学色彩太明显,于是提出了"反社会性"和"犯罪性"来表示犯罪心理的不同形态。这两个概念是对犯罪心理学研究中本身已有概念的继承和发展,并非创新。反社会性指犯罪心理的初级形态或者初级的、不成熟的犯罪心理;犯罪性指犯罪心理的典型形态或者成熟的、完备的犯罪心理,其中最重要的成分是犯罪动机。[2]

反社会性是指推动个人进行危害社会行为的心理倾向。反社会者是指具有反社会性和进行反社会行为的人。反社会者的特征有自我中心、自我概念的错误、自卑感、自我控制缺陷等。[3]

犯罪性是指促使个人从事犯罪行为的心理倾向。犯罪性是犯罪前心理的核心内容和典型表现,是促使个人从事犯罪行为的主要心理成分。犯罪性的主要成分有犯罪动机和反社会态度。犯罪动机是推动个人进行犯罪行为的内部动力。它是犯罪性的最重要内容,也是最重要的犯罪心理形式。反社会态度是指个人了解并赞同进行犯罪行为的心理倾向。反社会态度的形成使个人在对犯罪行为及其后果有了一定了解的基础上,对犯罪行为持容忍甚至赞同的感情态度,愿意实施犯罪行为。[4]

---

[1] 李玫瑾:《犯罪心理研究——在犯罪防控中的作用》,中国人民公安大学出版社 2010 年版,第 17 页。
[2] 吴宗宪:《犯罪心理学总论》,商务印书馆 2018 年版,第 475 页。
[3] 吴宗宪:《犯罪心理学总论》,商务印书馆 2018 年版,第 483 页。
[4] 吴宗宪:《犯罪心理学总论》,商务印书馆 2018 年版,第 484~496 页。

学习任务二　犯罪心理内容理论

关于犯罪心理构成的上述四个理论，都有可以借鉴的地方。"犯罪心理结构"的概念值得商榷，但其构成要素中存在着合理的成分。比如强烈的畸变的需要、不成熟或歪曲的自我意识、不良的行为习惯等内容，这些在对犯罪人心理现象的实证研究中常有体现。特征论关于"不良的心理个性倾向性"所包括的主要成分与结构论是大致相同的。类型论提出的"犯罪人格"与"缺陷人格"，它们与犯罪人早年成长经历相关联，不同的不良早年成长经历发展成为不同的犯罪性人格。这与我们对犯罪人心理研究中得出的结论一致。形态论中关于反社会性及犯罪性的分析阐述，是综合了国内外犯罪心理理论而建立的，有其诸多合理的内核。因此，在吸收结构论、特征论、形态论和类型论合理成分基础上，结合国外犯罪心理学和犯罪学的理论研究成果，我们构建起犯罪心理内容理论（简称内容论）。它是指犯罪人存在着与社会自由公民不一样的身心特质，包括犯罪的生理易感性、犯罪人格、缺陷人格和犯罪心理素质等。

一、犯罪心理内容理论的具体成分

（一）犯罪的生理易感性

犯罪的生理易感性是指容易导致一个人走上违法犯罪道路的内在生理特质，如大脑半球不对称和缺陷，额叶功能障碍，脑电图异常，因孕产期造成的神经功能损伤，易患多动症的生理体质，等等。[1]具有犯罪生理易感性的人，在与环境交互作用过程中容易以消极的态度解释来自环境的刺激，并且很容易吸收环境中的消极信息，并最终走到社会的"反面"。

（二）犯罪人格

犯罪人格是指个体在后天早年的社会化缺陷下造成的个人长期与违法生存方式相伴，或因违法犯罪而长期与监所为伍，在一种近犯罪化而非正常社会化的过程中形成的较稳定的犯罪倾向和犯罪个性特征。其特征是：人生早年心理正常；基本社会化缺失；青春期有生存性违法；成年后犯罪升级；犯罪心理不可逆转；动机简单、性质恶劣。[2]相关实证研究表明，犯罪人格在犯罪人身上客观存在，是引发个体违法犯罪的重要内因。[3]

（三）缺陷人格

缺陷人格是指在人格形成时期因抚养方式过于宠溺而造成的人格方面的严重缺陷，

---

[1]　[美] Curt R. Bartol, Anne M. Bartol：《犯罪心理学》，杨波等译，中国轻工业出版社2009年版，第49～63页。

[2]　李玫瑾：《犯罪心理研究——在犯罪防控中的作用》，中国人民公安大学出版社2010年版，第82～89页。

[3]　王超："犯罪人的人格差异实证研究"，载《江苏警官学院学报》2017年第1期。

致使其成年后出现持久性的社会适应障碍与行为问题。[1]其特征有：是非观念不清、自私、自我中心、承受挫折力差、缺乏责任感等。

（四）犯罪的心理素质

犯罪的心理素质包括四个具体内容。

第一，认知能力低下，其中最主要的是思维分析能力低下。犯罪人文化程度为小学三四年级以下，往往思维分析能力差，认知能力较为低下。具体分析在后面的评估轴中详述。

第二，个性倾向不良。这具体表现为三个方面，即低层次需要恶性膨胀、是非价值观念颠倒、人生目标缺失或错误。大多数财产型犯罪人表现为低层次需要的恶性膨胀，他们常常局限于追求对物质需要的直接甚至冲动性满足，或者早期人生经历中曾遭受物质匮乏而发展出对物质的过分追求。少数性犯罪者亦表现为低层次生理需求的恶性膨胀。是非观念颠倒则是大多数犯罪人共有的特征。人生目标缺失或错误在许多未成年犯和青年犯罪人身上广泛存在，不管他们的文化程度如何。

第三，侥幸心理。许多犯罪人在实施犯罪行为前或者实施过程中以及实施犯罪行为后存在侥幸心理，认为自己作案技术高明不会被抓，或者认为社会中太多人在做同样的事因此法不责众。这是犯罪人自我意识偏差所致。

第四，自我控制能力低。表现为追求欲望的直接满足，追求刺激、冒险或紧张，不考虑长远利益，缺乏技能或计划性；不考虑别人的痛苦，用容易的或简单的方式来满足欲望；冲动、感觉迟钝、喜欢使用体力（而不是善于思考）、追求冒险、目光短浅和不善言谈。[2]赫希等人认为，自我控制能力低几乎可以解释所有犯罪现象。我们认为，自我控制能力低是部分犯罪人的心理特征，其中暴力型犯罪、享乐型财产犯罪与追求即时性快乐犯罪则表现得更为明显。

二、犯罪心理内容理论的特点

（一）重视犯罪的生理因素

犯罪心理内容理论一定程度上重视了犯罪的生理素质。不可否认，犯罪常常与个体的生理因素有关，我们在个案研究中也有所发现。具体内容在后面的评估轴中结合案例说明。

（二）犯罪人心理与社会自由公民心理之区别性

犯罪人心理与社会自由公民之心理在心理内容上没有根本性区别，但是在程度上有高低之别。比如同样是自我控制能力，犯罪人的自我控制能力比非犯罪人要低；又比如人的欲望，对某些物欲型犯罪人来说其物质欲望比其他人要高得多，被称之为极端的物质欲望。从这点来说，犯罪心理的内容论支持特征论的观点。

---

〔1〕 李玫瑾：《犯罪心理研究——在犯罪防控中的作用》，中国人民公安大学出版社2010年版，第61页。
〔2〕 ［美］迈克尔·戈特弗里德森、特拉维斯·赫希：《犯罪的一般理论》，吴宗宪等译，中国人民公安大学出版社2009年版，第13页。

(三) 犯罪心理内容的深度与广度特征

犯罪人可能在犯罪心理内容的某一方面存在不良状态，也可能在多个方面存在不良现象。一般来说，严重犯罪者比一般犯罪者在心理缺陷的深度和广度两个方面都更重。

(四) 犯罪心理内容与犯罪行为的对应性

某一犯罪个体其犯罪心理内容如何，虽然与表现于外的犯罪行为有一定的对应性，比如盗窃犯罪者有很强的物质欲望，但常常并无定律，需要矫正工作人员多方收集犯罪人的资料，特别是通过诊断性访谈，以明确其犯罪心理内容。

(五) 犯罪心理内容的主次性

犯罪人通常存在多方面的犯罪心理，但是对其犯罪行为来说，处于主要地位的犯罪心理起主要作用，处于次要地位的犯罪心理起次要作用。矫正工作人员应当抓住主要犯罪心理，即抓住矛盾的主要方面来展开工作。

正因为罪犯的犯罪心理存在上述特征，所以需要我们创新资料收集与分析之路径，以便更准确更有效地开展心理矫正工作。

学习任务三　犯罪心理分析评估轴体系

一、犯罪心理内容分析评估轴体系创新依据

犯罪心理分析评估轴体系参考了《精神疾病诊断与统计手册》第四版（DSM-Ⅳ）的结构体系，从若干分析轴来综合评估罪犯的犯罪心理内容。DSM-Ⅳ是一种诊断精神疾病的多轴体系，它包括五个轴：轴Ⅰ临床障碍，轴Ⅱ人格障碍和智力迟钝，轴Ⅲ一般医学问题，轴Ⅳ心理社会的和环境的问题，轴Ⅴ对功能的全面评价。由此，我们提出犯罪心理分析评估轴体系。它包括六个轴：轴Ⅰ成长史，轴Ⅱ早年不良行为，轴Ⅲ受教育情况，轴Ⅳ人际互动与朋友，轴Ⅴ自我意识，轴Ⅵ犯罪史。初次犯罪人的犯罪心理分析评估轴体系中不包括轴Ⅵ。

犯罪心理学家亚伯拉罕森认为，犯罪行为的产生与生理或精神疾病的产生十分相似。如果说一个疾病是由情境因素（A）、素质因素（B）、促进因素（D）、心理因素（E）、生理因素（G）引起的，是这些因素的函数，那么犯罪行为（C）与之一样，也是这些因素的函数，即 $C = f(A, B, D, E, G)$。这些研究也为我们创新犯罪心理分析评估轴体系提供了重要依据。

二、犯罪心理分析评估轴体系的具体内容

对犯罪心理内容的分析可以从六个评估轴来收集资料并作出准确有效的评估诊断。六个评估轴具体如下。

(一) 轴Ⅰ: 成长史 (成长轴)

成长轴是指从罪犯出生到成年 (18 岁) 整个成长过程中影响其犯罪心理形成与发展的分析维度。从个体成长轴来分析罪犯的心理,对其有更大影响作用的是 12 岁以前,因此矫正工作人员应当更重视收集罪犯 12 岁前影响其心理发展变化的事件。我们认为,12 岁前影响罪犯心理及人格发展的最主要因素是其与抚养人之间的互动方式、互动数量与质量,其中互动质量的影响作用更甚。12 岁之后的成长轴分析要关注与其他评估轴之间的交互作用。

罪犯 12 岁前与其抚养人 (主要是父母) 之间的互动,一般来说,抚养人是矛盾的主要方面,即抚养人的教养方式起主要作用。教养方式一般包括虐待、冷漠、溺爱、放任、民主等五种,与个体形成犯罪心理有关的是前面四种教养方式。①虐待主要是指抚养人以暴力方式对待儿童,包括行为的和言语的暴力。②冷漠是指抚养人忽视儿童的生理与心理需求,且常常态度冷漠。对 5 岁前特别是 3 岁前的儿童,如果抚养人的养育方式是虐待或冷漠的,那么儿童就会有早年创伤,而且这种创伤深藏在潜意识中,对个体心理产生重大且消极的影响。一些重大的暴力刑事犯罪,往往可以探测到早年有虐待或冷漠的养育史。③抚养人溺爱的养育方式如果持续作用于儿童,会使其形成缺陷人格,表现出是非观念不清、自私、自我中心、承受挫折能力差、缺乏责任感等人格特征,常常是一些重大刑事案件犯罪人的内在人格基础。④放任的养育方式,对那些已经形成不良心理素质,由于抚养人放任管教,使儿童与环境的不良交互作用持续发酵,使得其心理消极面不断发展,最终形成与社会规范对立冲突的犯罪心理。⑤从犯罪人家庭教养方式的调查情况看,还存在这样一种情形,即孩子父母放任不管,交由上一辈抚养,而上一辈的养育方式是溺爱的;或者父母双方中一方放任、另一方溺爱,这样使得孩子遭受两类不良的养育方式,就更容易产生不良心理、形成人格缺陷。

罪犯早年与其抚养人 (父母) 的互动数量,是指一段时间内抚养人特别是父母与儿童的见面次数以及共同生活的持续时间。儿童早年 (3 岁前),最好由父母本人抚养而不是由他人抚养,良好的亲子关系才能使儿童发展起良好的心理基质。因此,总体上来看,留守儿童与抚养人的互动就数量上来讲是缺乏的,难以形成良好的亲子关系,这给他们的心理发展带来诸多不良影响,有些消极影响甚至影响他们一生。因此,在分析罪犯的犯罪心理时要关注其是否是留守儿童这一情况。

罪犯早年与其抚养人的互动质量,是指抚养人有没有根据儿童心理发展的年龄特征来进行互动,有没有及时回应儿童的心理需求。虽然抚养人与儿童天天在一起,但儿童希望抚养人与他交流时抚养人不予理睬 (在智能手机普及的情况下这种现象越来越普遍),或者儿童的心理需求是 A 但抚养人给的是 B,比如儿童希望能够与邻居小伙伴玩耍但父母不允许,而是要求孩子在家弹钢琴。长此以往,儿童的心理发展就会受损,极有可能积累起许多消极能量或形成消极品质,常常是犯罪心理形成与发展的内在基础。儿童与抚养人互动质量不高,到了"心理逆反期",儿童与父母 (或抚养人)

的冲突会非常剧烈，父母（或抚养人）如果处理不当，或造成孩子离家出走，或与孩子间产生心理隔阂，彼此冲突不断。

犯罪人成长过程中家庭成员间的互动模式，给犯罪人心理及人格带来重大影响，这被诸多研究所证实。矫正工作人员对罪犯犯罪心理的分析，首先需要收集罪犯早年成长经历中家庭环境因素方面的资料。

（二）轴Ⅱ：早年不良行为（早年行为轴）

早年行为轴是指罪犯早年不良行为与违法犯罪行为情况，其中不良行为数量与违法犯罪行为受处罚年龄是其中两个主要的影响因子。行为轴中的"早年"具体可分为四个时间段：3岁~6岁、6岁~12岁（相当于小学阶段）、13岁~15岁（相当于初中阶段）、16岁~18岁（相当于高中阶段）。这四个年龄段中，小学与初中是其中两个更需要关注的阶段。

罪犯早年不良行为主要有逃学、考试作弊、欺负同学、离家出走、抽烟、酗酒、打架、撒谎、通宵上网、早年性行为、赌博、偷窃、吸毒等。一般来说，罪犯早年不良行为越多，常常表明其犯罪心理越严重，不良行为发生时间越早则其犯罪心理越严重。

罪犯第一次违法犯罪行为被公安机关处罚或被逮捕，表明其不良行为发生了质的变化。而处罚的年龄是衡量其犯罪心理严重程度的重要指标。

有研究者认为，个体早年残害或虐待动物的行为，是分析个体违法犯罪心理严重程度的重要影响因素。早年有残害或虐待动物经历的犯罪人，其犯罪心理可能有某种程度的变异性。因此，在分析犯罪心理时，对早年这类行为的存在情况需要给予关注。

行为是心理的外化，罪犯早年不良行为是其早年不良心理的外化表现，许多不良行为是后来犯罪行为的起点或延续。矫正工作人员在分析犯罪心理时，应当收集其早年不良行为存在与发展变化状况，这构成犯罪心理分析的重要内容。由于不良行为与违法犯罪行为之间常常存在紧密联系，所以在收集资料时这两类行为的资料可以同时收集。

（三）轴Ⅲ：受教育情况（受教育轴）

受教育轴是指罪犯接受正规学校教育与影响的情况。这个维度主要关注罪犯接受教育的程度与质量情况，上学时与老师或同学冲突事件等。

对罪犯文化程度的统计来看，我国监狱关押的罪犯中以初中文化与小学文化居多。然而，许多犯罪人虽然文化程度是初中甚至是高中，但其实际的文化水平常常偏低。发展心理学研究表明，小学三四年级是个体从具体形象思维向抽象思维过渡的年龄阶段。那些没有完成小学四年级学习的人，或者说小学五年级前辍学的人，由于没有完成向抽象思维形式的过渡，思维形式还停留在具体形象思维阶段，抽象思维能力差从而造成个体认知能力低下，对周围的人与事物的认识表面化，辨别是非的能力也受到影响。这是许多个体违法犯罪的内在心理因素之一。

罪犯文化程度低并且教育质量差，不仅影响他们的认知能力，而且也影响着他们的认知内容。他们头脑中对客观事物的认识粗浅苍白，内在的思想单薄贫乏，目光短浅缺乏远见，追求眼前不及长远，并且常常使他们形成不良的人格品质，缺乏理想信念。各种类型犯罪人中都有这种内在空虚的人。

在受教育轴这个维度，矫正工作人员还要了解学校教师在学生出现不良行为时的教育情况。明确老师对学生不良行为是否有教育以及教育时的具体做法，有助于矫正机构开展更有针对性的教育矫正活动。

罪犯接受学校教育过程中发生的重大负性生活事件，常常会全面影响他们的身心发展。例如，有一名罪犯在小学三年级时与同学发生冲突，而这名同学恰恰是该学校领导的亲戚，学校领导就在全校学生大会上点名批评了他，因此他被许多同学关注，并被同学在背后指指点点，为此他感到巨大的压力，逐渐失去了对学习的兴趣，厌学、逃学，没有读完小学就辍学了。其实，这个事件不仅影响了他继续接受教育，而且在其思想认识、对人态度以及情绪情感等方面都产生负面影响。因此，罪犯接受义务教育过程中发生的重大负性生活事件，在分析犯罪心理时需要给予关注。

学校教育是现代社会个体社会化的重要载体之一。不良的学校教育，不仅不能纠正不良家庭教育给个体成长带来的缺陷，而且使得个体在错误道路上越走越远。因此，矫正工作人员在分析罪犯的犯罪心理时，需要收集其在学校受教育的资料。不良学校教育与犯罪心理之间存在较为复杂的关系，既有直接的影响如学校教育与认知能力，又有间接的影响如学校教育与个体素质形成与发展，这需要矫正工作人员有较多的理论知识与丰富的实践经验作为基础。

（四）轴Ⅳ：人际互动与朋友（人际互动轴）

人际互动轴是指罪犯成长过程中与之互动的人（非家庭成员）对其产生重大影响的那些因素。这个维度中最重要因子是罪犯被捕前所交往的朋友情况。

犯罪学研究表明，有无犯罪的朋友是预测个体是否会违法犯罪的最重要因素之一。因此，矫正工作人员需要了解罪犯在社会上的人际关系网，考察在其人际交往中是否有反社会思想或有犯罪行为的人，还要进一步了解犯罪朋友数量与持续交往时间。有犯罪的朋友不仅会促发个体形成反社会的态度或认知，而且一旦具有这些态度或认知，还会促发个体产生反社会的行为以及犯罪行为。同时，犯罪的朋友减轻了个体实施犯罪行为时的内心压力，并因社会促进机制以及从众心理使得个体更容易去实施犯罪行为。

在人际互动轴中，还需关注服刑人员在10至12岁以及18岁前（小学高年级至中学阶段）互动人员中模仿对象的情况。处于青少年时期的个体，生活中"重要他人"对其思想影响巨大。他们会自觉或不自觉地认同周围人特别是"重要他人"的观点，模仿周围人特别是"重要他人"的行为，并内化到自身的价值体系中去。另外，青少年模仿的对象有时不一定是现实中的人，也可以是影视作品中的人物，这有同样的影响效应。矫正工作人员在分析犯罪心理时，现实和虚拟两个方面的资料都需要收集。

（五）轴Ⅴ：自我意识（自我意识轴）

自我意识轴是指罪犯对自身思想、心理与行为的认知情况和自身主观能动性的认知情况。罪犯的自我意识包括自我认识、自我体验和自我控制三个方面。

有的罪犯对自我缺乏认识，认识不清自己与他人、与社会的关系，产生过于自信或过于自卑心理；既不能正确认识自己，也不能辩证看待周围和社会上发生的事情，形成以偏概全的非理性认知。这不仅会使罪犯产生情绪与心理问题，而且也会引发犯罪心理及犯罪行为。

有的罪犯缺乏深刻的自我体验，基本的内疚感和羞耻感缺失，对自己日常生活中的许多不良行为或做法不以为耻、反以为荣，对自身周围发生的违反社会公德或道德的行为不以为意，是非不分、丑恶不辨。这是重要的犯罪心理内容。

许多罪犯自我调节能力很差，自我监控能力缺失。对自身不良行为缺乏阻止能力，对自身积极行为缺失推动能力。违法犯罪行为的发生就失去了内在阻止力量。

个体良好的自我意识是个体亲社会行为的促进力量，更是个体阻止自身侵犯行为发生的重要内在力量。当个体的自我意识不良，那么本来用以阻止个体违法犯罪行为的内在心理力量就变成了个体违法犯罪的内在促进力量。这就好比一头狂奔的牛没有了缰绳，如果没有外在力量给予制止，那么将使犯罪人在违法犯罪道路上一路走下去，无法停止。

清晰罪犯的自我意识轴状况，另外一个重要的作用在于对他们进行有效的矫正。罪犯有没有自我调节能力，将极大影响对他们开展的矫正工作的效率甚至有效性。

（六）轴Ⅵ：犯罪史（犯罪轴）

犯罪轴是指罪犯历次违法犯罪情况。犯罪轴的分析主要是针对多次犯罪或多次被处罚的罪犯。初次犯罪即被判刑入狱的罪犯，犯罪轴不作分析。

犯罪轴的分析有两种情况，一是多次犯罪但是第一次判刑入狱，那么每次犯罪的资料都需要收集；二是多次入狱服刑，那么每次判刑与服刑资料都需要收集。对每种情况的资料收集后作深入分析，以明确犯罪心理形成与发展的脉络，以及犯罪心理的严重程度。

犯罪轴分析与前述早年不良行为轴分析存在一定交叉关系，但此轴主要关注违法犯罪行为发生发展情况。首先，关注罪犯初次犯罪的年龄。初次犯罪年龄越小则犯罪心理往往越严重。其次，关注罪犯的犯罪次数。一般来说，犯罪次数与犯罪心理严重程度成正比。最后，关注罪犯多次犯罪的犯罪类型情况。前后犯罪类型不一样的，其犯罪心理往往比同一犯罪类型的更严重。

矫正工作人员对罪犯犯罪资料的收集，是分析其犯罪心理所必须的。不仅在分析犯罪心理的具体内容时需要它，而且在分析犯罪心理发展以及严重程度时同样需要它。犯罪轴是分析犯罪心理最主要的维度。

学习任务四　犯罪心理内容分析关键路径

一、犯罪心理分析评估的复杂性

对罪犯犯罪心理的准确分析不是一件容易的事。一方面，是因为人的心理的复杂性，以及个体违法犯罪心理及犯罪原因的非单一性；另一方面，犯罪行为的发生也并非仅仅受个体内在犯罪心理的制约，情景因素也常常是犯罪行为发生的影响因素。

根据前述评估轴来分析罪犯的犯罪心理，常常需要从多个维度来作综合分析。这是犯罪心理分析的主要难点。影响犯罪心理与犯罪行为的各因素之间通常存在着多个交互作用：一是犯罪人主体外因素与主体内因素的交互作用；二是生理因素与心理因素的交互作用；三是各心理因素之间的交互作用。因此，矫正工作人员在收集罪犯的各种资料之后，需要根据上述评估轴以及按照犯罪心理内容的各成分进行针对性的资料梳理，同时还要厘清各因素之间的交互作用，才能做到准确分析。这也提示我们，在收集资料时，可以根据犯罪心理分析评估轴体系来进行分门别类的收集，这将起到事半功倍之效。

二、犯罪心理分析思路

犯罪心理可分为故意犯罪心理与过失犯罪心理，本教材主要阐述对故意犯罪心理的分析。故意犯罪心理分析评估轴思路同样适用于对过失犯罪心理的分析。

分析犯罪心理时，矫正工作人员需要收集与其犯罪心理形成发展相关的资料，以及犯罪行为发生的资料。收集资料的方法和途径有多个，主要有个别访谈、心理测验、行为观察、自我陈述、亲属了解、查阅档案等。其中最为基础也最为重要的方法是矫正工作人员与罪犯的诊断性访谈。对收集到的资料如何展开分析，在前述犯罪心理分析评估轴体系中已经作了初步的讨论。在此要进一步指出的是，犯罪心理分析可以分为两类，一是罪犯的犯罪情节较轻微，犯罪心理不复杂，那么对照上述犯罪心理内容成分及分析评估轴体系中相对应的类别就可以直接获得，这一点将在后面详述；二是有的犯罪人罪行严重，其犯罪心理非常复杂，那么就需要作综合分析、多维分析，即先按照犯罪心理分析评估轴分别进行分析后再进行综合分析，从而得到罪犯的犯罪心理。比如，诊断性访谈中得知某罪犯是在溺爱的教养方式下长大，并且读到小学三年级后辍学，那么其犯罪心理内容可能是"缺陷人格"加上"认知能力低下"。

三、犯罪心理分析评估之关键路径

运用犯罪心理分析评估轴体系来分析罪犯的犯罪心理内容，存在一些关键路径。

（一）"犯罪人格"的分析

犯罪人格的形成模式之一是：早年不幸、流浪社会──→违法──→犯罪──→处罚──→

异常生活方式——→严重危害社会。当矫正工作人员运用个别访谈技术对罪犯成长史、犯罪史进行深入探究，了解到他们早年因家庭不幸而流浪社会，其基本生存方式是以违法行为为基础，成长过程中多次被刑事处罚或多次入狱，那么该犯罪人很可能存在"犯罪人格"。

公式一：早年不幸、流浪社会，违法生存方式，多次处罚——→犯罪人格。

例如，某罪犯的母亲在抚养其3个月后离家出走，3岁时父亲再娶妻。后妈经常打他，该罪犯就逃离家庭，从小就开始流浪社会。自己单独或与其他小朋友一起共同以违法方式生存。该罪犯先被劳教，后被判刑，发展成为一个具有犯罪人格的人。

矫正工作人员对犯罪人格的分析主要依据"成长轴"与"犯罪轴"来评估确认。有时需要结合"人际互动轴"作进一步分析。

（二）"缺陷人格"的分析

缺陷人格主要源于溺爱的养育方式，因此，矫正工作人员通过对罪犯早年"养育方式"的了解，就可明确其是否存在缺陷人格。

公式二：溺爱——→缺陷人格。

例如，某女性罪犯因父母想再生一个儿子，从小就被交给外婆外公养育。但外婆外公对其非常溺爱，该罪犯随便拿他人东西也不给予批评教育，形成了盗窃的习惯。长大后甚至结婚生子后也一如既往地拿他人东西，多次因盗窃罪被判刑或劳教处罚。这是一个在人格上有明显缺陷的人。

矫正工作人员对罪犯缺陷人格的分析主要依据"成长轴"中父母养育方式来评估确认。但是，不同罪犯的缺陷人格也存在一定程度的差异，这就需要对其抚养人不良养育方式的影响程度与持续时间，犯罪人学校教育（受教育轴）与家庭教养方式的交互作用情况，以及犯罪人本身"自我意识轴"的发展情况结合起来进行综合分析。

（三）犯罪心理素质的分析

1. 认知能力低下的分析。矫正工作人员在了解罪犯基本信息时有"文化程度"这一项，在明确其文化程度是小学文化之后，矫正工作人员还需继续追问"读到小学几年级"。当罪犯回答小学三四年级后不再读书，那么该罪犯很可能存在"认知能力低下"问题。矫正工作人员在与这类罪犯进行诊断性访谈时也能感受到，他们对人对事的分析能力较差，常常被他人的意见左右，容易上当受骗；思维方式直来直去，不会绕弯；语言表达较为贫乏，常常词不达意。

公式三：文盲或小学三四年级后辍学——→认知能力低下。

例如，某罪犯早年成长过程中，因家里弟弟妹妹多，父母养家不易，作为家中长子在小学三年级时辍学，打工挣钱以帮助父母养家。长大后走南闯北做生意，在收入颇丰情况下为了把生意做大、多赚钱，被朋友利诱一起开公司虚开增值税发票而犯罪。

矫正工作人员对罪犯认知能力低下的分析主要依据其"受教育轴"来评估确认。一般来说，罪犯接受的学校教育很少，小学也未能毕业，那么常常会存在这个心理缺陷。

2. 低层次需要恶性膨胀的分析。矫正工作人员要求罪犯回顾其成长经历，并询问他们的日常生活状态，休闲、娱乐及精神生活情况等，就可以得知罪犯在需要层次上的状况。

公式四：追求物质享受且缺乏精神追求——→低层次需要恶性膨胀。

例如，一名25岁的抢劫犯除了吃喝玩乐赌，基本没有精神生活，表现出典型的低层次需要特征。

矫正工作人员对罪犯低层次需要恶性膨胀的分析主要依据"成长轴"和"受教育轴"来评估确认，可以结合"早年行为轴"以及"自我意识轴"作进一步的深入分析。

3. 人生目标缺失或错误的分析。主要针对未成年犯或青年罪犯。矫正工作人员要求罪犯回顾人生经历、曾经的人生目标与理想或人生打算，即可分析得出该罪犯在人生目标上存在的问题。个体建立人生目标、树立人生理想，一般是在12岁至18岁，即艾里克森"人格发展理论"中的"自我同一性对角色混乱"阶段。在这一年龄段，家庭、学校和社会应当对个体提出建立符合社会需要的人生发展方向与目标，个体自身也会对这些问题作思考。两者相一致则使青少年发展出"自我同一性"；两者不一致、互相冲突则会产生"角色混乱"。犯罪人常常是后一种情况，出现人生目标缺失甚至错误的情况。

公式五：通过对罪犯人生目标的诊断性访谈来判断其缺失与错误情况。

例如，某未成年罪犯家庭养育方式是父亲打骂、母亲溺爱，父母从未有耐心的思想教育。小学、中学读书时，该罪犯都是跟一帮不想读书的同学在一起玩闹，成绩很差，到初中二年级时辍学。此后加入社会帮派组织，放高利贷、催债、上网玩游戏等。因一直以来没有接受正确的教育引导，产生了自我同一性混乱，致使其缺乏正确的人生目标，并受到犯罪朋友的引诱走上违法犯罪之路。

矫正工作人员对罪犯人生目标缺失或错误的分析同样依据"成长轴"和"受教育轴"来评估确认，并可结合"人际互动轴"和"自我意识轴"作进一步的深入分析。

4. 自我控制能力低的分析。从前述自我控制能力低的表现特征中可以发现，在与罪犯进行诊断性访谈时要求他们谈谈自己的为人处事方式、日常做事风格以及与他人关系情况等，就可以分析他们自我控制能力情况。特别是在人际冲突或自身利益受损时自我控制能力状况会表现得更为突出。因此，自我控制能力低的评估诊断，总体上来说是个综合分析过程，包括了"成长轴""受教育轴""人际互动轴"以及"自我意识轴"多个维度的资料收集与分析。[1]

(四) 犯罪生理因素的分析

造成个体违法犯罪的生理因素，虽然目前来说矫正机构及其工作人员常常无法进行有效的干预，但是了解它仍然有其必要性和重要性，尤其对于那些能够被治疗的犯

---

[1] 具体可参阅邵晓顺：《限制减刑服刑人员犯罪案例分析与启示》，群众出版社2013年版，第85~94页。

罪生理因素，准确评估诊断更有其积极意义。当然一般来说，犯罪生理因素的分析需要医学知识与诊断技能。就矫正机构工作效率角度出发，了解罪犯曾经的生理疾患与其犯罪之间的关系，能够使我们的矫正工作不做无用功，因为犯罪人曾经的生理病痛已经发生，所造成的生理伤害也许永久存在，没法再修补，那么对此类犯罪因素就不必再花时间去进行矫正性治疗。

矫正工作人员在评估罪犯的犯罪生理因素时，主要收集两个方面的资料。一是母亲怀孕与分娩时的情况，即矫正工作者在诊断性访谈时可以要求罪犯谈谈母亲怀孕时是否遭受重大的生活事件、是否患病、是否顺产等；二是犯罪人自己成长经历中重大疾病与身体损伤，特别是脑损伤情况。例如，某违法犯罪人员早年曾患脑膜炎，因没有及时治疗造成大脑较为严重的受损，其智力也受到损伤。而智力低下以及由此产生的认知能力不良，是该犯罪人的主要犯罪内因。前述两个方面的有些信息是罪犯从家人或他人处听说的，所以如果可能，还要与其家人进行核实以保证资料的真实准确。

思考题

1. 试述犯罪心理结构论与特征论的关系。
2. 犯罪心理内容理论包含哪些具体内容？
3. 如何理解犯罪心理分析轴的概念？试结合罪犯案例运用犯罪心理分析轴展开具体分析。
4. 犯罪心理分析的关键路径有哪些？

模块三　罪犯心理分析报告撰写

专题十一　罪犯心理分析报告结构与案例

在运用罪犯心理分析方法收集罪犯心理资料并作出整理归纳分析之后,接下来是撰写心理分析报告的过程。本专题先阐述罪犯心理分析报告的类型与结构,然后呈现两个不同问题类型的罪犯心理分析报告。

学习任务一　罪犯心理分析报告类型与结构

一、罪犯心理分析报告类型

（一）根据分析内容划分

根据罪犯心理分析内容的不同,罪犯心理分析报告可分为综合报告与分项报告两类。

1. 综合报告。又可称为全面报告,是对服刑罪犯心理现象与行为特征的全面分析报告。它包括罪犯心理的方方面面,能够给监狱警察提供罪犯各方面的心理资料与分析结论,而不只是局限于某一方面或若干方面。通过罪犯心理综合报告,我们就可以了解、掌握罪犯各方面信息,能够实现对罪犯全方位的把握。

2. 单项报告。又可称为单方面报告,是对服刑罪犯心理现象某一方面所作出的分析报告。在教育矫治现实场景中,相比综合报告,单项报告可能更为常见,也更经常采用。比如,罪犯心理健康诊断评估报告、罪犯个性心理分析报告、罪犯服刑态度分析报告、罪犯改造动机分析报告、犯罪心理分析报告、罪犯心理问题诊断评估报告、罪犯异常心理评估分析报告、罪犯人身危险性评估报告,等等。通过单项报告,监狱警察对罪犯心理现象的某一方面有了深入的了解,从而提供开展针对性工作的基础。

两类报告之间的辩证关系。由于心理现象的复杂性,从更广范围来看,某一综合报告可能也只是一个单项报告;而单项报告常常也是对罪犯某一问题或某一心理现象的全面而综合的报告。

（二）根据分析结果的性质划分

根据心理分析结果的性质划分，罪犯心理分析报告可分为定性报告与定量报告。

1. 定性报告，是指对罪犯的心理现象从质的方面所作出的分析报告，一般使用若干概念来描述罪犯的心理现象与行为特征。

2. 定量报告，是指对罪犯的心理现象从量的方面所作出的分析报告，一般使用数据来描述罪犯的心理现象与行为特征。

任何事物都是质与量的统一，所以罪犯心理分析报告应当是定性分析与定量分析相结合的报告。只有把两者有机结合起来，才能全面认识罪犯的心理现象与行为特征。

（三）根据罪犯服刑阶段划分

根据罪犯在监狱服刑所处的阶段来划分，可把罪犯心理分析报告分为服刑初期、中期与出监前报告。

1. 罪犯服刑初期心理分析报告，是指在罪犯入监初期对其心理现象与行为特征所作出的分析报告。这个阶段的心理分析报告可以是一个全面的分析报告，也可以是单项的分析报告。而对于监狱服刑时间很短的罪犯，如少于一年甚至不足三个月的罪犯来说，若干单项分析报告更有价值，其中犯罪心理（犯因性缺陷）分析报告是最重要的报告。

2. 罪犯服刑中期心理分析报告，是指在罪犯服刑中期对其心理现象与行为特征所作出的分析报告。对大部分罪犯来说，服刑中期心理分析报告是监狱警察最需要重点完成的，而且这一时期的分析报告多种多样，大部分类型的分析报告都可以在这一时期作出。比如服刑态度分析报告、改造动机分析报告、心理健康评估分析报告以及犯罪心理分析报告等。

3. 罪犯出监前心理分析报告，是指对即将刑满出狱的罪犯其心理现象与行为特征所作出的分析报告。监狱警察对即将出狱的罪犯作心理分析报告有其价值与意义，从此时要作的分析报告类型也可看出。报告主要有两类：一是罪犯心理诊断性评估分析报告。这类报告既可以是全面报告，也可以是单项报告，如对罪犯服刑改造的一个总结性心理发展变化分析报告，或者其犯罪心理矫正效果分析报告。二是为罪犯刑满释放后接受进一步教育帮助的分析报告，以有利于接下来的帮教工作。

此外，根据接受心理分析的罪犯人数多少的不同，可划分为罪犯个别心理分析报告与罪犯群体心理分析报告。

二、罪犯心理分析报告撰写步骤

撰写罪犯心理分析报告，其基础是收集必需的心理分析资料，并整理归纳分析这些资料以得出相应的结论。具体有以下四个步骤：

（一）明确目的

罪犯心理分析报告指向什么，即明确目标指向。罪犯心理资料纷繁复杂、多种多样，除非是撰写全面的罪犯心理分析报告，否则撰写单项分析报告都需要明确本次报告的目标指向。如果是写一份罪犯心理健康状况的分析报告，那么就要收集、分析罪犯心理健康方面的资料，其他资料一般不放在收集范围内。因此，明确了目标指向，相应地也就明确了资料收集的对象与范围。

（二）收集资料

根据将要撰写的罪犯心理分析报告的目的，接下来是收集相应的定性定量资料。监狱警察首先要准备好收集资料所需的工具材料，安排好参与资料采集的罪犯，确定具体的收集资料时间、地点等。收集资料时还要注意，不管是采集档案材料，还是通过与罪犯访谈或量表测验收集资料，都要做到保质保量、客观真实，以认真负责的态度完成资料收集工作，确保资料的真实可靠。

（三）整理分析

在整理分析资料之前，首先要做的是对资料的真伪作出鉴别。由于罪犯的特殊身份，监狱机关从他们身上收集到的资料信息出现虚假、错误的可能性要比从社会自由公民身上收集时要大。因此，这一步不可或缺。

对于通过鉴别的真实心理分析资料，接下来是进行分类整理、综合归纳与分析工作，以获得罪犯心理现象与行为特征的结论、结果。

有时通过对资料的分类整理即可获得相应的结果，但有时需要运用统计分析技术才能得到科学的分析结果。特别是对一些数据资料，没有经过科学有效的统计分析，常常得出错误的结果。[1]这一点应当给予应有的重视。

（四）撰写报告

根据前面阶段获得的信息资料与分析结论，接下来是撰写一份高质量的分析报告。用于不同目的的分析报告，其格式会有所不同。比如用于刊物发表的分析报告和用于监狱机关进一步制订个别化矫治方案的罪犯心理分析报告，其格式就有较大差别。本教材所说分析报告，是指后一种。

三、罪犯心理分析报告的结构

罪犯心理分析报告一般包括八个部分。

（一）一般信息

"一般信息"部分包括三个方面的内容。

1. 评估分析者信息。主要有：姓名，身份信息（监狱心理矫治人员或社会心理工作者等），专业职务（如教师、医生等），专业（技术）职称（如教授、副研究员、副主任医师、社工师、国家二级心理咨询师等）。

2. 被分析罪犯信息。主要有：姓名、性别、年龄、文化程度、婚姻状况以及被捕前职业、刑期、犯罪类型等。

3. 日期。注明收集资料与开展心理分析的日期或时间段，以及撰写分析报告的

---

〔1〕 邵晓顺："关于犯罪学与监狱学调研文章的商榷意见"，载《中国监狱学刊》2015年第3期。

日期。

(二) 要解决的问题

由于罪犯心理分析报告种类繁多，相对应的要解决的问题也就各种各样。反过来说，监狱机关希望了解的罪犯心理内容各不相同，相对应的罪犯心理分析报告要解决的问题也就有所差异。

举例来说，监狱机关希望明确某罪犯需要矫正的内容（矫正什么），那么罪犯心理分析要解决的问题就是"罪犯存在怎样的犯罪心理"或者"是什么导致了他犯罪（犯罪原因）"。又比如，监狱心理咨询师要对存在心理问题的罪犯开展心理辅导，那么罪犯心理分析要解决的问题包括：罪犯存在怎样的心理问题？具体表现如何？引发该心理问题的原因何在？如何鉴别诊断？罪犯的长处（资源）有哪些？等等。

明确"要解决的问题"，既给心理分析报告指明了方向，也使读者能够抓住要害，明确本报告的关键所在。

(三) 方法与工具

1. 收集信息所用的方法。收集信息的方法主要有测验法、观察法、访谈法、个案分析法、神经心理学方法等。撰写者应当说明撰写心理分析报告收集信息所采用的方法。各方法的具体介绍见专题二。

2. 收集信息所用的工具。收集信息的工具主要有心理测验量表（如 MMPI、韦氏智力测验、房树人测验、SCL－90 等）、调查问卷、观察设备（如录音笔、微型摄像设备等）、实验仪器等，在撰写分析报告时要注明。

(四) 背景信息

在收集罪犯心理分析资料时，有关背景信息的资料往往收集得比较多，但是在撰写报告时应精简呈现。有的背景信息可以作为附件放在报告的最后。背景信息主要包括以下四个部分，但根据撰写报告类别的不同，四个部分可以有所取舍。

1. 罪犯成长经历。主要包括罪犯早年家庭情况，重点是家庭教育与抚养情况、经济状况、学校教育情况、职业经历、社会经验和躯体健康状况等。本部分内容大多数分析报告都要求提供。

2. 犯罪史。主要是指罪犯的违法犯罪情况，从第一次违法犯罪到被捕前历次违法犯罪情况。本部分内容在分析罪犯的犯罪心理时，更为重要。

3. 罪犯当前的背景资料。主要包括罪犯目前的生活情境和具体的困扰因素，目前的主观感受和存在的客观问题、困扰持续时间、初次出现困扰时的情境，以及这一问题对其生活情境的影响。本部分内容主要用于分析罪犯的心理困扰。

4. 罪犯监狱改造表现及奖惩情况。罪犯入监以来的改造表现情况，所获得的奖励和被处罚的情况。本部分内容根据罪犯心理分析报告的需要择情选取。

读者通过阅读背景信息，实现对罪犯的立体了解，也使读者知晓罪犯心理现象或心理问题的来龙去脉。

(五) 解释

对测验结果作出解释，得出诊断结论；或者对分析结果作出心理学解释，以形成对被分析罪犯的整合性理解。

1. 对测验结果的解释。要根据心理测验的种类,以及罪犯的文化程度、身份特征、情境因素等作出科学的解释。例如,智力测验中,以初中文化程度作样本的标准化智力测验,来测验一个小学未毕业的罪犯,如果测得 IQ 为 80,就可以认为他基本上是中等水平。如果被测罪犯原来是大学文化,也测得 IQ 为 80,就可以解释为该罪犯可能因疾病而智力有所减退,属于中下水平。因为智力跟文化水平相关,对智商的解释要与被测者的文化程度结合起来,才能作出合理的解释。又如,个性测验的答案没有对错之分,所以对个性测验结果的解释要更为复杂些。由于每个人的具体情况不同,相同的个性特点,对某人来说是良好适应的,而对另外一个人来说也许是适应不良。在 16PF 测验中,暴力犯的敢为性是标准分 10 分,刑警队员敢为性也是标准分 10 分,前者是作案的凶残性,后者是为抓捕罪犯不惜牺牲自我的勇敢性。

2. 对分析结果的解释。要运用心理学理论来解释所获得的分析结果。比如,埃里克森的人格发展理论中的"自我同一性和角色混乱的冲突"可以解释许多未成年犯的犯罪心理形成机制。而对罪犯心理问题或心理障碍的解释,应当采用"个案概念化"的解释思路。不管是运用精神分析理论的个案概念化,还是运用认知行为治疗理论(CBT)的个案概念化,都值得尝试运用。通过对罪犯的个案概念化,监狱警察对罪犯的心理现象就有了全面深入的认识。

为了更好地理解罪犯个案概念化,试举一个认知行为治疗(CBT)的案例[1]:

在王某成长过程中,父母对他的要求很高,近乎苛刻(起源)。在他此前的生活中,他总是身处那些竞争激烈的学校中(起源)。由此产生的结果就是,王某形成了"他人是挑剔的",以及"如果我犯错误,我就会被拒绝"这两种图式(机制),这些图式在近期被激活,是因为王某决定成为公职人员(诱发因素)。因此,王某开始频繁出现自动化思维(机制),包括"我比别人更容易犯错误""人们会注意到我的焦虑""他们会认为我能力不足",以及"我必须做到完美,否则将被拒绝"。他同时经历过严重的社会焦虑(症状、问题)。他一般依靠一些让自己感到安全的行为来应对这些焦虑(机制),包括对演讲与课堂发言的过度准备,以及在社交情境中只和熟悉的人谈话。这些行为导致王某缺少睡眠,并错过有价值的社交活动(症状、问题)。他还回避与导师及家人谈论自己的职业选择(机制),因为他害怕"犯错误并且被拒绝"。这种回避使王某感到沮丧,并且对未来没有把握(问题)。

上述案例是关于心理障碍(社交恐惧症)的个案概念化,有关犯罪心理的个案概念化请参阅本章第二节案例二。

(六)危险性预测

罪犯心理分析报告应当写明罪犯的危险性程度以及存在何种危险。危险性程度可

---

[1] [美] Deborah Roth Ledley, Brian P. Marx, Richard G. Heimberg:《认知行为疗法》,李毅飞等译,中国轻工业出版社 2012 年版,第 78~79 页。

以分数表示（零分表示没有危险性，分数越高危险程度越高），也可以分级表示。危险类型主要有自杀、狱内暴力、脱逃与再犯风险四种。服刑初期与中期罪犯的心理分析报告要对前三种危险作出预测，将要出监罪犯的心理分析报告则要对再犯风险作出预测。

必须指出的是，对监狱服刑罪犯的危险性作预测是件困难的事。这是因为由现状推知将来，不管是预测手段还是预测标准，都没有现成的预测效度很高的工具；另外，由于监禁环境的特殊性，周围环境时常会有新的影响因素，易激惹、对峙性的气氛往往诱发罪犯危险性行为的增加；情景因素引发罪犯冲动行为甚至暴力冲突行为也并不少见。这给危险性预测带来很大的难度。

（七）总结与建议

这是罪犯心理分析报告的结论部分。有时候，这一部分是唯一能让其他人看到的分析报告的内容，因此在开始时应对前面的内容进行概述。如有必要，还要给出分析诊断结论。另外，还要提供针对性的、有利于教育矫治罪犯的建议。

1. 小结。即对前面六个部分的内容分别用一两句话进行概括。小结要求明确、具体，让读者对前面的内容能有一个概括性的了解。

如果罪犯心理分析是采用了个案概念化技术，那么对罪犯的个案概念化即可在本部分呈现。

2. 诊断或结论。对罪犯的心理问题或心理障碍，应当作出诊断。对罪犯的其他心理现象和行为特征的描述，应当给出相应的结论。

3. 建议。根据罪犯心理分析"要解决的问题"，罪犯的背景信息，对问题的个案概念化以及得出的诊断或结论，在这一部分要给出具体的指导性建议。罪犯存在心理问题或心理障碍的，可以建议给予针对性的心理咨询或心理治疗。对于罪犯的犯罪心理要建议开展针对性的个别化矫正工作，指出个别化矫正的重点内容。对即将出狱的罪犯，也要提出继续矫治的对策，供相应的司法行政机构参考。罪犯存在其他问题的，要根据不同情况提出不同的建议，以利矫正机构接下来的教育矫治工作，也有利于促进罪犯的自我教育。

（八）附录

一些重要的资料，特别是对帮助解决罪犯心理问题，或对监狱机关开展矫正工作有帮助的，可以附件形式附在报告的最后。比如，对罪犯的访谈记录、观察记录、实验报告，为调查罪犯心理对相关人员的谈话记录，以及调查罪犯心理现象所设计的问卷等。

五、罪犯心理分析报告的特征

罪犯心理分析报告具有以下特征：

（一）科学性

罪犯心理分析报告首要特征是它的科学性。它要求以科学的态度来认识罪犯，以科学的方法手段来收集罪犯的心理资料，使用科学的思维方式来分析罪犯的心理，最后是用科学的语言、专业的术语来撰写罪犯心理分析报告。

（二）针对性

罪犯心理分析报告指向罪犯的心理现象与行为特征，而不是其他。当监狱警察撰写的是单项心理分析报告时，针对的是罪犯心理现象的某一方面。罪犯心理分析报告不是罪犯教育改造报告，也不是个案矫正报告。罪犯心理分析报告可以是罪犯教育改造报告或个案矫正报告的一部分，但不能相互代替，要注意它们之间的区别。

（三）完整性

罪犯心理分析报告建立在对罪犯心理全面分析或对罪犯心理某一方面系统分析的基础之上。其分析过程要求系统全面完整。而进行完整分析的基础是完整的资料收集。罪犯心理分析资料的完整性是得到科学结论的前提。另外，罪犯心理分析报告亦有其完整的结构要求，不能挂一漏万，而应当完整地报告。

（四）动态性

罪犯心理分析是基于对罪犯已有行为表现或心理特征而作出的，可以此为基础对罪犯的行为作出推测、预测，但这是相对的。因为罪犯心理不是一成不变的，而是在不断发展变化的，所以对罪犯心理分析后所得到的结论具有其科学性，但也有一定的相对性。罪犯心理的动态性特征，要求监狱机关和监狱警察既重视罪犯心理分析报告的结论，又要结合罪犯最新的情况以发展的眼光来看待罪犯心理变化，从而更准确地掌握罪犯心理特征。

六、罪犯心理分析报告的应用

罪犯心理分析报告的作用是多方面的，最主要的用途是为了接下来对他们进行针对性的干预提供基础资料，其次是供相关心理矫治或教育改造警察查询参考，亦为监狱理论工作者提供研究资料。此外，使用罪犯心理分析报告有其注意事项。

（一）用于干预

罪犯心理分析报告特别是单项报告，主要是以下五类报告对针对性干预提供了基础资料。

1. 罪犯心理分析报告指出该罪犯处于高危险性时，不管是脱逃风险高、自杀风险高还是暴力风险高、再犯风险高，都需要积极有效地进行降低危险性的干预工作。[1] 采用系统的、逐步的干预措施，或马上进入危机干预模式，需要根据罪犯危险性特征来作出选择。以罪犯自杀风险为例，并非罪犯出现或存在高自杀风险，就应当立即开展危机干预工作。当罪犯自杀意念强或者已经处于自杀准备阶段甚至实施了自杀行为（未遂），那么必须立即启动心理危机干预模式。如果罪犯曾经有过自杀行为，经评估分析其存在高自杀风险，那么采取系统的干预措施是更为科学的。因此，应当根据罪

---

〔1〕 邵晓顺，薛珮琳主编：《矫正机构中期教育理论与实务》，群众出版社2015年版，第68~69页。

犯当前的风险特征，采取相对应的干预方式，以实现科学干预。

2. 罪犯心理分析报告指出罪犯存在心理异常（精神障碍），对此相应的干预方式主要是医学治疗与心理治疗。[1]心理异常的罪犯，以医学治疗与心理治疗为主，其他干预手段如教育矫正、心理矫治、习艺劳动为辅，不能主次颠倒。

3. 罪犯心理分析报告指出罪犯存在心理问题，对此相应的干预方式主要是心理咨询。不管罪犯存在一般心理问题，还是严重心理问题，安排监狱心理矫治警察对其开展心理咨询工作是必要的。存在心理问题的罪犯，心理矫治结合教育矫正与劳动改造，效果可能更佳。

4. 罪犯心理分析报告指出了罪犯的犯罪心理（犯因性缺陷），对此相应的干预方式是心理矫正。国内对罪犯心理矫正的研究和实践探索都较为缺乏，需要加强这方面的研究与实践探索。

5. 罪犯心理分析报告指出罪犯存在不良服刑心理，对此相应的干预方式是开展针对性心理辅导（或心理指导）工作。比如，罪犯改造动机不强，或者服刑态度不端正，监狱警察需要对此进行针对性心理指导或者思想教育工作，以增强其改造动机或改变其服刑态度。

（二）用于存档

罪犯心理分析报告应当存入罪犯心理档案。对于需要保密的部分，可以由监狱相关心理矫治警察或其他专业心理工作者（一般是分析罪犯心理的警察或社会心理工作者）个人保管，但罪犯心理分析报告中的"总结与建议"部分，应当存入罪犯心理档案。存档的罪犯心理分析报告，便于监狱心理矫治警察或其他方面的心理服务工作者查询使用，也有利于监狱警察之间的相互交流。

（三）后续研究

罪犯心理分析报告为监狱理论研究工作者从事罪犯心理研究提供了基础资料。通过总结、提炼罪犯心理分析报告中的数据与结论，运用一定的分析技术，我们就可以得到更一般的罪犯心理、监狱工作等方面的规律，从而促进监狱工作的进步与发展。

（四）使用注意事项

使用罪犯心理分析报告需要注意以下几点：

1. 罪犯心理分析报告主要供监狱心理矫治警察查阅、使用，其他监狱警察查阅时最好由相关专业人员进行指导。特别是对心理测验数据的解释，要由心理测验理论基础的专业人员来进行，防止错误解释与理解。

2. 使用罪犯心理分析报告中的资料时，要全面考虑问题，对其中的结论要结合当时情景信息或背景资料来理解、解释与使用，切不可断章取义，孤立地看问题。

3. 对心理资料的保密是开展监狱心理矫治工作的必要条件，因此对罪犯心理分析报告中需要给予保密的，不能在日常工作中加以引用，以免降低心理矫治工作的威信

---

[1] 邵晓顺主编：《罪犯心理咨询与矫正》，中国政法大学出版社2019年版，第8页。

与水平，阻碍罪犯心理分析工作与监狱心理矫治工作的后续发展。

 学习任务二　　罪犯心理分析报告案例

关于罪犯张某的心理分析报告

一、一般信息

1. 分析者：某某某，监狱心理矫治警察，国家二级心理咨询师。

2. 被分析者：罪犯张某，男，20岁，初中文化，未婚，因盗窃罪被判有期徒刑1年6个月。被捕前无业，家住某省某市某区某街道某号。

3. 时间：某年某月某日。

二、要解决的问题

1. 张某一个月来情绪低落、与人交往少、言语少，睡眠出现一定程度的障碍，劳动学习效率下降。

2. 张某无器质性病变。

3. 张某自认为存在情绪问题，主动向监狱要求心理帮助。

三、方法与工具

运用心理测验法对张某进行症状自评量表（SCL-90）测验。结果是"抑郁"因子得分稍高，其余因子得分处于正常范围。

四、背景信息

1. 张某早年家庭教养方式简单粗暴，父母在其犯错时非打即骂。中小学阶段学习成绩一般，与同学交往少。初中未毕业即辍学。被捕前没有固定职业。

2. 在朋友唆使下共同犯盗窃罪，属于从犯。本次犯罪是其初次犯罪。据张某交代，与朋友到外地游玩时发现一辆没锁的摩托车，朋友提议两人骑走以之代步，没想到这是犯罪。

3. 对判刑入狱不能理解，不认为自己是犯罪。入狱以来悲观消极情绪一直较重。

五、解释

结合测验结果以及张某的情绪行为表现，产生消极情绪的刺激尚未泛化。根据心理问题的诊断标准，可诊断张某存在"一般心理问题"。

六、危险性预测

综合张某各方面的资料，预测其在服刑过程中自杀风险、暴力风险及脱逃风险都较低。

七、总结与建议

1. 小结。张某因入狱这一重大生活事件产生较大的消极情绪反应,消极情绪持续一个月,社会功能有一定程度受损,但尚未泛化。

2. 诊断。张某存在"一般心理问题"。

3. 建议。可以采用理性情绪疗法对其进行心理矫治。

八、附录

张某的 SCL-90 测验结果可作为附录。

(附录略)

关于罪犯李某的犯罪心理分析报告

一、一般信息

1. 分析者:某某某,某高校司法心理学教授,国家二级心理咨询师。

2. 被分析者:罪犯李某,男,1978 年 9 月出生,初中未毕业,无业。因绑架罪被判处无期徒刑。

3. 报告时间:某年某月某日。

二、要解决的问题

该罪犯是第二次被判刑入狱。第一次犯罪(抢劫罪、强奸罪)与第二次犯罪(绑架罪)都是重罪,说明其存在严重的犯罪心理。因此,明确其犯罪心理形成影响因素,以及其犯罪心理的具体内容,给监狱机关实施个别化矫正提供支撑与帮助。

三、方法与工具

1. 主要运用访谈法进行心理分析资料的收集。由分析者与李某开展一对一的访谈,广泛收集李某的成长史信息、学校教育信息,以及前次犯罪与本次犯罪情况,前次服刑情况以及本次服刑到目前为止的表现情况等。

2. 安排李某撰写包括成长史、犯罪史的自我报告(罪犯自传,见附录)。

四、背景信息

1. 成长史。罪犯李某早年由外婆抚养,外婆对其的教养方式是溺爱的;父母忙于工作,对李某放任不管。小学时比较贪玩,学习成绩一般。初二开始与学习成绩差的同学结伙旷课打电子游戏,与同学打架。对此,母亲溺爱,父亲打骂;学校老师也有教育。但李某没有接受老师与父亲的教育,仍然经常旷课并开始出现逃学、勒索同学等不良行为与违法行为。李某于初二下学期辍学走上社会。

2. 犯罪史。李某因工作表现不良被单位辞退,与父亲产生冲突后离家出走。与同样无所事事的老同学一起泡游戏厅、舞厅,因无钱吃夜宵实施抢劫,共抢劫了 3 次。第四次抢劫时对被抢劫女青年实施强奸后被抓获,被判处 14 年有期徒刑。第一次犯罪判刑时不到 18 岁，为未成年犯。服刑期间保外就医。在保外就医期间又犯盗窃罪被加刑 2 年。2006 年 11 月刑满释放。

第一次服刑回归社会后，李某感到茫然，找不到好工作，仍然与以前的老同学混到了一起，开始强买强卖茶叶。其违法行为所获钱财输于赌博。在无钱的情况下，李某与同学、朋友一起实施了绑架小孩向其家人勒索的犯罪行为。

五、解释

罪犯李某因早年养育方式宠溺形成缺陷人格；父亲教育方式粗暴，学校又没有针对性教育，致使李某在家庭养育方式不良的情况下，又没在学校教育中得到弥补，形成反社会的心理意识。这也使其早年出现许多不良行为甚至违法行为，但都没有得到正确的引导，错失了改变的良机。第一次犯罪前以及刑满释放后所结交的朋友与同伴，都是不良少年或者是存在违法犯罪行为的朋友，造成李某加速形成或巩固了犯罪心理，并促进其实施犯罪行为。实施犯罪行为时被害人的不反抗行为，也促进李某等人的犯罪行为持续发生。

从目前资料来看，罪犯李某第一次犯罪的生理基础不明。第二次犯罪与其生理状况有一定联系，即身体有病、脚又有残疾，干不动体力活，造成李某找工作困难。无业的状况是造成犯罪的重要外因之一。

罪犯李某存在明显的人格缺陷，缺乏是非观念，自私，以自我为中心，承受挫折能力差，缺乏责任感。在持续实施犯罪行为后发展出一定的犯罪人格特征，基本上以犯罪所得为其生活来源，或者是没有钱用时即以实施犯罪来获取生活所需。人格缺陷也造成其认知偏差，对犯罪没有羞耻感，对自身的不良行为与错误思想没有辨别能力，缺乏基本的是非观念，也缺乏基本的法制观念。李某的自我意识存在严重问题，自我控制能力缺失，自我认知非理性，自我体验颠倒。

综上所述，罪犯李某的犯罪心理是多方面的，需要监狱机关科学有效地进行个别化心理矫正。

六、危险性预测

根据对罪犯李某的访谈结果及其自我报告的分析，李某在狱内存在中等程度的暴力风险。如果不进行有效的教育矫正，其再犯风险很高。

七、总结与建议

1. 小结。罪犯李某缺乏良好的家庭教育，接受的学校教育少、文化程度较低。一生中所结交之人皆为不良朋友。在社会上时为无业人员，生活来源基本为犯罪所得。存在严重的人格缺陷，亦有犯罪人格的某些特征。认知偏差明显，个性倾向不良，自我控制能力低下。

2. 结论。罪犯李某存在严重的犯罪心理，需要给予有效的教育矫正。

3. 建议。在梳理罪犯李某的成长史与犯罪史基础上，详细列出其犯罪心理内容。然后针对这些犯罪心理，制订针对性个别化矫正方案。既可以是针对整体犯罪心理制订个别化矫正方案，也可以是针对某个犯罪心理制订个别化矫正方案。由于李某犯罪心理的广泛性与严重性，矫正过程很可能会出现反复，需要监狱警察持之以恒地开展矫治工作。矫正过程中要加强效果评估工作。对罪犯李某在矫正过程中的进步及时给予鼓励，以促进其参与矫正的积极性。

八、附录

监狱安排罪犯李某撰写"自传"，回顾自己的成长经历，回忆曾经的犯罪经历。李某撰写的自传作为罪犯心理分析报告的附录，有助于报告阅读者更好地理解分析报告的内容。

《罪犯李某自传》[1]

李某基本情况

罪犯李某，男，1978年9月出生，初中文化，无业，因涉嫌绑架罪，于2008年9月×日被刑事拘留，同年10月×日依法逮捕。2009年5月×日送至某监狱服刑改造。

就学阶段

在我小时候，父母都要上班，比较忙，我是由外婆带大的。外婆对我比较疼爱，什么事情都依着我，所以小时候的我很任性，很皮的。一直到9岁上学的年龄才回到父母身边。1987年9月进入了离家不远的某某小学读书。刚到学校时看到和我一样大的小朋友在一起，只听到有读书、写字的声音，老师在黑板上教我们语文、数学、拼音等文化。一切都变得有规矩，我突然感到很陌生、有些不适应，但我还是慢慢地习惯了学校生活。只是比较贪玩，学习成绩也一般。这样6年的小学一晃过去了。1993年9月我进了某某中学，那时学生是划地段分读的，也是离家不远的中学。到了中学时代我就完全变了，初一时我还能上课不旷课。到了初二我就和学校里一些学习比较差的学生经常在一起玩。旷课去打电子游戏，结伙去别的学校打架，班主任经常打电话到我家里。但那时父亲工作比较忙常出差，母亲很疼爱我，也管不住我，所以我根本就不当一回事。直到有一天老师特意到我家家访碰到了我父亲，告知了我的情况。父亲狠狠地教训了我一顿。老实了一段时间，又和以前一样旷课上游戏厅打游戏，没钱就向同学借。有时候同学不肯，我就和几个经常旷课的同学勒索老实的同学。后来发展到天天不上学。当校领导知道这件事时，我和几个同学已经整一个月没有来上课。学校教导主任直接到我家和我父亲谈了我的事，并告诉我父亲学校的决定，让我去某某工读学校读书。那里是半工半读，由警官上课，是封闭式的，专门收我这样的问题少年但发毕业证书。父亲不同意，学校也不让步。父亲又想办法让我转学。但那时已没有学校愿意收我了。父亲没有办法，只好让我自己决定。那时我巴不得不读书，一口回绝了去工读学校读书的事，所以17岁的我只读了一年半就从中学退学了。1995年2月结束了我的学生时代。

---

[1] 为保护当事人隐私及适合教学需要，对李某撰写的自传作了修改。

就业阶段

从学校退学后我一直在家待了 2 个月，后父亲托朋友让我进了某某邮电器材厂工作。我刚开始工作时也是比较好的，毕竟刚开始工作一切都觉得新鲜，对师傅教的活也认真地学着，并经常跟师傅到外地安装设备。但时间一长，我就觉得工作太枯燥，没什么意思。每次到外地去安装，我都推托不去。第一个月工资 800 元我也没有拿回家，都用到打电玩和吃穿上了。我心里想，家里又不缺我的钱，父亲又有一份不错的工作。就这样我白天上班，晚上又和以前一起退学的同学混在一起。两个月后由于一直在工作上推三阻四，又不去外地装配，师傅对厂领导说了我的事，厂领导找我谈了话，但我还是一样，不久就把我辞退了。那是 1995 年 12 月份。我没有对父亲讲被厂里辞退的事，整天泡游戏厅、舞厅，和初中的几个同学在舞厅又认识了。没有几天父亲知道我被厂里辞退的事又来教训我。我认为自己已是大人，和父亲顶撞了起来，并离家出走和同学朋友混在一起。这样的日子没有几天就出事了。在其中的一天晚上，我们几个从舞厅出来因没有钱吃夜宵就动了拦路抢劫的念头。在山路上抢劫了三次，共抢得人民币 500 多元，去吃了夜宵以后又在原来抢劫地点强奸了一个 20 多岁的女人。1996 年 1 月份被某某派出所抓获，4 月被某人民法院判处有期徒刑 14 年，送至某省少管所。1997 年 5 月因乙型肝炎保外就医。在这期间因盗窃罪加刑 2 年合并执行 12 年 6 个月送某省某监狱服刑。2006 年 11 月，从监狱刑满释放出来心里十分茫然。在里面 9 年，看到外面的社会和我想的完全不一样了，刚回家一段时间我整天待在家里不知道干什么才好。自己身体有病，脚又有残疾，干不动体力活，又没有学历，所以找不到好的工作。在家待了几个月后碰到了以前的几个同学。他们见我刚从里面出来就经常来请我吃饭，去玩。接触了一段时间后，我看他们抽好烟，穿名牌，又不上班，就问他们有什么门道。他们告诉我他们卖茶叶。所谓卖茶叶，就是提高价钱强卖。我问他们能不能带上我？他们说可以，就这样我和他们干起了这一行，两三个月时间我也积下了一点钱。这段时间里我也谈了一个女朋友，日子过得也挺好。但没有多长时间，我跟几个同学学会了打麻将、赌牌九。就这样又陷到赌上了。到了 2007 年过年时不但没钱，还欠别人几万块钱。同学也输得挺厉害，把车输掉了，这样我们推销茶叶的交通工具没有了，都在家休息。我在打麻将时认识了另外一个人，他是一个开黑车的。我觉得这人挺合得来的，他自己又有车，就和他讲了推销茶叶的事，他二话不说就答应了。但这时推销茶叶已行不通。公安机关已经开始打击强买强卖行为，所以我们忙了 2 个月时间没挣到钱。5 月份开始又在家天天打麻将，靠女朋友上班的钱过日子。这样过了 3 个月，觉得自己靠女人吃饭太没用，又想挣大钱，就动起歪脑筋。9 月份我和几个人在某某市公交车站旁绑架一个小孩，向他父亲勒索了人民币 23 万元。我分了 13 万，他们分了 8 万元和 2 万元。9 月 24 日在某大酒店被刑警队抓获。

前科犯罪情况

1995 年 12 月底的一个晚上，大约 12 点多，我和几个同学从舞厅出来想去吃夜宵，但 4 人口袋都没有钱，也不知谁提出来的去公路上拦几辆车敲竹杠。我们一听就去了，

（用自行车）在公路上做成了路障开始了拦车。第一辆货车只有一个司机，车停后上去就问司机要过路费，司机不肯便一拳打过去，把司机眼睛打青了，伸手从司机口袋里拿了300多元钱。我们把车推开让货车过去了。货车过去后我们又把车推到路中间，这时又过来一辆三卡，车头上也只有一个司机，刚想让他交过路费，发现车后坐满了人，我们把自行车推开让三卡开走了。我们又在原地等了一会看没有车过来。我们4人推上骑了一段时间又碰到一个骑三轮车的。我们冲上去把骑三轮车的叫下来，从他身上抢了200多元，抢好钱后我们骑车到夜宵摊上吃起了夜宵。凌晨3点多吃好夜宵后又回到公路边想看看有什么情况。这时看到一个大约20多岁的女人急匆匆地走了过来。对她实施了强奸，事后我们又感到害怕，就扔给她200多元钱后逃离了现场。决定一起逃到外面去，但有人讲没事的，就回家了。我和另外的人从家中拿了2000多元钱就坐车到了某市，待了2天，3人又吃又喝又玩的，没几天就把钱用得差不多了，只好又回到了老家。不敢回家就住到小旅馆里，但钱很快就没有了，就想到了去撬门，到上白班的人家中偷钱。偷了1000多元钱后，坐三轮车刚到我们住的地方，就被派出所的民警抓获了。

本次犯罪作案经过

2008年9月我和某某某经常在一起聊天。谈起了没钱的日子难过。他也讲前妻就是因为没钱看不起他才和他离婚的。现在也欠着别人债，要他在这个月底还。他也不知道怎么办，想去抢银行的念头也有，问我有没有挣钱的办法。我就对他说：弄票大的，有没有胆子。他问我干什么，我讲现在老板这么多，绑架一个老板的儿子肯定能拿到钱。他马上问我有没有目标。我说没有目标，但现在好的学校很多开好车来接儿子，老板不都是我们的目标吗？我们跟踪几次掌握了情况，趁星期六、星期日出来玩的时候绑架上车，然后打电话问他父亲拿钱。现在的人只有一个儿子宝贝得很，只要能拿出钱肯定会拿出来不会报警。他对我讲万一报警我们去拿钱时不是被抓了吗？我也就对他讲这几天我们想想办法，有什么办法可以拿到钱又可以和送钱来的人不碰到。他说行，就各自回家了。没几天他就打电话给我说想到办法了。他说他现在来接我，在他的车中他告诉了我他的想法，他说我们在火车路上找一个路段推算确定好火车经过的时间，等我们绑好孩子后，叫他父亲拿钱上火车。等火车到我们确定地点叫他把钱扔下来。这样的话我们不用碰到送钱的人，又不用担心他们报警，因为火车高速行驶，钱扔下来后有人跳火车抓我们，我们有车逃也来不及。如果不扔钱下来说明报警了，我们把孩子放掉算了，也没有什么大事。我想这个办法好，就这样决定了。约好第2天去确定火车经过的路线和扔钱的位置。几天后我们观察好了路段和火车经过的时间，就开始商量跟踪老板儿子了，决定去学校门口物色目标。第二天我们在市实验小学门口等到放学，果然看到前来接孩子的父母很多，其中有不少是开好车的。我们看中一辆红色宝马车后就静静等在旁边。过了没一会儿小孩母亲就从学校把孩子接出来了。我们一看是个女孩子就觉得不理想，放弃了。又开车到一辆黑色奔驰旁等。4点多的时候小孩母亲带孩子出来了，我们一看是个男孩子，赶紧开车跟了上去，一直跟到他家，看着奔驰开进一幢别墅里我们才回家。接下来几天我们一直跟踪着这个目标。知道小孩父亲是某集团的老总，小孩是实验小学的寄校生。星期六、星期日才回家。只是小孩身边从来没有离开过人，我们没有机会绑架……9月20日我打电话给另外一人，对他讲有一件事有些风险，但有几万元钱可以挣，有没有胆子干。他马上讲只要有钱不杀人什么事都会干。我叫他这几天等我电话，他说行。我觉得他是一个为了钱什么事都愿意干的人，所以我想到了他。2008年9月×日下午3点左右在公交车站边看到了一个穿着不错的小男孩。我们把小孩拖进车内。我问小孩家中的情况，并问出小孩父亲的电话，在山区小店的公用电话亭上给小孩父亲打了电话，告诉他儿子在我手中，假如要孩子的话准备30万元，明天就要。他讲明天一下子搞不到那么多钱，我问他能有多少，他讲大约20多万元。我对他讲尽量多弄些钱，不要报警，就把电话挂掉了。晚上9点我打电话给小孩父亲问他准备好钱没有。他说准备了23万元，能不能让他听一下他儿子的声音。我同意了，让他们父子通了话。次日凌晨1点多我打电话给小孩父亲，叫他立即拿钱到他家附近的某某桥边。几分钟他赶到了，我们开车过去，从他手中接了钱，在市区转了几圈后回到废弃工地分了钱，我拿了13万元，他们分了8万元和2万元。后来刑警把我们抓获。

看守所羁押期间表现

自2008年9月×日到看守所后，一直后悔万分，连自杀的念头也有。想到由于我的犯罪连累了家人，害得姐、姐夫和女朋友也进了看守所，犯了窝赃罪。我天天茶饭不思，对任何人不理不睬的。看守所陈警官看到我的情况，就经常和我谈心，告诉我家里人的这种情况政府会对他们考虑的，叫我不必担心。果然在逮捕后，姐和姐夫还有女朋友他们就取保候审出去了，并马上给我送钱进来。从那以后我就认真学习规范，积极参加劳动。陈警官看到我表现对我印象很好，叫我管理监舍。我也尽心尽力帮助监舍人员学习、生产、队列训练。就这样不知不觉过去了5个月，2009年3月判处我犯绑架罪，无期徒刑。我姐、姐夫、女朋友因窝赃罪分别被判处2年、1年半、1年缓刑。我相信法律是公正的，法院判我无期徒刑是我罪有应得，只有到监狱好好改造，用汗水洗刷心灵，争取政府的宽大，早日新生。

思考题

1. 罪犯心理分析报告有哪些类型？
2. 罪犯心理分析报告的结构怎样？
3. 如何应用罪犯心理分析报告？
4. 结合案例撰写一个罪犯心理分析报告。

参考文献

1. 北京市监狱管理局潮白监狱课题组:"限制减刑罪犯的心理矫治对策研究",载《犯罪与改造研究》2014年第7期。
2. 边文颖主编:《罪犯教育工作实务》,中国政法大学出版社2015年版。
3. 曹建路:"成年服刑人员人身危险性评估体系的建构",浙江师范大学2013年硕士学位论文。
4. 陈伟:《人身危险性研究》法律出版社2010年版。
5. 段晓英主编:《罪犯改造心理学》,广州师范大学出版社2010年版。
6. 黄兴瑞主编:《罪犯心理学》,金城出版社2003年版。
7. 吉春华、朱娟:《服刑人员心理健康指南》,天津社会科学出版社2009年版。
8. 贾晓谋主编:《犯罪与罪犯心理学教程》,陕西人民出版社2006年版。
9. 李玫瑾:《犯罪心理研究——在犯罪防控中的作用》,中国人民公安大学出版社2010年版。
10. 林崇德等主编:《心理学大辞典(下卷)》,上海教育出版社2003年版。
11. 林崇德主编:《发展心理学》,人民教育出版社2009年版。
12. 连春亮:《罪犯心理矫治策论》,华文出版社2004年版。
13. 刘邦惠:"重型犯常见的心理问题及应对策略",载《河南司法警官职业学院学报》2006年第6期。
14. 刘建清:"论罪犯的拘禁性变态心理及其处置",载《社会公共安全研究》1999年第4期。
15. 刘新克:"关于对短刑犯心理行为特征及矫治改造对策的思考——以构建和谐社会为视角兼论短刑犯的刑罚执行",载《法制与社会》2011年第1期。
16. 罗大华、何为民:《犯罪心理学》,浙江教育出版社2002年版。
17. 罗大华主编:《犯罪心理学》,中国政法大学出版社2007年版。
18. 吕成荣等:"服刑罪犯精神障碍患病率调查",载《临床精神医学杂志》2003年第4期。
19. 马立骥主编:《罪犯心理与矫正》,中国政法大学出版社2018年版。
20. 马志国:《心理咨询师实用技术》,中国水利水电出版社2005年版。
21. 梅传强、王敏:《犯罪心理学》,中国法制出版社2002年版。
22. 梅传强主编:《犯罪心理学》,法律出版社2003年版。

23. 阮浩主编：《罪犯矫正心理学》，中国民主法制出版社 1998 年版。

24. 阮浩主编：《罪犯心理矫治》，金城出版社 2003 年版。

25. 屈建伟："影响危险性评估准确性的因素及危险性评估对法律机构的影响"，载《江苏警官学院学报》2011 年第 4 期。

26. 沙莲香主编：《社会心理学》，中国人民大学出版社 2002 年版。

27. 邵道生、吴宗宪："犯罪心理学在我国的发展"，载《心理学动态》1989 年版第 2 期。

28. 邵晓顺主编：《服刑人员心理矫治：理论与实务》，群众出版社 2012 年版。

29. 邵晓顺："违法犯罪人员家庭学校教育与早年不良行为关系研究"，载《犯罪与改造研究》2012 年第 3 期。

30. 邵晓顺：《犯罪个案研究与启示》，群众出版社 2013 年版。

31. 邵晓顺、薛珮琳主编：《矫正机构中期教育理论与实务》，群众出版社 2015 年版。

32. 邵晓顺主编：《罪犯心理咨询与矫正》，中国政法大学出版社 2019 年版。

33. 申荷永主编：《社会心理学原理与应用》，暨南大学出版社 2004 年版。

34. 史维建："当前山区流窜诈骗罪犯的罪犯特点及其心理分析"，载《政法学刊》1989 年第 1 期。

35. 宋胜尊：《罪犯心理评估——理论·方法·工具》，群众出版社 2005 年版。

36. 孙大强、郑日昌主编：《心理测量理论》，开明出版社 2012 年版。

37. 孙晓雳编译：《美国矫正体系中的罪犯分类》，中国人民公安大学出版社 1992 年版。

38. 唐斌、王成伟："新形势下限制减刑罪犯的改造特点及对策研究"，载《经贸实践》2017 年第 17 期。

39. 唐新礼、陈蕊："论罪犯危险性评估操作技术"，载《河南司法警官职业学院学报》2007 年第 4 期。

40. 王超："犯罪人的人格差异实证研究"，江苏警官学院学报 2017 年第 1 期。

41. 王宇加主编：《社会心理学基础》，中国人民大学出版社 2003 年版。

42. 王梓红、陈卫勇：《短刑犯现状分析及矫正对策》，载《犯罪与改造研究》2019 年第 2 期。

43. 魏荣艳主编：《罪犯教育学》，中国检察出版社 2010 年版。

44. 武伯钦："试论犯罪心理学若干概念的科学性"，载《心理科学进展》1987 年第 4 期。

45. 吴红顺等："福州市某监狱不同刑期罪犯个性特征和心理健康状况研究"，载《医学与社会》，2012 年第 12 期。

46. 吴宗宪：《西方犯罪学史（第 3 卷）》，中国人民公安大学出版社 2010 年版。

47. 吴宗宪主编：《中国服刑人员心理矫治技术》，北京师范大学出版社 2010 年版。

48. 吴宗宪：《犯罪心理学总论》，商务印书馆2018年版。
49. 心理学百科全书编辑委员会：《心理学百科全书》，浙江教育出版社1995年版。
50. 徐万富等："短刑犯社会适应教育体系的构建"，载《犯罪与改造研究》2013年第8期。
51. 杨威主编：《罪犯心理学》，中国民主法制出版社2009年版。
52. 叶扬主编：《中国罪犯心理矫治教程》，法律出版社2003年版。
53. 翟中东：《国际视域下的重新犯罪防治政策》，北京大学出版社2010年版。
54. 张文华、侯绍臻、狄小华主编：《罪犯心理矫治理论与实践》，群众出版社1997年版。
55. 张亚林、曹玉萍主编：《心理咨询与心理治疗技术操作规范》，科学出版社2014年版。
56. 章恩友主编：《罪犯改造心理学》，法律出版社2008年版。
57. 章恩友：《罪犯心理矫治》，中国民主法制出版社2007年版。
58. 中华医学会精神科分会：《中国精神障碍分类与诊断标准（CCMD-3）》，山东科学技术出版社2001年版。
59. 谢尔登·卡什丹（Sheldon Cashdan）：《客体关系心理治疗：理论、实务与案例》，鲁小华等译，中国水利水电出版社1998年版。
60. ［美］Curt R. Bartol, Anne M. Bartol：《犯罪心理学》，杨波、李林等译，中国轻工业出版社2009年版。
61. ［美］迈克尔·戈特弗里德森、特拉维斯·赫希：《犯罪的一般理论》，吴宗宪、苏明月译，中国人民公安大学出版社2009年版。
62. ［美］约翰·艾伦，《精神疾病诊断与统计手册》，霍华德·弗里德曼：《心理健康百科全书（第7卷）：障碍疾病卷》，李维译，上海教育出版社2004年版。
63. ［美］Deborah Roth Ledley, Brian P. Marx, Richard G. Heimberg 著：《认知行为疗法》，李毅飞等译，中国轻工业出版社2012年版。
64. ［美］Jerry M. Burger：《人格心理学》，陈会昌等译，中国轻工业出版社2000年版。
65. ［英］詹姆斯·马吉尔：《解读心理学与犯罪》，张广宇等译，中国人民公安大学出版社2009年版。
66. ［英］Clive R. Hollin 主编：《罪犯评估和治疗必备手册》，郑红丽译，中国轻工业出版社2006年版。
67. ［英］詹姆斯·莫里森：《实用DSM-5：〈精神障碍诊断与统计手册（第五版）〉临床应用指南》，王雨吟译，天津科学技术出版社2020年版。